强国新征程

“十四五”时期的中国经济

张占斌◎著

浙江教育出版社·杭州

图书在版编目（CIP）数据

强国新征程 ： “十四五” 时期的中国经济 / 张占斌著. -- 杭州 : 浙江教育出版社, 2021.3
ISBN 978-7-5722-1484-4

Ⅰ. ①强… Ⅱ. ①张… Ⅲ. ①中国经济－经济发展－研究 Ⅳ. ①F124

中国版本图书馆CIP数据核字(2021)第037348号

强国新征程:“十四五”时期的中国经济
QIANGGUO XINZHENGCHENG:SHISIWU SHIQI DE ZHONGGUO JINGJI
张占斌 著

出版发行 浙江教育出版社
(杭州市天目山路40号 电话:0571-85170300-80928)
责任编辑 傅 越
文字编辑 洪 滔
美术编辑 韩 波
责任校对 刘晋苏 谢 瑶 陈阿倩 戴正泉
责任印务 陈 沁
封面设计 张合涛
排 版 杭州兴邦电子印务有限公司
印 刷 浙江新华数码印务有限公司
开 本 710mm×1000mm 1/16
印 张 19.75
插 页 2
字 数 292 000
版 次 2021年3月第1版
印 次 2021年3月第1次印刷
标准书号 ISBN 978-7-5722-1484-4
定 价 68.00元

目　录

前 言

党的十八大提出了“两个百年”的奋斗目标。党的十九大综合分析国际国内形势和我国发展条件，确定从2020年到本世纪中叶按两个阶段来安排：第一阶段从2020年到2035年，在全面建成小康社会的基础上，再奋斗15年，基本实现社会主义现代化。第二阶段，从2035年到本世纪中叶，在基本实现现代化的基础上，再奋斗15年，把我国建成富强民主文明和谐美丽的社会主义现代化强国。这是新时代中国特色社会主义发展的战略安排。现在看，我们第一个百年奋斗目标已胜利实现，我们开启的是第二个百年奋斗目标。从经济角度来看，就是要在全面建成小康社会的基础上，加快从经济大国迈向经济强国。

现在中国已经是个响当当的世界性的经济大国，但还不是世界性的经济强国，我们要开启全面建设社会主义现代化国家的新征程，也就是要开启全面建设社会主义现代化强国的新征程。此时此刻，我们回顾历史、展望未来，具有特别的意义，充满着历史的庄严感。人类走过的道路和我们国家所经历的风风雨雨，其中的经验和教训对我们下一步走好自己的路，特别有启发、警醒意义。

第一，要善于把握历史发展的重大机遇。西方一些国家从地理大发现开始，抓住历史与现实赋予的机遇，实现了经济社会的跨越式发展。西班牙、荷兰、英国等国家在近代的崛起无一不是如此。而近代的中国，由于封建统治者的夜郎自大、闭关自守，在近代工业革命的滚滚浪潮中，没有把握住历史发展的机遇，最终远远落后于近代工业革命中迅速崛起的西方各国。中国共产党领导人民取得新民主主义革命与社会主义建设胜利后，特别是改革开放新时期以来，党制定了一系列方针政策，使我国准确把握了历史发展机遇，迎来万紫千红的春天。我们要深刻总结历史的经验教训,真正把握好新一轮全球科技革命的机遇期,为实现经济强国目标奠定基础。

第二,要善于推进国家的工业化和城市化。英国、法国、意大利等国家凭借近代工业化迅猛发展,开始跃上世界工业文明的制高点。据统计,以英国为例,1776年至1800年棉纺织品出口值从670万英镑增加到4143万英镑,24年间增长了5.18倍;到19世纪70年代时,城市人口已占全国总人口的50%。在工业化和城市化的推动下,英国迅速完成了向经济强国的转变。当前,我国正处于工业化的中后期和城镇化进程的加速阶段,充分利用好工业化和城镇化这一对“驱动轮子”,对于我国实现经济强国梦具有举足轻重的意义。

第三,要善于鼓励国家科学创新机制的形成。科学技术是第一生产力。17世纪以后,科学革命席卷了欧洲。大批科学家、发明家涌现,一个科学、技术、实验三位一体的科学创新机制开始形成,推动了西欧各国生产力的大幅度提升。而中国封建统治者却轻视科技知识,把发明创造称为“奇技淫巧”,近代中国最终在世界经济发展格局中沦为落后国家。当前,世界科技革命和产业革命方兴未艾。我国坚持创新驱动发展,深化科技体制改革,强化国家战略科技力量,建设创新型国家和科技强国,实现科技自立自强,已经刻不容缓。

第四,要善于建立开放型经济体系。马克思、恩格斯在《共产党宣言》中曾说:“资产阶级在它的不到一百年的阶级统治中所创造的生产力,比过去一切世代创造的全部生产力还要多,还要大。”①生产力的巨大发展将西方社会迅速推到一个更高的历史发展阶段,而中国却在封建主义的桎梏中蹒跚前行。近代中国衰落的历史警示我们:要善于建立开放型的经济体系,要对当前和未来世界的大变动、大发展、大转折有清醒的认识,对我们的国情要有充分的把握,在对外开放中发展自己、壮大自己。

第五,要善于推动国家变革力量的形成。荷兰、英国等经济强国的崛起,无一不是依靠推动国家变革力量而实现经济强国目标的。如荷兰人推动商业银行制度、股份制的变革,英国“光荣革命”对政治制度的变革等,都为这些国

① 《马克思恩格斯选集》(第1卷),人民出版社2012年版,第405页。

家的繁荣发达发挥了重要作用。而中国封建统治者却故步自封,拒绝变革,扼杀国家变革力量的形成,最终导致了国家的衰败与落后。党的十一届三中全会确立了改革开放的正确路线,40多年来,我们风雨兼程推进改革开放不动摇。现在新发展理念、全面深化改革思想深入人心,这是对近代中国的大国之衰、大国之痛应有的历史反思。

2020年是人类历史上极不平凡的一年。透过新冠肺炎疫情,我们看到了全球方方面面的深刻变化和调整,也看到了西方社会面临的种种问题和困难,也许这一年是世界发展进程中的一个历史性的转折点。这一年全球主要经济体都出现了不同程度的严重衰退,中国经济虽然也受到了疫情的影响,但仍然脱颖而出,为世界经济的恢复和稳定作出了卓越的贡献。根据国家统计局公布的经济数据,中国2020年的GDP总量突破100万亿元大关,按可比价格计算增长2.3%。这是一个新的历史突破。

在过去的一年里,面对全球疫情的严重冲击和美国的全面遏制打压,以习近平同志为核心的党中央在统筹国内国际两个大局、统筹疫情防控和经济社会发展方面取得了重大胜利。在世界主要经济体中只有中国实现了正增长,体现了中国经济的潜力、韧性和可持续能力。这是一个十分了不起的成绩,得来也十分不易,收获的经验更是弥足珍贵。我国历史性地登上了一个大的台阶,中华民族伟大复兴又向前迈进一大步。为什么能够取得统筹疫情防控和经济社会发展的优异成绩呢?最重要的是,我们深化了对在严峻挑战下做好经济工作的规律性认识:党中央权威是危难时刻全党全国各族人民迎难而上的根本依靠;人民至上是做出正确抉择的根本前提;制度优势是形成共克时艰磅礴力量的根本保证;科学决策和创造性应对是化危为机的根本方法;科技自立自强是促进发展大局的根本支撑。这些规律性的认识非常珍贵,是我们在实践中总结的精神财富,也是下一步做好工作需要遵循的重要原则。

从2021年开始,我国发展进入"十四五"时期,这是一个开启全面建设社会主义现代化国家的新征程,也是一个开启全面建设社会主义现代化强国的新征程。建设社会主义现代化国家,当然要遵循人类社会最一般的规律,也要善于学习借鉴国际上好的经验和做法。但我们国家由于国情比较特殊,现代化建设具有自己的特点。总的来说，是要向着实现人的全面自由发展方向迈进的现代化。那么，具体说有哪些特点呢？第一点，我国的现代化是中国共产党领导的社会主义现代化。第二点，我国的现代化是14亿人口的规模巨大的现代化。第三点，我国的现代化是追求全体人民共同富裕的现代化。第四点，我国的现代化是物质文明和精神文明相协调的现代化。第五点，我国的现代化是人与自然和谐共生的现代化。第六点，我国的现代化是传承中华文化和光大中华文明的现代化。第七点，我国的现代化是走和平发展道路的现代化。第八点，我国的现代化是为人类社会进步作出重大贡献的现代化。面对如此重大的历史任务，在这么一个重大的历史进程中，我们要办好自己的事情，首要的是要把经济稳住，把经济工作做好。过去取得的成就，为我们开启新征程奠定了坚实基础，也让我们更加充满信心和期待。据国际货币基金组织（IMF）对全球经济的预测，中国经济2021年将实现8.1%的增长，2022年将实现5.6%的增长，预期增速普遍高于发达经济体，这在新兴经济体中也是处在前列。从这个预测中可以看出，中国经济增长仍发挥着全球经济增长火车头的作用，国际社会对中国经济发展也充满信心。

“十四五”时期中国进入新发展阶段，在新发展理念引领下构建新发展格局，开启了全面建设社会主义现代化强国新征程。党的十九届五中全会公报强调指出，在新发展阶段要不断提高贯彻新发展理念、构建新发展格局能力和水平，为实现高质量发展提供根本保证。在党的十九届五中全会精神新闻发布会上，更是强调指出《中共中央关于制定国民经济和社会发展第十四个五年规划和二〇三五年远景目标的建议》（以下简称《建议》）的核心要义体现在三个“新”上，即新发展阶段、新发展理念、新发展格局。因此，学习和贯彻落实党的十九届五中全会精神和2021年“两会”精神，重点要把握好这三个“新”。

第一个“新”：科学把握新发展阶段。高度重视对发展阶段的分析判断，再相应进行决策是我党领导和推动经济社会发展的一大经验。“十四五”时期我国进入新发展阶段是党中央作出的重大判断。新发展阶段是我们党带领人民迎来从站起来、富起来到强起来的历史性跨越的新阶段，是我国社会主义现代化发展进程中一个重要的阶段，是社会主义初级阶段向更高阶段迈进必须打好基础的一个阶段。当前和今后一个时期，我国发展仍然处于重要战略机遇期，但机遇和挑战都有新的发展变化。首先，国际国内面临的风险与挑战前所未有。从国际看，当今世界正经历百年未有之大变局，新冠肺炎疫情大流行影响广泛深远，加速了大变局的演变，经济全球化遭遇逆流和回头浪，国际经济、科技、文化、安全、政治等格局都在深刻调整，中国发展的外部环境的不稳定性、不确定性明显增加。从国内看，我们全面建成小康社会，中华民族伟大复兴进入关键时期，我国社会主要矛盾发生变化，发展不平衡不充分问题仍然突出，人民日益增长的美好生活需要明显提高。在此基础上，要开启全面建设社会主义现代化国家新征程，各方面的任务可以说十分艰巨而繁重。其次，大挑战中孕育着大机遇。重要战略机遇期的内涵已经发生了变化，我们要辩证地认识机遇与挑战的关系。我国经济已进入高质量发展阶段，继续发展具有多方面的优势和条件，我们要增强化危为机的意识和能力。不仅要善于顺势而为，把优势转化为动力，更要勇于逆势而上，善于转危为机，在危机中育先机、于变局中开新局。

第二个“新”：深入贯彻新发展理念。新发展理念阐明了我们党关于发展的政治立场、价值导向、发展模式、发展道路等重大政治问题，是我们党在新时代最重要的理论和理论创新。我们要完整、准确、全面贯彻新发展理念，把新发展理念贯彻到新发展阶段的各领域和全过程，坚持创新在现代化建设全局中的核心地位，把科技自立自强作为国家发展的战略支撑，摆在各项规划任务的首位。创新是引领发展的第一动力，进入新发展阶段，我们要牢牢抓住创新这个“牛鼻子”。面对国内外环境的新挑战，我们比任何时候都更加需要充分发挥科技创新在百年未有之大变局中的关键变量作用、在中华民族伟大复兴战略全局中的支撑引领作用。只有更加依靠科技创新，才能不断拓展发展新空间，塑造新的发展优势。“十四五”时期，我们要抢抓新一轮科技革命和产业变革的重大机遇，坚持科技创新与体制机制创新“双轮驱动”，提升科技攻关和应急攻关的能力，统筹布局基础研究和关键核心技术攻关，加快跻身创新型国家前列和建设世界科技强国。

第三个“新”：加快构建新发展格局。构建以国内大循环为主体、国内国际双循环相互促进的新发展格局是习近平总书记和党中央积极应对国际国内形势变化、与时俱进提升我国经济发展水平、塑造国际经济合作和竞争新优势而作出的战略抉择。新发展阶段，强调“以国内大循环为主体”，既是形势使然，也是历史的必然。当前，我国发展的外部环境日趋错综复杂，单边主义、保护主义上升，国际经济循环明显弱化，甚至是受阻，依靠原有的外需拉动已不可能。同时，大国经济一般都是以国内大循环为主体，我国作为世界第二大经济体，依靠国际市场是带不动的，立足国内大循环，不固守“两头在外，大进大出”的旧思路，因时而变，也是历史必然。但是，以国内大循环为主体，并不是要封闭保守，也不是在开放问题上大幅度收缩，更不是放弃国际循环，也绝不能搞画地为牢、各自为政的“诸侯经济”，而是强调实现国内国际双循环，在更高开放水平上的双循环相互促进，更好地利用国际国内两个市场，实现高水平的自立自强。构建以国内大循环为主体、国内国际双循环相互促进的新发展格局，是我们党对经济发展客观规律的正确把握和实践运用，是主动作为，不是被动应对，是长期战略，不是权宜之计，不是几个部门的工作，而是党和全国的工作大局。我们各级干部和党员都要心怀“国之大者”，细细掂量，不断提高政治能力、战略眼光、专业水平。

第一章
新发展阶段：开启强国新征程

第一节
对“十三五”时期经济社会发展的回望

“十三五”时期是全面建成小康社会的决胜阶段，面对错综复杂的国际形势、艰巨繁重的国内改革发展稳定任务，以习近平同志为核心的党中央团结带领全国各族人民，坚定不移贯彻新发展理念，深入推进供给侧结构性改革，坚持高质量发展，有力有序化解发展不平衡不充分的矛盾问题，沉着冷静应对外部挑战明显上升的复杂局面，坚决果断抗击新冠肺炎疫情的严重冲击。“十三五”规划纲要提出的经济发展、创新驱动、民生福祉、资源环境四大类主要指标总体如期完成。

一、“十三五”时期经济社会发展取得历史新成就

党的十九届五中全会审议通过的《建议》指出，“十三五”时期，经济实力、科技实力、综合国力跃上新的台阶，经济运行总体平稳，经济结构显著优化，中华民族伟大复兴向前迈出了新的一大步。总的来看，“十三五”时期，我国经济社会发展取得了全方位、开创性历史成就，发生了深层次、根本性历史变革，为开启全面建设社会主义现代化国家新征程奠定了坚实基础。

第一，经济实力大幅跃升。2016—2019年国内生产总值保持了6.7%的年均增速，经济总量从突破70万亿元增长至99.1万亿元，占全球经济比重达16%，对世界经济增长的贡献率达到30%左右，到“十三五”期末国内生产总值超过100万亿元，成为带动世界经济增长的主要动力源。人均国内生产总值突破1万美元，标志着我国稳步迈向高收入经济体行列。2019年全国居民人均可支配收入达30733元，比2015年增长39.9%，1.4亿家庭年收入达到10万—50万元，中等收入群体规模持续扩大。国际收支基本平衡，外汇储备保持在3万亿

美元以上。新型城镇化建设扎实推进、成效显著。公安部数据显示,1亿人落户任务提前完成,1亿多农业转移人口有序实现了市民化,户籍人口城镇化率由2013年的35.93%提高到2019年的44.38%。

第二,我国已进入高质量发展阶段。各地区、各部门贯彻新发展理念,坚持以供给侧结构性改革为主线,着力推动高质量发展,取得明显的实效。传统产业改造提升加快,钢铁去产能提前两年完成"十三五"目标,产能利用率和企业经营效益明显提高。战略性新兴产业和先进制造业加速壮大,智能制造深入推进,工业互联网发展进入快车道,一批数字化车间和智能工厂初步建成。2016—2019年,我国全部工业增加值由24.54万亿元增至31.71万亿元,年均增长5.9%,远高于同期世界工业2.9%的年均增速。2019年我国制造业增加值占全球比重达28.1%,连续10年保持世界第一制造大国地位。云计算、大数据、物联网、人工智能、区块链等新技术、新业态蓬勃兴起,数字经济发展势头良好,对国民经济增长的贡献率不断提高。

第三,脱贫攻坚取得决定性成就。产业扶贫、就业扶贫、易地搬迁扶贫、生态扶贫、教育扶贫、健康扶贫和社保兜底脱贫等全面推进。2016—2019年超过5000万农村贫困人口脱贫,全国建档立卡贫困户人均纯收入由2015年的3416元增加到2019年的9808元,年均增幅30.2%。到2020年末,现行标准下农村贫困人口全部脱贫、贫困县全部摘帽的目标任务如期实现,困扰中华民族几千年的绝对贫困问题历史性得到解决,对全球减贫贡献率超过70%,创造了人类反贫困史上的中国奇迹。

第四,城乡区域发展协调性增强。乡村振兴战略加快实施,农村生产生活条件显著改善,乡村旅游、休闲农业等新业态不断涌现,农村人居环境大幅改善。新型城镇化质量稳步提高,中心城市和城市群人口集聚能力逐步提升,都市圈建设有序推进,特大镇设市取得突破。2019年末常住人口城镇化率升至60.6%,比2015年提高4.5个百分点。区域协调发展战略深入实施,支持西部大开发、东北振兴、中部崛起、东部率先发展的政策体系更加完善,老少边贫等特殊类型地区加快振兴发展。重大区域发展战略高质量推进,京津冀协同发展迈出坚实步伐,长江经济带生态环境突出问题整改和生态环境污染治理成效显著，粤港澳大湾区建设规划政策体系不断完善，长三角区域一体化发展进程加快，黄河流域生态保护和高质量发展扎实起步。

第五，全面深化改革取得重大突破。改革呈现全面发力、多点突破、蹄疾步稳、纵深推进的局面，中国特色社会主义制度更加完善，主要领域基础性制度体系基本形成，党和国家机构改革取得重大成效，国家治理体系和治理能力现代化水平明显提高。"放管服"改革向纵深推进，营商环境持续优化、全球排名大幅提升。产权保护制度体系加快完善，要素市场化配置改革持续深化，市场在资源配置中的决定性作用明显提升，政府作用得到更好发挥，价格市场化程度超过97%。国资国企改革政策体系基本形成，财税金融体制改革不断深化，减税降费和金融服务实体经济等政策效应明显，经济社会发展动力活力进一步增强。

第六，开放型经济发展取得新成就。我国扎实推进经贸强国建设，以技术、标准、品牌、质量、服务为核心的对外经济新优势加快形成，中国商品、中国投资、中国服务的全球影响力持续提升。我国对外贸易加快优化升级，实现稳中提质。货物贸易进出口额从2015年的3.95万亿美元增加至2019年的4.58万亿美元，我国连续3年保持全球货物贸易第一大国地位，连续11年保持第一出口大国地位，贸易大国地位更加巩固。在全球跨境投资持续低迷的背景下，我国利用外资逆势增长，2017年成为全球第二大外资流入国，2016—2019年吸收外资合计达5496亿美元，利用外资水平不断提高。开放型经济新体制加快构建，设立21个自由贸易试验区，海南成为内地第一个自由贸易港。共建"一带一路"不断走深走实，截至2020年9月，我国累计与138个国家和30个国际组织签署200份共建"一带一路"合作文件。

第七，人民群众获得感、幸福感不断增强。居民收入增长和经济增长同步、劳动报酬提高和劳动生产率提高同步，中等收入人群规模不断扩大。2019年全国居民人均可支配收入达30733元，比2015年增长39.9%，1.4亿家庭年收入达到10万—50万元，全世界规模最大中等收入群体已经形成。居民生活质量显著提升，2019年全国居民恩格尔系数降至28.2%，比2015年下降2.4个百分点，每百户家庭家用汽车拥有量达35.3辆。基本公共服务均等化程度不断提高，覆盖城乡居民的社会保障体系基本建成，义务教育有保障的目标基本实现，高等教育进入普及化阶段，基本医疗和公共卫生服务体系进一步完善。就业是最大的民生，坚持就业优先，鼓励创业就业。数据显示，2016—2019年，我国城镇每年新增就业人数连续保持在1300万人以上，劳动参与率和就业率在主要经济体中始终处于较高水平。健康中国建设扎实推进，人民健康和医疗卫生水平不断提高，顶层设计、总体战略和实施路径不断明确，新冠肺炎疫情防控取得重大战略成果，居民平均预期寿命2019年达77.3岁，比世界平均预期寿命高近5岁。

二、"十三五"时期经济社会发展的宝贵经验

"十三五"时期我国经济社会发展取得的成就，是以习近平同志为核心的党中央坚强领导的结果，是习近平新时代中国特色社会主义思想科学指引的结果，是全国人民奋力拼搏的结果。在这个过程中，我们深化了对做好新时代经济社会发展工作规律性的认识，积累了宝贵经验，为"十四五"开好局、起好步奠定了坚实的基础。

第一，坚持党对经济工作的领导。中国共产党领导是中国特色社会主义制度的最大优势，是推进我国经济社会发展不能脱离的最大国情。坚持党对经济工作的领导，是习近平新时代中国特色社会主义思想的重要内容。"十三五"时期，我国经济社会发展面临极其复杂的国际环境，需要破解许多难题，面临一系列风险挑战。以习近平同志为核心的党中央采取正确策略，坚定推动我国经济社会发展沿着正确方向前进，"十三五"规划目标任务如期完成，经济发展进入高质量阶段。成绩的取得，见证着党对经济工作的领导能力。历史已经证明并将继续证明，中国共产党是中国人民最可靠的主心骨，是实现中华民族伟大复兴最坚强的领导核心。

第二，坚持以人民为中心的发展。人民是推动发展的根本力量，增进民生福祉是我国发展的根本目的。"十三五"时期，我们党把人民对美好生活的向往作为奋斗目标，将为人民谋幸福的初心化作前行动力。从"一个也不能少"的

庄严承诺，到"两不愁三保障"的目标底线，彰显了中国共产党的初心使命。"十三五"时期，一个个民生问题的解决，一个个美好梦想的实现，更多经济发展成果惠及人民，生动诠释了以人民为中心的发展思想。发展为了人民、发展依靠人民、发展成果由人民共享，是中国共产党革命、建设、改革的底气所在。坚持以人民为中心的发展，走共同富裕的道路，是我国国家制度和国家治理体系的显著优势。

第三，坚持和完善社会主义基本经济制度。我国社会主义基本经济制度，是我们党领导人民经过长期艰辛探索逐渐形成和发展起来的。党的十九届四中全会将公有制为主体、多种所有制经济共同发展，按劳分配为主体、多种分配方式并存，社会主义市场经济体制等作为社会主义基本经济制度，从坚持和完善中国特色社会主义制度、推进国家治理体系和治理能力现代化的全局和战略高度，对坚持和完善社会主义基本经济制度作出新论断、新部署。这是对社会主义基本经济制度内涵的重要发展和深化，是习近平新时代中国特色社会主义思想的重要创新和发展。"十三五"时期，我们更加重视各项基本经济制度的内在联系，更加重视每项基本经济制度中两个方面的彼此协调和相互促进。

第四，坚持贯彻新发展理念。2015年，习近平总书记在主持起草"十三五"规划建议时，直面中国大地存在的问题，创造性地提出了创新、协调、绿色、开放、共享的新发展理念。一场关系我国发展全局的深刻变革全面开启，开辟了中国发展新境界。实践证明，新发展理念是确保我国经济社会持续健康发展的科学理论。刚刚过去的"十三五"，我们经历了一段不凡的历程。新时代脱贫攻坚目标任务如期完成，全面建成小康社会得以实现，中国制造全球瞩目，美丽中国建设成效显著，综合国力和人民生活水平跃上新的大台阶，这一历史性的跨越，离不开新发展理念的科学指引，离不开广大党员干部和人民群众对新发展理念的自觉践行。

第五，坚持深化改革开放。"十三五"时期，我们注重解决体制性的深层次障碍，推出一系列重大体制改革，有效解决了一批结构性矛盾，很多领域实现了历史性变革、系统性重塑、整体性重构；注重克服机制性的梗阻问题，打通理顺了许多堵点、难点，增强了全社会发展活力和创新活力。“十三五”时期，全面深化改革在新起点上实现了新突破。全面扩大开放，自贸试验区数量增至21个，海南自由贸易港建设总体方案、深圳进一步扩大改革开放的实施方案发布实施，商签高标准自由贸易协定、高质量共建“一带一路”等举措都取得了积极进展。

第六，坚持稳中求进工作总基调。稳中求进工作总基调是治国理政的重要原则，也是做好经济工作的方法论。“十三五”时期，围绕适应把握经济发展的新情况、新变化，我们一方面坚持以稳为主，创新完善宏观调控思路和方式，坚持稳字当头，扎实做好“六稳”工作、全面落实“六保”任务，确保经济运行稳定在合理区间；另一方面在关键领域着力求进，努力解决制约经济社会持续健康发展的深层次矛盾和问题，促进结构优化和动能转换。坚持目标导向、问题导向、结果导向，推动经济社会发展行稳致远。

第二节
对“十四五”时期经济社会发展的建议*

“十四五”时期是我国开启全面建设社会主义现代化国家的起步期，挑战与机遇并存，起好步、开好局、办好自己的事情，意义极为重大。

* 此系2020年4—5月间为完成中央交给中央党校（国家行政学院）的任务，按照校（院）委领导的要求，笔者带领的一个研究组提出的初步建议。

一、"十四五"时期我国经济社会发展基本趋势、有利条件和面临的挑战

1. 基本趋势

"十四五"时期是我国全面建成小康社会之后开启全面建设社会主义现代化强国新征程的起步期,是我国按照新发展理念推动发展再上新台阶的重要战略机遇期,也是国际经济政治格局剧烈调整期。我国经济稳中向好、长期向好的基本态势没有变,经过努力可以基本保持在5%—6%的中高速发展区间内,发展的不充分、不平衡问题将得到较大改善,社会主义现代化强国建设将会取得明显进展。

从发展阶段看,我国将从中等偏上收入国家稳步跨入高收入国家行列,工业化进入全新的人工智能制造时期,城镇化逐步进入成熟期,常住人口城镇化率达到65%—68%,市场化进入深度改革期,法治化程度明显提高,社会治理现代化进入全面推进期,制度建设进入加快期。

从发展动力看,外部拉动和国内投资总体上会维持在相对较低的水平,而国内消费需求持续释放,成为中国经济增长的主动力和压舱石。

从经济结构看,城镇化由高速增长转为中速增长,第三产业比重持续提升,新兴战略产业加速发展,新技术、新业态、新模式不断涌现,城乡结构、产业结构进一步优化。

从发展平衡性看,随着京津冀、粤港澳、长三角、长江经济带、成渝城市群等国家战略推进,区域发展的平衡能力显著增强;随着乡村振兴战略实施和现代农业发展,城乡发展不平衡的问题将得到缓解;随着"五位一体"总体布局深度推进并有新的拓展,文化、社会、生态等方面的发展也将与经济发展齐头并进。

2. 有利条件

一是疫情之后全球经济政治格局将发生剧烈调整，我国的国际地位重要性更加凸显。这次新冠肺炎疫情是人类历史发展的重要分水岭。疫情之后，美国等西方社会的经济面临着重重矛盾和巨大压力，经济放缓或衰退已经成为一个趋势性的事件。"西强东弱"是历史、是存量，"东升西降"是未来、是增量，我国经济有了更高水平的稳中向好的基础，全面崛起已经成为不可扭转的趋势。我们要抓住这个有利时机，集中精力加快布局和发展。

二是我国从中等收入国家向高收入国家迈进，上升的强劲动能得以释放。"十四五"时期，我国经济有可能保持5%—6%的增长速度。按世界银行的现行标准，到2025年左右，我国人均国民收入将达到1.3万—1.4万美元，开始跻身高收入国家行列。到2035年，人均国内生产总值达到中等发达国家水平。

三是开放水平和制度化程度提升，中国成为全球最安全、最具有营商竞争力的区域之一。"一带一路"建设对冲外部风险效应凸显，服务贸易开放带来新的发展动力，越来越具有全球竞争力的营商环境能够有效激发经济社会活力。

四是有超大规模市场的显著优势，基础性、保障性条件的优势作用更加明显。我国工业体系完备，有全球最为完整的制造业产业链，具有产业配套综合能力强的优势；人力资本丰富，资金供给充裕，消费升级加快，有巨大消费市场的优势；创新驱动能力加强，新技术、新业态、新产业、新平台等新的增长动力更加活跃；有东中西南北的战略回旋纵深，区域"一带一路"、粤港澳大湾区等新增长极带动传统经济和新经济发展。

五是党的领导和中国特色社会主义制度优势，能够保证我们集中力量办大事情。能够发挥市场在资源配置中的决定性作用，也能够更好地发挥政府的作用，有效市场和有为政府的融合不断增强，两个比较优势得以更好发挥，国家治理体系和治理能力现代化水平不断提升。

3. 面临挑战

我国经济长期向好的基本面没有变，但发展的不确定性和风险加大。一是外部冲击更大，外部环境更严峻，国际安全重要性明显上升。疫情之后，西方国家会对全球化问题进行再认识，对中国崛起的防范更加强烈，我国产业链不仅面临全球产业链去中国化的巨大风险，也面临发达国家和发展中国家从高低两端的夹击压力；美国对我国的遏制更加全面和强化，中美之间的经贸、科技、金融等方面的博弈更加激烈；全球经济发展整体趋缓，贸易保护、贸易壁垒加大，贸易摩擦加剧，不确定性增强。二是内部风险集聚，转型压力大，国内的安全问题也十分突出。"十四五"是经济社会剧烈转型阶段，转型压力加大，发展不平衡、不协调、不可持续问题仍然突出，人口政策、离退休制度、对外开放、国有企业等方面的改革难度不容小觑，经济增速换挡、结构调整阵痛、动能转换困难相互交织，金融风险、地方债务风险、就业压力等各类风险凸显，"六稳"工作更加严峻，特别是如何消化疫情防控期间出台的大规模债务和金融流动性风险，成为对我国经济社会稳定能力的巨大考验。

二、"十四五"时期促进经济社会持续健康发展的基本思路、主要目标和重大战略

1. 基本思路

以习近平新时代中国特色社会主义思想为引领，牢牢把握新时代主要矛盾的变化，进一步把握我国仍处在社会主义初级阶段的基本国情和我国仍然是世界上最大的发展中国家的国际定位，保持战略定力和底线思维，在巩固全面建成小康社会成果的基础上，统筹推进经济建设、政治建设、社会建设、文化建设、生态文明建设和安全建设，坚守人民立场和以人民为中心的发展思想，坚持以经济建设为中心，贯彻落实新发展理念，建设现代化经济体系，千方百计释放消费潜力，扩大有效供给，加快补齐不充分、不平衡发展短板，不断提高人民生活水平和保障水平，努力提高经济社会治理体系和治理能力的现代化水平，形成高质量发展体制机制，确保社会主义现代化强国新征程开局良好。

2. 主要目标

适应开启社会主义现代化强国建设新征程的需要，基本补齐不充分、不平衡发展短板，基本形成高质量发展体制机制，在建设制造强国、消费强国、科技强国、教育强国、文化强国、生态强国方面取得重大进展。

一是积极调整产业链的区域布局、行业布局，加大海外企业并购力度，推进产业链由中低端向中高端延伸，在全球产业链重塑中增强我国产业链的影响力和控制力，努力推动制造强国建设取得新突破。

二是增加居民收入，不断释放14亿人口的超大规模消费潜力，优化消费结构，促进消费升级，培养科学消费、绿色消费的理念和习惯，力争靠我国自身的消费来支撑我国经济的稳定循环，发挥消费的重要基础和关键引领作用。

三是加强基础学科和核心技术研发，提高原始创新能力，在重要领域和核心技术上取得突破，不断提升我国创新活力和科研实力，持续推动科技创新成为经济增长的重要引擎，为建成具有全球影响力的科技强国持续发力。

四是优先发展教育，构建全体人民普遍享受优质基本公共教育服务的教育制度，打造具有中国特色、世界水平的现代教育，为把我国建设成为教育综合实力和服务能力强大的国家，提供强有力的人力和智力支撑。

五是推动中华优秀传统文化创造性转化、创新性发展，继承红色革命文化，发展社会主义先进文化，激发全民族文化创新创造活力，加快社会主义文化强国建设。

六是坚持“绿水青山就是金山银山”的发展理念，以绿色产业、绿色技术、绿色规划、绿色制度引领推动绿色发展，推动我国加快迈入生态强国时代。

3. 重大战略

“6+8”战略，即：

主体性战略：实施制造强国战略、消费强国战略、科技强国战略、教育强国战略、文化强国战略、生态强国战略。

基础性战略：创新驱动发展战略、区域发展战略、乡村振兴战略、科教兴国战略、人才强国战略、军民融合战略、陆海统筹战略、可持续发展战略。

三、"十四五"时期转变经济发展方式、培育经济社会发展新动力、提高人民生活水平的重大任务

1. 转变经济发展方式

以新发展理念为指导,在供给侧结构性改革的政策框架下,依托创新驱动发展战略,遵循产业结构演进规律,加快转变经济发展方式。一是创建和完善制度环境,完善高质量发展的指标体系、政策体系、标准体系、统计体系、绩效评价、政绩考核,构建有利于高质量发展的体制机制和绩效评价体系;二是以产业结构深度调整为主线,构建产业新体系,培育一批战略性产业,构建现代农业产业体系,加快建设制造强国,加快发展现代服务业,形成支持高质量发展的产业链、供应链、价值链;三是积极实施创新驱动发展战略,加快创新新技术、新业态、新方式、新平台,形成国际化的新兴产业集群;四是加快完善新经济、新消费发展环境,坚持包容审慎原则,引导行业形成稳定预期,完善新经济、新消费市场环境和法制环境;五是构建以民生为中心的体现共享、体现安全、体现健康的体制机制;六是加快构建具有全球竞争力的人才制度体系,把人才制度优势更好地转化为治理效能和发展效能。

2. 培育经济社会发展新动力

重构经济发展动力体系,着力推进动力升级,全面建立高质量发展的新动力体制机制,培育形成强大的供给新动力、需求新动力、区域新动力和开放新动力。一是深入实施科教兴国战略、创新驱动发展战略和人才强国战略,继续推进供给侧结构性改革,不断提高创新能力和治理效能,提升经济效率和市场竞争力,持续注入供给新动力;二是继续实施新一轮的收入倍增计划,深入调整国民收入分配格局,不断缩小收入差距,持续改善民生,积极促进消费升级,不断释放需求新动力;三是提高超大城市的治理能力,增强城市群和中心城市

的集聚力、竞争力和辐射力，大力培育区域平衡发展新动力；四是积极推动新一轮高水平对外开放，塑造全面开放新格局，促进建设开放型世界经济，推动构建人类命运共同体，加快形成对外开放新动力。

3. 提高人民生活水平

坚持以人民为中心的发展思想和共享发展理念，构建着眼于实现好、维护好、发展好最广大人民根本利益的民生保障体系。健全幼有所育、学有所教、劳有所得、病有所医、老有所养、住有所居、弱有所扶等方面的国家基本公共服务制度体系，注重加强普惠性、基础性、兜底性民生建设，保障群众基本生活；满足人民的多层次、多样化需求，让改革发展成果更多更公平惠及全体人民；强化国民收入分配的调整，更加体现社会对公平的呼唤，在推动共享方面取得更大的突破性进展；健全有利于更充分、更高质量就业的促进机制，构建服务全民终身学习的教育体系，完善覆盖全民的社会保障体系，强化提高人民健康水平的制度保障。

四、推动“十四五”规划建议目标实现的重大改革举措

一是深化国有企业改革，推进国有企业经济布局战略性调整，激活经济全局；二是全面深化经济体制改革，着力建设高标准的市场体系和宏观管理机制；三是以农村土地制度改革为核心，推进农村全面改革，最大限度地激活城乡资源市场化配置；四是推动城乡体制改革，开展农业转移人口市民化攻坚战，逐渐缩小常住人口城镇化率与户籍人口城镇化率之间的差距；五是完善公共卫生等重大突发事件的应急管理机制，推进重大突发事件治理的制度化、程序化、规范化和法治化；六是加快健全公共安全体系，建立健全长效机制，推进思路理念、方法手段、体制机制创新；七是建设更高水平开放型经济新体制，建立国际经济协调合作共赢机制，加快海外战略布局，巩固和提升我国海外利益。

五、未来15年基本实现社会主义现代化的战略目标和对策建议

1. 战略目标

未来15年，我国新型工业化、新型城镇化、信息化、农业现代化等任务基本完成，经济实力、科技实力大幅跃升，经济社会全面转型，各项制度基本成熟定型，基本实现社会主义现代化，跻身高收入国家行列。

——经济建设。经济保持中高速增长，年平均增速达到5%左右，经济总量比2020年翻一番，人均收入达到2万美元以上。

——法治建设。人民平等参与、平等发展权利得到充分保障，法治国家、法治政府、法治社会基本建成，各方面制度更加完善，国家治理体系和治理能力现代化基本实现。

——文化建设。社会文明程度达到新的高度，国家文化软实力显著增强，建成文化强国，中华文化影响更加广泛深入。

——社会建设。城乡区域发展差距和居民生活水平差距显著缩小，城乡收入比减小到1.5以内；基本公共服务均等化基本实现，现代社会治理格局基本形成，社会充满活力又和谐有序。

——生态建设。生态环境根本好转，美丽中国目标基本实现。

——科技水平。基本突破"卡脖子"问题，科技创新水平大幅提高，跻身创新型国家前列。

——人民生活水平。人民生活更为宽裕，中等收入群体比例明显提高，全体人民共同富裕迈出坚实步伐。基尼系数减小到0.35以内。

2. 对策建议

一是更加突出地加强和完善党和国家的各项制度，推进国家治理体系和治理能力现代化，把各种制度优势转变为推进社会主义现代化强国的建设

效能。

二是以国家重大战略实施为依托，加快形成具有全球控制力和影响力的世界级战略新兴产业集群。

三是深度挖掘国土潜力，不断释放国土空间发展效能。提高超大城市群治理能力，推动国际大都市圈的形成，形成世界级增长动力源；加快中西部发展和产业的梯度转移，重塑全国生产力布局，平衡地区发展；加快乡村振兴，推动城乡融合，平衡城乡发展；调整行政区划，适当缩小部分省域面积，实现扁平化管理。

四是持续开展农业转移人口市民化攻坚战，基本解决"半城镇化"问题。

五是把我国的发展优势，转化为文化优势和国际话语优势，加快形成更加自信的文化和话语氛围，大力推动人类命运共同体建设，全面提升我国参与全球治理的地位和作用。

六是抓住全球经济格局和产业链布局调整的时间窗口，努力构建新型国际经济秩序，推动形成新型全球化格局。

第三节
对"十四五"规划和远景目标的建议*

党的十九届五中全会通过的《建议》亮点纷呈，有一些重要的提法首次在党的文件中出现，非常鼓舞人心。《建议》郑重表达了党带领人民全面建设社会

* 此系2020年11月27日笔者在全国政协经济委员会召开的"十四五"规划纲要征求意见座谈会上的发言，略有修改。

主义现代化国家的坚强决心和前进方向。下面就进一步完善规划制定提四点建议：

一是为满足人民日益增长的美好生活需要，要更加注重加大收入分配制度改革的力度。《建议》提出“十四五”期间要实现居民收入增长和经济增长基本同步，分配结构明显改善，到2035年人民生活更加美好，人的全面发展、全体人民共同富裕取得更为明显的实质性进展。这些极其重要的提法体现了中国共产党的“人民立场”和“以人民为中心”的发展思想，彰显了社会主义本质光芒和制度优势。这就要求制定规划及确定目标时要更加注重共享共富和社会公平问题，对“人的全面发展、全体人民共同富裕取得更为明显的实质性进展”要有更加明确清晰的指标引领和定量要求，让老百姓有一种看得见、摸得着的实实在在感受。建议实施更加坚决的收入分配制度改革，调整国民经济收入和财富分配格局，更好地缩小收入分配差距，避免“造富神话”带来的忽视实体经济、挤压实体经济的弊端。实施中等收入群体和国民收入的倍增计划，力争中等收入群体规模到2035年达到8亿—9亿人，国民人均收入翻一番。把脱贫攻坚与乡村振兴战略更好地衔接起来，采取更加务实有效的办法来解决相对贫困问题，努力增加低收入群体的收入。大力弘扬企业家的家国情怀和社会责任，推动公益慈善事业创新发展。这些工作做得好，既体现“扎实推动共同富裕”的努力，也能够在扩大内需的基础上畅通国内国际双循环。

二是构建国内国际双循环相互促进的新发展格局，要更加注重提升产业链供应链的安全稳定和竞争力。受疫情冲击和国际形势变化影响，全球产业链供应链出现明显调整和变化，为了减弱这种冲击和阵痛，要加快完善产业安全发展体制机制，努力补齐相关短板，维护产业链供应链安全稳定，积极做好防范化解重大风险工作。要科学布局产业链，确保重点产业安全稳健发展；有效提升价值链，提升重点产业的核心竞争力；全力确保供应链，提高产业配套发展能力；协同打造创新链，确保关键产业自主可控；着力构造防护链，增强产业的风险抵抗力。建立维护产业链供应链安全有效机制的政策，重点应该包括：建立维护产业链供应链安全的宏观管理机制，建立维护产业链供应链安全的协调服务机制，建立维护产业链供应链安全的信息畅通机制，建立维护产业链供应链安全的风险评估机制，建立维护产业链供应链安全的预测预警机制，建立维护产业链供应链安全的国际合作机制。

三是发挥投资对优化供给结构的关键性作用，要更加注重把保持适当强度的投资和拓宽投资渠道作为畅通循环的重要抓手。一定强度的投资是畅通经济循环的重要保障，畅通的经济循环也能够为投资平稳增长打开空间。一是要深化供给侧结构性改革，加大重点领域投资。比如5G，不能让车等路，而是要让路等车，要发挥有为政府和有效市场的活力，加强基础设施的大规模投资。二是要拓展投资空间，加大城市更新改造力度。过去政府的不少投资都和土地财政息息相关，现在靠不断增加土地供给扩大投资的方式难以为继，更多的发展空间要从存量中来，真正进入以存量调整更新带动城市发展的新阶段，要认真实施城市更新的改造计划和行动，这是一篇大文章，可以释放潜力和动力。三是强化系统设计，激发和扩大社会投资。表面看社会投资不够活跃是玻璃门、弹簧门、旋转门等的准入问题，实质是政府管理和市场运行的边界不清、配合乏力。政府管理和控制资源过多，对微观市场活动参与过深，条块分割造成一定的资源错配和市场割裂，这些问题导致不少领域难以形成稳定可预期的收益，很难吸引社会资本真正进入。

四是强化解放、发展和保护生产力的意识，要更加注重向创造世界一流营商环境的奋斗目标前进。面对国际的严峻形势，我们必须自立自强，发挥好改革关键一招的作用。改革创新政府管理和服务方式，以优化市场化、法治化、国际化营商环境建设为牵引，持续优化政府服务，应明确提出把打造世界最优或一流营商环境作为追求的目标。深入推进“放管服”改革，深化行政审批、投资审批和监管制度改革。深入开展“互联网＋政务服务”，加快推进全国一体化政务服务平台建设，建立健全运用互联网、大数据、人工智能等技术手段进行公共服务和管理的制度规则。落实《优化营商环境条例》，完善营商环境评价体系。重点完善促进中小微企业和个体工商户发展的法律环境和政策体系。千方百计把市场主体保护好，激发各类市场主体活力，弘扬企业家创新精神。在强调解放、发展生产力的同时，更值得关注的是保护生产力，要把解放、发展生产力和保护生产力统一起来。

第四节 对“十四五”时期经济社会发展的展望

“十四五”时期是我国全面建成小康社会、实现第一个百年奋斗目标之后，乘势而上开启全面建设社会主义现代化国家新征程、向第二个百年奋斗目标进军的第一个五年，我国将进入新发展阶段。

一、“十四五”时期我国经济社会发展的条件和挑战

新发展成就奠定了开启新征程坚实步伐。党的十九届五中全会高度评价决胜全面建成小康社会取得的决定性成就，认为“十三五”时期我国全面深化改革取得重大突破，全面依法治国取得重大进展，全面从严治党取得重大成果，国家治理体系和治理能力现代化加快推进，党的领导和社会主义制度优势进一步彰显。我国的经济实力、科技实力、综合国力跃上新的大台阶，2020年国内生产总值突破100万亿元。脱贫攻坚成果举世瞩目，5575万农村贫困人口实现脱贫。建成世界上最大规模的社会保障体系，人民生活水平显著提高。全面建成小康社会胜利在望，中华民族伟大复兴向前迈进了新的一步。这些成就来之不易，激励党和人民继续前行开启新征程。

新发展阶段揭示了我国所处历史新方位。党的十九届五中全会提出“四个全面”的战略布局中，第一个“全面”由之前的“全面建成小康社会”变为“全面建成社会主义现代化国家”，标志着我国即将迈入全面建设社会主义现代化国家的新发展阶段，开启第二个百年奋斗目标的新征程。新发展阶段的提出，表明我国胜利完成全面建成小康社会发展阶段的历史任务，进入基本实现社会主义现代化和建设社会主义现代化强国的新阶段，进入坚持和完善中国特色社会主义制度、推进国家治理体系和治理能力现代化的关键期，进入开启第

二个百年奋斗目标即中华民族伟大复兴的新征程。我们处于如此重要的历史方位,更感到责任重大、使命光荣。"十四五"时期是新发展阶段的起步期,必须要有负责任、有担当的大党大国的气派,为未来15年乃至30年,奠好基、开好局。

新发展理念提供了高质量发展方向引领。党的十九大把"坚持新发展理念"作为新时代坚持和发展中国特色社会主义的基本方略之一。新发展理念坚持问题导向、回应社会关切,深刻回答了新时代中国实现什么样的发展、怎样实现发展这个重大问题。全会强调坚定不移地贯彻落实新发展理念,强调创新在我国现代化建设全局中的核心地位。这是"十四五"时期我国用好重要战略机遇期,在国际竞争中赢得优势、赢得主动的重要法宝。"创新"发展强调科技创新,把科技自立自强作为国家发展战略支撑;"协调"发展注重区域重大战略,依托大都市群、大都市圈推进新型城镇化;"绿色"发展突出生产生活方式全面绿色转型,建设人与自然和谐共生的现代化;"开放"发展紧盯开拓合作共赢新局面,在更大范围、更宽领域、更深层次提升竞争优势;"共享"发展扎实推动共同富裕,不断增强人民群众获得感、幸福感、安全感,促进人的全面发展和社会全面进步。

新发展目标描绘了大国展现的宏伟蓝图。精彩更多体现在发展目标上,让人倍感振奋。《建议》提出了两个未来的发展目标:一个是"十四五"时期我国发展"六个新"的近期目标,也就是经济发展取得新成效,改革开放迈出新步伐,社会文明程度得到新提高,生态文明建设实现新进步,民生福祉达到新水平,国家治理效能得到新提升。近期目标充分考虑了我国当前的实际情况和发展潜力,基于发挥大国比较优势和后发优势经过努力是能够实现的,它是实现2035年远景目标的基础。另一个就是到2035年"九个方面"的远景目标。远景目标规划了国家基本实现社会主义现代化的壮丽景象:关键核心技术实现重大突破,进入创新型国家前列;建成现代化经济体系;生态环境根本好转;人均国内生产总值达到中等发达国家水平;人的全面发展、全体人民共同富裕取得更为明显的实质性进展;等等。这些重要的、肯定性的提法将进一步激发党和人民的奋斗激情,更加增强了我们对中国特色社会主义事业发展的自信。

新发展环境揭示了国内国外的深刻变化。我国发展面临的国内外环境正在发生深刻复杂变化。从国际看，世界百年未有之大变局进入加速演变期，一些国家贸易保护主义、单边主义上升，世界经济进入下行期，国际经济、科技、文化、安全、政治等格局发生深刻调整，不确定性、不稳定性明显增加，世界进入动荡变革期。新冠肺炎疫情大流行影响广泛深远，经济全球化遭遇逆流，中国发展的外部环境日趋错综复杂。从国内看，我国社会主要矛盾发生变化，经济转向高质量发展阶段，继续发展面临不少困难和挑战。发展不平衡不充分问题仍然突出，人民日益增长的美好生活需要日益迫切。重点领域关键环节改革任务艰巨，创新能力欠缺，科技急需自立自强，粮食安全还需加强，城乡区域发展和收入分配差距较大，生态环保、民生保障、社会治理等领域还需要补短板。我们既不能骄横自大，也不能妄自菲薄。要深刻认识我国社会主要矛盾变化带来的新特征、新要求，深刻认识错综复杂的国际环境带来的新矛盾、新挑战，增强机遇意识和风险意识，立足社会主义初级阶段基本国情，保持理性思维和战略定力，善于在危机中育先机、于变局中开新局。

新发展机遇表达了未来形势的战略研判。当前和今后一个时期，我国发展仍然处于重要战略机遇期，但机遇和挑战都有新的发展变化。从国内来看，全面建成小康社会取得伟大历史性成就，我国已转向高质量发展阶段，制度优势显著，治理效能提升，经济长期向好，物质基础雄厚，人力资源丰富，市场空间广阔，发展韧性强劲，社会大局稳定，继续发展具有多方面的大国优势和条件。从国际来看，新一轮科技革命和产业变革深入发展，国际力量对比深刻调整，和平与发展仍然是时代主题，人类命运共同体理念深入人心。西方的治理体制在疫情面前不堪重击，而中国的治理体系和治理能力在大灾害面前展现出巨大的活力和优越性，全球治理体系呈现出“东升西降”的态势。要胸怀中华民族伟大复兴的战略全局和世界百年未有之大变局，科学把握我国发展重要战略机遇期的新变化、新特征，持久发力，稳中求进，积小胜为大胜，把握好我国发展利益与全球利益的最大交集，以更大信心奋力推进实现中华民族伟大复兴的历史征程。

新发展格局提出了构建双循环战略举措。党的十九届五中全会锚定2035

年远景目标，聚焦“十四五”时期发展规划，紧紧抓住突出问题和明显短板，提出多项战略性、创新性重要举措。加快发展现代产业体系，推动经济体系优化升级。形成强大国内市场，构建新发展格局。全面深化改革，构建高水平社会主义市场经济体制。优先发展农业农村，全面推进乡村振兴。优化国土空间布局，推进区域协调发展和新型城镇化。繁荣发展文化事业和文化产业，提高国家文化软实力。推动绿色发展，促进人与自然和谐共生。实行高水平对外开放，开拓合作共赢新局面。改善人民生活品质，提高社会建设水平。统筹发展和安全，建设更高水平的平安中国。加快国防和军队现代化，实现富国和强军相统一。这些战略性、创新性举措，回应人民群众诉求和期盼，对于牢牢把握发展主动权、重塑竞争新优势，确保我国发展行稳致远具有重大意义。

新发展任务揭示了近期和远景目标任务。自2020年以来，习近平总书记在多个场合强调，加快形成以国内大循环为主体，国内国际双循环相互促进的新发展格局。党的十九届五中全会强调构建新发展格局，形成强大国内市场，畅通国内大循环，促进国内国际双循环。构建新发展格局，在《建议》中具有纲举目张的作用，是我们党对经济发展客观规律的正确把握和实践运用，这是主动作为，不是被动应对，是长期战略，不是权宜之计。新发展格局强调的是，国内国际双循环是相互促进，而不是国内经济的单循环，国内循环也是建立在国内统一大市场基础上的大循环，不能各自为政，不是每个地方都搞自我小循环，不能搞成省循环、市循环、县循环、乡循环。它构成了“十四五”规划的重要内容和突出特色，为展望2035年更长远的发展提供了方向性引领。

新发展基石筑牢了国家总体安全观意识。发展是执政兴国的第一要务，保证国家安全是头等大事。统筹发展和安全，建设更高水平的平安中国，是顺应社会主要矛盾变化的长远战略，是防范化解各类风险挑战的制胜之道，为全面建设社会主义现代化国家奠定安全基石。国家安全体系构成，既包括政治安全、国土安全、军事安全三项传统安全，又包括经济安全、文化安全、社会安全、科技安全、信息安全、生态安全、资源安全、核安全、生物安全九项非传统安全，遍布方方面面。要实施国家安全战略，坚持总体国家安全观，加强国家安全体系和能力建设，确保国家经济安全，保障人民生命安全，维护社会稳定和安全，加快国防和军队现代化，筑牢国家安全屏障。

新发展保障强调了党对一切工作的领导。党的十九届五中全会明确强调把“坚持党的全面领导”作为“十四五”经济社会发展必须遵循的首要原则，提出“为实现‘十四五’规划和二〇三五年远景目标，必须坚持党的全面领导，充分调动一切积极因素，广泛团结一切可以团结的力量，形成推动发展的强大合力”。办好中国的事情关键在党，这是历史和人民的选择，具有充分的历史依据、理论依据、现实依据。坚持党的全面领导，必须加强党中央集中统一领导，坚持以人民为中心的发展思想，把“两个维护”落实到统筹推进“五位一体”总体布局和协调推进“四个全面”战略布局各方面，强化从严治党，提高党的建设质量，加强干部队伍建设，特别是年轻干部要强化“七种能力”建设，着力锻造适应新发展阶段要求的过硬能力，提高党领导贯彻新发展理念、构建新发展格局的能力和水平，为实现高质量发展和全面建设社会主义现代化国家提供根本保障。

二、“十四五”时期经济社会发展必须遵循的原则

党的十九届五中全会审议通过的《建议》，明确了“十四五”时期经济社会发展的指导思想，提出了必须遵循的重要原则。

第一，坚持和完善党领导经济社会发展的体制机制。坚持加强党对经济工作的集中统一领导，是党中央立足新时代提出的新要求，是习近平新时代中国特色社会主义经济思想的重要内容。中国共产党历史和中华人民共和国历史都证明，办好中国的事情关键在中国共产党，由党来领导中华民族伟大复兴事业，是历史和人民的选择，具有充分的历史依据、理论依据、现实依据。《建议》着重强调坚持党的全面领导、加强党中央集中统一领导，而且作为“十四五”经济社会发展必须遵循的首要原则来加以强调。中国共产党领导是中国特色社会主义最本质的特征，是中国特色社会主义制度的最大优势，是推进我国经济社会发展不能脱离的最大国情。“十四五”时期乃至更长时期，我国经济社会发展将面临极其复杂的国际形势，要破解许多难题，会面临一系列风险挑

战。越是这样,就越离不开中国共产党这个指引方向的主心骨、社会稳定的压舱石。

第二,坚持以人民为中心的发展思想。以人民为中心的发展思想是中国共产党不变的价值取向。改革开放以来,从“解决温饱”到“小康水平”,从“全面建设小康社会”再到“全面建成小康社会”,党着力于发展民生的努力,40多年来从未动摇。以人民为中心的发展思想,不是一个抽象的、玄奥的概念,不能只停留在口头上、止步于思想环节,而要体现在经济社会发展各个环节。党的十八大以来,以习近平同志为核心的党中央将以人民为中心置于治国理政思想的重要地位,明确提出,把有利于提高人民的生活水平作为总的出发点和检验标准。《建议》明确指出,坚持人民主体地位,坚持共同富裕方向,始终做到发展为了人民、发展依靠人民、发展成果由人民共享。

第三,坚定不移贯彻新发展理念。发展理念是发展行动的先导,是管全局、管根本、管方向、管长远的东西。党的十八大以来,以习近平同志为核心的党中央系统总结实践经验和发展规律,提出创新、协调、绿色、开放、共享的新发展理念,深刻揭示了实现更高质量、更有效率、更加公平、更可持续发展的必由之路,引领我国发展取得历史性成就、发生历史性变革。当前,我国正处在转变发展方式、优化经济结构、转换增长动力的攻关期,同时世界大变局加速演变的特征更趋明显,面对新老问题叠加、新旧矛盾交织的复杂局面,只有坚定不移贯彻新发展理念,才能实现可持续发展。《建议》明确提出,把新发展理念贯穿发展全过程和各领域,构建新发展格局。“十四五”时期,要突出新发展理念的引领作用。

第四,坚持深化改革开放。党的十九大强调,开放带来进步,封闭必然落后。中国开放的大门不会关闭,只会越开越大。看到成绩的同时,我们也要认识到,现在我国市场体系尚不完善,市场准入与退出渠道还不畅通,市场竞争还不充分,市场竞争无序现象时有发生,部分领域价格尚未理顺,生产要素市场发展相对滞后,要素流动仍受到多方面限制。“十四五”时期,构建高水平社会主义市场经济体制,还是需要全面深化改革,需要推动更深层次改革。《建议》明确提出,坚定不移推进改革,坚定不移扩大开放,加强国家治理体系和治理能力现代化建设，破除制约高质量发展、高品质生活的体制机制障碍，强化有利于提高资源配置效率、有利于调动起社会积极性的重大改革开放举措，持续增强发展动力和活力。习近平总书记强调，过去40年中国经济发展是在开放条件下取得的，未来中国经济实现高质量发展也必须在更加开放的条件下进行。“十四五”时期，我国将坚持实施更大范围、更宽领域、更深层次的对外开放，依托我国大市场优势，促进国际合作，实现互利共赢。

第五，坚持系统观念。党的十八大以来，党中央坚持系统谋划、统筹推进党和国家各项事业，根据新的实践需要，形成一系列新布局和新方略，带领全党全国各族人民取得了历史性成就。特别是“十三五”期间，全面建成小康社会取得决定性成就，全面深化改革取得重大突破，全面依法治国取得重大进展，全面从严治党取得重大成果，国家治理体系和治理能力现代化加快推进，中国共产党领导和我国社会主义制度优势进一步彰显。《建议》明确提出，统筹国内国际两个大局，办好发展安全两件大事，坚持全国一盘棋，更好发挥中央、地方和各方面积极性。坚持系统观念，就要加强前瞻性思考、全局性谋划、战略性布局、整体性推进。着力固根基、扬优势、补短板、强弱项，注重防范化解重大风险挑战，实现发展质量、结构、规模、速度、效益、安全相统一。

第二章

新发展理念：引领高质量发展

第一节
新发展理念内涵的演进与深化

习近平总书记在省部级主要领导干部学习贯彻党的十九届五中全会精神专题研讨班上发表重要讲话强调:“党的十八大以来,我们党对经济形势进行科学判断,对经济社会发展提出了许多重大理论和理念,对发展理念和思路作出及时调整,其中新发展理念是最重要、最主要的,引导我国经济发展取得了历史性成就、发生了历史性变革。”新发展理念最早是在党的十八届五中全会上习近平总书记围绕着制定“十三五”规划提出来的,强调要以新的发展理念推动发展,提出一些具有标志性的重大战略、重大工程、重大举措,着力解决突出问题和明显短板,确保如期全面建成小康社会,保持经济社会持续健康发展。五年过去了,新发展理念怎么样?实践做出了最好的回答——新发展理念太重要了,很管用。我们党领导人民治国理政,郑重回答了处在新时代历史方位的中国“实现什么样发展、怎么样发展、为谁发展”的重大理论和实践问题。

古人说:“理者,物之固然,事之所以然也。”发展理念是发展行动的先导,是管全局、管根本、管方向、管长远的东西,是发展思路、发展方向、发展着力点的集中体现。新发展理念是一个系统的理论体系,回答了关于发展的目的、动力、方式、路径等一系列理论和实践问题,阐明了我们党关于发展的政治立场、价值导向、发展模式、发展道路等重大政治问题。新发展理念的提出,是改革开放40多年来我国发展经验的集中体现,反映出党对我国发展规律的认识到了一个新的高度,是对当代马克思主义政治经济学的创新发展,也彰显了中国特色社会主义政治经济学的突出特色。在我国开启全面建设社会主义现代化国家新征程之际,党的十九届五中全会强调“坚定不移贯彻创新、协调、绿色、开放、共享的新发展理念”,“把新发展理念贯穿发展全过程和各领域”,对坚持和贯彻新发展理念提出了新要求。

一、新发展阶段贯彻新发展理念面临的环境深刻变化

与“十三五”期间相比,“十四五”期间以及未来更长时间,我国面临的机遇和挑战都有新的发展变化。当今世界正经历百年未有之大变局,但时与势在我们一边,“西强东弱”是存量、是历史,“东升西降”是增量、是未来,这是我们的定力和底气所在,也是我们的决心和信心所在。同时,我们必须清醒地看到,当前和今后一个时期,虽然我国发展仍然处于重要战略机遇期,但机遇和挑战都有新的发展变化,机遇和挑战之大都前所未有。面对复杂严峻的外部环境,关键要办好自己的事,增强我们自身发展的主动性和回旋余地。

从国际层面看,不稳定性、不确定性已然形成逆风逆水的外部环境。经济全球化方面,“十三五”开局时,世界多极化、经济全球化深入发展,保护主义只是出现了抬头的苗头,但到“十四五”开局时,经济全球化遭遇逆流,少数国家奉行单边主义、贸易保护主义,随意脱离全球化、区域化组织,在全球肆意挑起经贸摩擦,已经对世界和平与发展构成实质性威胁。经济复苏方面,“十三五”开局时世界经济在深度调整中曲折复苏,即使全球经济贸易增长乏力,但仍在缓慢复苏进程中,但到“十四五”开局时,国际上各种“黑天鹅”“灰犀牛”事件频发,突如其来的新冠肺炎疫情全球大流行,使得世界经济“深陷泥潭”,陷入第二次世界大战结束以来最严重的衰退,中国是2020年全球唯一实现正增长的主要经济体。全球治理变革方面,“十三五”开局时虽然也受一些掣肘,但总体向合作、开放、包容转变,国际力量对比逐步趋向平衡;到“十四五”开局,非经济因素的冲击越发明显,特别是全球产业链供应链受到诸多非经济因素冲击,区域化、本地化特征更趋明显,加剧了世界经济的困境,国际经济、科技、文化、安全、政治等格局都在发生深刻调整变化。

从国内层面看,我国发展不平衡不充分问题仍然突出。不平衡方面,各领域、各区域存在“一条腿长、一条腿短”的失衡现象,比如产业发展方面,尽管有些领域已位于世界前沿,处在领跑状态,也让我们更加充满自信,但是盘点下来,更多的是处在中低端,处在跟跑状态,有的距离还有些远。区域发展方面

也有不少难题，传统的东中西部差距依然存在，新的南方北方差距开始显现，有些区域不仅人才外流，还出现了人口的外流；城乡收入分配差距仍然较大，2019年基尼系数为0.465，仍高于0.4的国际警戒值；打赢精准脱贫攻坚战解决了绝对贫困问题，但如何建立不返贫的长效机制成为新课题。不充分方面，2019年我国人均GDP只有10262美元，低于世界平均水平的11429美元，更低于发达国家动辄4万美元甚至更高的水平。要实现到2035年人均国内生产总值达到中等发达国家水平，在推动共同富裕取得更为扎实的明显进展方面，仍面临很大的挑战；创新能力不适应高质量发展要求，这次中美博弈，美国对华为、中兴等企业的刁难打击，暴露了我们科技“卡脖子”的严重问题。其他如生态环保、民生保障、社会治理等领域短板突出、弱项明显，需要我们保持清醒，奋发图强。

二、新发展阶段贯彻新发展理念要关注内涵的演进深化

进入新发展阶段、贯彻新发展理念、构建新发展格局，是由我国经济社会发展的理论逻辑、历史逻辑、现实逻辑决定的。在“十四五”时期乃至更长时期强调贯彻新发展理念，它的内涵有了进一步的演进深化，要高度重视。

“创新”突出了全局核心地位下的科技自立自强和增强产业链供应链自主可控能力。创新是引领发展的第一动力，不论是在“十三五”时期的国家发展全局中，还是在“十四五”时期我国现代化建设全局中，创新都占据核心地位。“十三五”时期要求把发展基点放在创新上，这是提高发展质量和效益的总体要求。在新发展阶段，构建新发展格局最本质的特征是实现高水平的自立自强，强调把科技创新摆在各项任务的首位，把强化国家战略科技力量摆在第一条，强调科技自立自强作为国家发展的战略支撑。对创新提出了面向世界科技前沿、面向经济主战场、面向国家重大需求、面向人民生命健康的更高的要求，强调要完善国家创新体系，加快建设科技强国。这是基于我国内外部环境变化和全面塑造发展新优势要求作出的重大决策，强调要充分发挥国家作为重大科技创新组织者的作用，提升企业技术创新能力，激发人才创新活力，完

善科技创新体制机制，健全新型举国体制，打好关键核心技术攻坚战，加快发展现代产业体系，增强产业链供应链自主可控能力，提升产业链供应链现代化水平，推动经济体系优化升级。

“协调”突出了持续健康要求的构建新发展格局和统筹发展与安全。协调发展通常包括区域协同、城乡一体、物质文明精神文明并重、经济建设国防建设融合，这是“十三五”时期协调发展理念的具体部署。“十四五”时期的协调在此基础上，突出强调了形成强大国内市场，构建新发展格局，统筹发展和安全。习近平总书记指出，加快构建以国内大循环为主体、国内国际双循环相互促进的新发展格局，是“十四五”规划《建议》提出的一项关系我国发展全局的重大战略任务，需要从全局高度准确把握和积极推进。只有立足自身，把国内大循环畅通起来，才能任由国际风云变幻，始终充满朝气生存和发展下去。要在各种可以预见和难以预见的狂风暴雨、惊涛骇浪中，增强我们的生存力、竞争力、发展力、持续力。“十四五”时期，我们要坚持扩大内需这个战略基点，加快培育完整内需体系，把实施扩大内需战略同深化供给侧结构性改革有机结合起来，关键在于经济循环的畅通无阻，畅通国内大循环，促进国内国际双循环，全面促进消费，拓展投资空间，以创新驱动、高质量供给引领和创造新需求，使建设超大规模的国内市场成为一个可持续的历史过程。另一方面，鉴于国内外形势的变化，基于把握发展和斗争主动权的考虑，强调统筹发展和安全，把安全问题摆在了更加重要的位置上，为建设社会主义现代化国家提供安全屏障。

“绿色”突出了人与自然和谐共生的生态文明制度建设和绿色生产生活方式转型。党的十八大以来，习近平总书记将生态文明建设纳入“五位一体”总体布局，“十三五”时期，绿色正式成为一种发展理念。“十三五”和“十四五”时期都强调人与自然和谐共生，也都从绿色低碳、环境改善、资源利用效率、生态安全等方面作出了具体规定。在新发展阶段，更加强调生态文明的制度建设和绿色生产生活方式转型。比如在“十四五”时期，要求生态文明建设实现新进步，国土空间开发保护格局得到优化，生产生活方式绿色转型成效显著，能源资源配置更加合理、利用效率大幅提升，主要污染物排放总量持续减少，生态环境持续改善，生态安全屏障更加牢固，城乡人居环境明显改善。比如到2035年广泛形成绿色生产生活方式，碳排放达峰后稳中有降，生态环境根本好转，美丽中国建设目标基本实现。为此，更加强调构建生态文明体系，完善生态文明领域统筹协调机制，更加注重从生态文明制度建设上发力，更强调向绿色生产生活方式转型。

“开放”突出了建设更高水平开放型经济新体制和更高水平市场经济体制。“十三五”时期要求开创对外开放新局面，从战略布局、开放体制、“一带一路”建设等方面进行部署；“十四五”时期则要求对外开放实现高水平、“一带一路”高质量发展、积极参与全球经济治理体系改革，并构建以国内大循环为主体、国内国际双循环相互促进的新发展格局。这意味着，高水平对外开放不再是单纯地引进来和走出去，高水平对外开放与高水平自力更生是相辅相成的，是立足国内大循环，融合供给侧结构性改革与需求侧管理，实现国内国际双循环相互促进，服务国内经济循环体系和稳固的基本盘，形成强大的国内市场。要塑造我国参与国际合作和竞争新优势，重视以国际循环提升国内大循环效率和水平，改善我国生产要素质量和配置水平，推动我国产业转型升级。强调建设更高水平开放型经济新体制，并与全面深化改革、构建高水平社会主义市场经济体制密切相连。要以更高水平的开放和更高水平的改革的互动，更好地发挥市场在资源配置中的决定性作用，发挥好政府作用，推动有效市场和有为政府更好结合。

“共享”突出了逐步实现共同富裕本质下的人民生活更加美好和人的全面发展。共同富裕是社会主义的本质要求，实现好、维护好、发展好最广大人民根本利益是发展的出发点和落脚点，以人民为中心是中国共产党执政的根本理念，体现在时时刻刻。“十三五”时期，重点强调全面建成小康社会，实现现行标准下农村贫困人口全面脱贫。“十四五”时期，在全面建成小康社会基础上要求更高了，民生福祉达到新水平，实现更加充分、更高质量就业，居民收入增长和经济增长基本同步，分配结构明显改善，基本公共服务均等化水平明显提高，全民受教育程度不断提升，多层次社会保障体系更加健全，卫生健康体系更加完善，脱贫攻坚成果巩固拓展，乡村振兴战略全面推进。到2035年，人均国内生产总值达到中等发达国家水平,中等收入群体显著扩大,基本公共服务实现均等化,城乡区域发展差距和居民生活水平差距明显缩小。“十四五”规划《建议》还提出了要实现巩固脱贫攻坚成果同乡村振兴有效衔接,扎实推进共同富裕,与高质量发展相适应,以及改善人民生活品质的新要求,希望人民生活更加美好,人的全面发展、全体人民共同富裕取得更为明显的实质性进展。

三、新发展阶段贯彻新发展理念要注重价值导向

进入新发展阶段明确了我国发展的历史方位,贯彻新发展理念明确了我国现代化建设的指导原则,构建新发展格局明确了我国经济现代化的路径选择。完整、准确、全面贯彻新发展理念,就必须关注其内在的价值力量和精准的指向特征。

一是从根本宗旨把握新发展理念,彰显以人民为中心的发展思想。新发展理念是一个整体,主旨相通、目标指向一致,既各有侧重又相互支撑,构成了一个系统化的理论体系,其根本宗旨体现的是坚定的人民立场和以人民为中心的发展思想。习近平总书记强调:为人民谋幸福、为民族谋复兴,这既是我们党领导现代化建设的出发点和落脚点,也是新发展理念的“根”和“魂”。只有坚持以人民为中心的发展思想,坚持发展为了人民、发展依靠人民、发展成果由人民共享,才会有正确的发展观、现代化观。这就进一步强调了中国共产党人推动发展的价值导向和道德诉求。我们在发展中处处想着人民,就会想出各种各样的办法,办出让人民满意的事情。进入新发展阶段,完整、准确、全面贯彻新发展理念,必须更加注重共同富裕问题。党的十九届五中全会向着更远的目标谋划共同富裕,提出了“全体人民共同富裕取得更为明显的实质性进展”的目标。这说明实现共同富裕不仅是经济问题,而且是关系党的执政基础的重大政治问题。开启全面建设社会主义现代化国家新征程,共同富裕本身就是社会主义现代化的一个重要目标。我们必须把促进全体人民共同富裕摆在更加重要的位置上,更加积极有为地进行努力,实现好、维护好、发展好最广大人民根本利益。我们要更加尊重客观规律,更加实事求是,要统筹考虑需

要和可能，按照经济社会发展规律循序渐进，自觉主动解决地区差距、城乡差距、收入差距等问题，坚持在发展中保障和改善民生，统筹做好就业收入分配，教育、社保、医疗、住房、养老服务等各方面工作，更加注重向农村、基层、欠发达地区倾斜，向困难群众倾斜，促进社会公平正义，让发展成果更多更公平惠及全体人民，扎扎实实地推动共同富裕。

二是从问题导向把握新发展理念，体现破解现实突出问题的实践精神。我国发展已经站在新的历史起点上，面对"两个大局"的时代考验，必须根据新发展阶段的新要求贯彻新发展理念，举措要更加精准务实，增强其针对性。在应对百年不遇的新冠肺炎疫情冲击、二战结束以来最严重的世界经济衰退、美国对我们的遏制打压全面升级这三重严重冲击的背景下，我们深化了对在严峻挑战下做好经济工作的规律性认识。"十四五"期间必须坚持问题导向，聚焦突出问题，化解挑战与矛盾。关键是要求广大干部树立全面系统的观念，克服单打独斗思想，不能只顾一点不及其余，要遵循经济规律、社会规律和自然规律，重大政策出台和调整要进行综合影响评估，不搞"急就章"，避免"一刀切"，政策不能只是挂在墙上，要切实抓好落实，坚决杜绝形形色色的形式主义、官僚主义。我国面临"跨越中等收入陷阱"的问题，我们要不断坚持和完善中国特色社会主义制度，推进国家治理体系和治理能力现代化，既要以新发展理念指导引领全面深化改革，又要通过深化改革为完整、准确、全面贯彻新发展理念提供体制机制保障。党的十八届三中全会以来，我国主要领域改革主体框架基本确立，现在要把着力点放到围绕完整、准确、全面贯彻新发展理念，加强系统集成、精准施策上来。提高党对社会主义现代化建设全面领导的能力和水平，加快建设现代化经济体系，加快构建新发展格局，切实解决好发展不平衡不充分的问题，努力实现高质量发展。

三是从忧患意识把握新发展理念，对"国之大者"心中有数，增强责任担当。随着我国社会主要矛盾变化和国际力量对比深刻调整，我国在国际舞台上的影响力更为增强，从大国走向强国将释放出更大的潜力和引领力。但同时，我们更要看到，要统筹发展和安全，就要善于预见和预判各种风险挑战，做好应对各种"黑天鹅""灰犀牛"事件的预案，不断增强发展的安全性。要深刻认识复杂的国际局势对我国的影响，既保持战略定力，又善于积极应变，既集中精力办好自己的事，又积极参与全球治理，为国内发展创造良好环境。必须增强忧患意识、坚持底线思维，随时准备应对更加复杂困难的局面。既要敢于斗争，也要善于斗争，全面做强自己。这就要求贯彻新发展理念，努力办好自己的事情，重点关注高质量发展。习近平总书记强调，“高质量发展，就是能够很好满足人民日益增长的美好生活需要的发展，是体现新发展理念的发展”。局面越是复杂严峻，就越要用好新发展理念这根指挥棒。必须坚持系统观念，统筹国内国际两个大局，统筹“五位一体”总体布局和“四个全面”战略布局，加强前瞻性思考、全局性谋划、战略性布局、整体性推进。各级领导干部必须立足中华民族伟大复兴战略全局和世界百年未有之大变局，心怀“国之大者”，要不断提高政治能力、战略眼光、专业水平，敢于担当、善于作为。要通过贯彻新发展理念，及时化解矛盾风险和推动社会发展，不断提高攻坚克难、化解矛盾、驾驭复杂局面的能力，实现更高质量、更有效率、更加公平、更可持续、更大开放、更为安全的发展。

第二节
推动高质量发展和创造高品质生活

习近平总书记指出，“十四五”时期经济社会发展要以推动高质量发展为主题，这是根据我国发展阶段、发展环境、发展条件变化作出的科学判断。[①] 这

---

①《中共中央关于制定国民经济和社会发展第十四个五年规划和二〇三五年远景目标的建议》，人民出版社2020年版，第51页。

个重大判断对于明确“十四五”时期的发展思路和重点任务，实现开好局、起好步具有重大意义。《建议》提出了破除制约高质量发展、高品质生活的体制机制的障碍问题。“十四五”时期，要按照贯彻新发展理念、构建新发展格局、建设现代化经济体系的要求，全面推进高质量发展，不断改善和提高人民的生活品质。

一、高质量发展：“十四五”经济社会发展的主题

高质量发展，就是能够更好满足人民日益增长的美好生活需要的发展，是适应新发展阶段要求的发展，是体现新发展理念的发展，是构建新发展格局的发展，是建设现代化经济体系的发展。需要强调的是，在高质量发展阶段，我们要更加重视统筹发展与安全。

1. 以推动高质量发展为主题是解决新时代主要矛盾的基本路径

中国特色社会主义进入新时代，我国社会主要矛盾已经转化为人民日益增长的美好生活需要和不平衡不充分的发展之间的矛盾。人民不仅对物质文化生活提出了更高要求，而且在民主、法治、公平、正义、安全、环境等方面的要求也日益增长。同时，我国社会生产力水平总体上显著提高，社会生产能力在很多方面进入世界前列，但更加突出的问题是发展不平衡不充分，是发展质量的问题，这已经成为满足人民日益增长的美好生活需要的主要制约因素。

我国社会主要矛盾的变化是关系全局的历史性变化，对党和国家的工作提出了许多新要求。回顾历史，在认识主要矛盾问题上，我们曾经犯过错误、走过弯路，给党和国家、给人民带来很大伤害。40多年前，党的十一届三中全会作出了重大决策，把全党的工作重点转移到社会主义现代化建设上来，开启了改革开放的伟大进程。在新的历史阶段，我们要认真总结历史经验教训，科学把握社会主要矛盾的变化，努力把我们党和国家的事情做好。以推动高质量发展为主题，就是要准确把握我国社会主要矛盾的变化，在继续推动发展的基础上，着力解决好发展不平衡不充分问题，把发展质量问题摆在更为突出的

位置，使发展成果更好惠及全体人民，不断实现人民对美好生活的向往，更好推动人的全面发展、社会的全面进步。

2. 以推动高质量发展为主题是主动应对“两个大局”的战略决策

“十四五”时期，我国发展环境面临深刻复杂变化。《建议》指出，“当前和今后一个时期，我国发展仍然处于重要战略机遇期，但机遇和挑战都有新的发展变化”。从国际大局看，当前世界正面临百年未有之大变局，新一轮科技革命和产业变革深入发展，国际力量对比深刻调整，和平与发展仍然是时代主题，人类命运共同体理念深入人心，同时国际环境日趋复杂，不稳定性、不确定性明显增加，新冠肺炎疫情影响广泛深远，经济全球化遭遇逆流，世界进入动荡变革期，单边主义、保护主义、霸权主义对世界和平与发展构成威胁。从国内大局看，现在我们比历史上任何一个时期都更接近中华民族伟大复兴的目标，当前和今后一个时期，也是我国经济社会深度转型的关键期，经济社会发展均面临较大压力。经过长期的探索和发展，我国制度优势显著，治理效能提升，经济长期向好，物质基础雄厚，人力资源丰富，市场空间广阔，发展韧性强劲，社会大局稳定，继续发展具有多方面优势和条件；同时，我国发展不平衡不充分问题仍然突出，重点领域关键环节改革任务仍然艰巨，创新能力不适应高质量发展要求，农业基础还不稳固，城乡区域发展和收入分配差距较大，生态环保任重道远，民生保障存在短板，社会治理还有弱项。

“先谋于局、后谋于略，略从局出。”防范化解各类风险隐患，积极应对外部环境变化带来的冲击挑战，关键在于胸怀“两个大局”、统筹“两个大局”，努力办好自己的事，提高发展质量，提高国际竞争力，增强国家综合实力和抵御风险能力，有效维护国家安全，实现经济行稳致远、社会和谐安定，经济、社会、文化、生态等各领域都要体现高质量发展的要求。

3. 以推动高质量发展为主题是我国进入新发展阶段的内在要求

实现社会主义现代化是数代中国共产党人长期以来的不懈追求。新中国成立前夕，毛泽东同志在同苏共中央政治局委员米高扬会谈时指出，“要建设崭新的、现代化的、强大的国民经济"[①]。党的七届二中全会上,毛泽东同志强调,农业经济和手工业经济,是可能和必须"引导它们向着现代化和集体化的方向发展的"[②]。新中国成立后,中国共产党面临恢复生产和发展生产力的任务,逐步提出了"四个现代化"的目标。1954年9月23日,周恩来同志在第一届全国人民代表大会第一次会议上正式提出,为了摆脱落后和贫困,我国要"建设起强大的现代化的工业、现代化的农业、现代化的交通运输业和现代化的国防"[③]。这是党的文献中关于"四个现代化"的最早表述。1964年12月21日,周恩来同志在第三届全国人民代表大会第一次会议上宣布了实现四个现代化的宏伟任务,即"把我国建设成为一个具有现代农业、现代工业、现代国防和现代科学技术的社会主义强国"[④]。1978年12月召开的党的十一届三中全会,作出了把工作重点转移到社会主义现代化建设上来的决定,"社会主义现代化建设"开始成为新时期党的文献中的高频词。1979年3月23日,在中央政治局讨论国家计委1979年计划和国民经济调整时,邓小平同志在党内正式提出"中国式的现代化",即后来的"小康之家""小康社会"。党的十二大和十三大把"社会主义现代化建设"的战略设想确定为全党和全国人民的长期奋斗目标。经过全党全国人民的积极探索和艰苦努力,到1995年,我国国民生产总值提前5年实现了翻两番。1997年,我国人均国民生产总值又提前3年实现了翻两番,提前实现了总体小康的奋斗目标。2000年10月,党的十五届五中全会提出新的更高水平的小康社会奋斗目标,即从新世纪开始,我国进入了全面建设小康社会,加快推进社会主义现代化的新的发展阶段。从全面建设小康社会,到全面建成小康社会,再到决胜全面建成小康社会,经过20年的长期努力,决胜全面建成小康社会取得决定性成就。

从"十四五"开始,我国将进入全新的发展阶段。2020年8月,习近平总书记在经济社会领域专家座谈会上指出,"'十四五'时期是我国全面建成小康社

① 《毛泽东传(1893—1949)》,中央文献出版社2004年版,第947页。
② 《毛泽东选集》(第4卷),人民出版社1991年版,第1432页。
③ 《周恩来选集》(下卷),人民出版社1984年版,第132页。
④ 《周恩来选集》(下卷),人民出版社1984年版,第439页。

会、实现第一个百年奋斗目标之后,乘势而上开启全面建设社会主义现代化国家新征程、向第二个百年奋斗目标进军的第一个五年,我国将进入新发展阶段”。[①] 新发展阶段揭示了我国所处的时代方位,表明我国即将胜利完成全面建成小康社会发展阶段的历史任务,进入基本实现社会主义现代化和建设社会主义现代化国家的新阶段,进入坚持和完善中国特色社会主义制度、推进国家治理体系和治理能力现代化的关键期,开启向第二个百年奋斗目标进军的新征程。进入新发展阶段,开启新征程,必须以推动高质量发展为主题,坚定不移贯彻新发展理念,以深化供给侧结构性改革为主线,坚持质量第一、效益优先,切实转变发展方式,推动质量变革、效率变革、动力变革。

二、新发展理念:高质量发展遵循的原则

新发展理念的确立总是同旧发展理念的破除相伴随的,贯彻落实新发展理念必须全面创新发展体制、重塑发展生态,在解决发展动力,增强发展的整体性、协调性、平衡性、包容性等方面破难题、建机制,使各项改革举措落地生根,确保新理念转化为新实践、新行动。

1. 培育引领发展的强劲动力,构建创新发展体制机制

坚持创新在我国现代化建设全局中的核心地位,把科技自立自强作为国家发展的战略支撑,面向世界科技前沿、面向经济主战场、面向国家重大需求、面向人民生命健康,深入实施科教兴国战略、人才强国战略、创新驱动发展战略,完善国家创新体系,加快建设科技强国。一是强化国家战略科技力量。制定科技强国行动纲要,健全社会主义市场经济条件下的新型举国体制,打好关键核心技术攻坚战,提高创新链整体效能。二是提升企业技术创新能力。强化企业创新主体地位,促进各类创新要素向企业集聚。推进产学研深度融合,支持企业牵头组建创新联合体,承担国家重大科技项目;发挥企业家在技术创

① 习近平:《在经济社会领域专家座谈会上的讲话》,人民出版社2020年版,第2页。

新中的重要作用，鼓励企业加大研发投入，对企业投入基础研究实行税收优惠；发挥大企业引领支撑作用，支持创新型中小微企业成长为创新重要发源地，加强共性技术平台建设，推动产业链上中下游、大中小企业融通创新。三是深入推进科技体制改革，完善国家科技治理体系。优化国家科技规划体系和运行机制，推动重点领域项目、基地、人才、资金一体化配置。改进科技项目组织管理方式，完善科技评价机制，加快科研院所改革，加强知识产权保护，加大研发投入，完善金融支持创新体系，弘扬科学精神和工匠精神，健全科技伦理体系，促进科技开放合作。

2. 增强整体发展的综合效能，构建协调发展体制机制

坚持实施区域重大战略、区域协调发展战略、主体功能区战略，健全区域协调发展体制机制，完善新型城镇化战略，构建高质量发展的国土空间布局和支撑体系。一要深入实施区域发展总体战略。推动西部大开发形成新格局，推动东北振兴取得新突破，促进中部地区加快崛起，鼓励东部地区加快推进现代化。支持革命老区、民族地区加快发展，加强边疆地区建设，推进兴边富民、稳边固边。二要大力推进优势增长极内部协同发展。以疏解北京非首都功能为“牛鼻子”推动京津冀协同发展，以共抓大保护、不搞大开发为导向推动长江经济带发展，加快推进长三角一体化进程，积极打造粤港澳大湾区，建设世界级城市群。三要推动城乡协调发展。加快农业转移人口市民化，推进有能力在城镇稳定就业和生活的农业转移人口举家进城落户，并与城镇居民享有同等权利和义务。深入实施乡村振兴战略，按照产业兴旺、生态宜居、乡风文明、治理有效、生活富裕的总要求，加快推进农业农村现代化。四要推动物质文明和精神文明协调发展。在建设高度发达的物质文明的同时，大力推进精神文明建设，确保“两个文明”成果为全体人民所共享。

3. 坚持资源节约和生态保护，构建绿色发展体制机制

深入实施可持续发展战略，完善生态文明领域统筹协调机制，构建生态文明建设体系，促进经济社会发展全面绿色转型，建设人与自然和谐共生的现代

化。一要从源头抓起,重塑内生动力机制,形成绿色发展方式与生活方式。加快建立绿色生产和消费的法律制度和政策导向,建立健全绿色低碳循环发展的经济体系,构建市场导向的绿色技术创新体系。二要全面加强生态文明体系建设。加快建立健全以生态价值观念为准则的生态文化体系,以产业生态化和生态产业化为主体的生态经济体系,以改善生态环境质量为核心的目标责任体系,以治理体系和治理能力现代化为保障的生态文明制度体系,以生态系统良性循环和环境风险有效防控为重点的生态安全体系。三要着力解决突出的环境问题,构建政府为主导、企业为主体、社会组织和公众共同参与的环境治理体系。通过提高污染排放标准,强化排污者责任,健全环保信用评价、信息强制性披露、严惩重罚等制度,实现最突出的环境问题的根本性解决。

4. 坚持对外开放的基本国策,构建开放发展体制机制

坚持实施更大范围、更宽领域、更深层次的对外开放,依托我国大市场优势,促进国际合作,实现互利共赢。一是全面提高对外开放水平,推动贸易和投资自由化、便利化,推进贸易创新发展,增强对外贸易综合竞争力。二是完善外商投资准入前国民待遇加负面清单管理制度,有序扩大服务业对外开放,依法保护外资企业合法权益,健全促进和保障境外投资的法律、政策和服务体系,坚定维护中国企业海外合法权益,实现高质量引进来和高水平走出去。三是完善自由贸易试验区布局,赋予其更大改革自主权,稳步推进海南自由贸易港建设,建设对外开放新高地。四是稳慎推进人民币国际化,坚持市场驱动和企业自主选择,营造以人民币自由使用为基础的新型互利合作关系。发挥好中国国际进口博览会等重要展会的平台作用。五是积极参与全球经济治理体系改革,坚持平等协商、互利共赢,推动二十国集团等发挥国际经济合作功能,推动完善更加公正合理的全球经济治理体系。

5. 促进和维护社会公平正义,构建共享发展体制机制

坚持把实现好、维护好、发展好最广大人民根本利益作为发展的出发点和落脚点,尽力而为、量力而行,健全基本公共服务体系,完善共建共治共享的社

会治理制度，扎实推动共同富裕，提高人民生活品质，不断增强人民群众的获得感、幸福感、安全感，促进人的全面发展和社会全面进步。一是发展更加公平、更有质量的教育。深化教育改革，提高教育质量，促进教育公平，推动义务教育均衡发展，让每个适龄儿童都能接受公平的、高质量的教育，让全体人民都能获得共享教育改革的红利。二是实现更高质量就业。坚持就业优先战略，将就业优先政策置于宏观政策层面，彻底打破就业、创业市场上的壁垒与身份歧视，完善创业扶持政策，搭好创业平台，打造大众创业、万众创新的新引擎，创造更多参与共享发展的机会。三是全面推进健康中国建设。把保障人民健康放在优先发展的战略位置，坚持预防为主的方针，深入实施健康中国行动，完善国民健康促进政策，织牢国家公共卫生防护网，为人民提供全方位、全周期的健康服务。四是加强社会保障体系建设。建立更加公平更可持续的社会保障制度，实施全民参保计划，基本实现法定人员全覆盖，实现职工基础养老金全国统筹，建立基本养老金合理调整机制，全面实施城乡居民大病保险制度，统筹社会救助体系，推进相关制度的整合，确保困难群众的基本生活。五是缩小收入差距，迈向共同富裕。要站在社会主要矛盾发生转化的战略高度审视公平与效率的关系，加强和创新社会治理，在做大“蛋糕”的同时分好“蛋糕”，确保发展成果惠及全体人民群众，让人民群众有更多获得感，促进社会公平正义。六是加强和创新社会治理。完善社会治理体系，健全党组织领导的自治、法治、德治相结合的城乡基层治理体系，完善基层民主协商制度，实现政府治理同社会调节、居民自治良性互动，建设人人有责、人人尽责、人人享有的社会治理共同体。

三、新发展格局：高质量发展的有利环境

加快形成以国内大循环为主体、国内国际双循环相互促进的新发展格局是根据我国发展阶段、环境、条件变化作出的战略决策，是事关全局的系统性深层次变革。

1. 推动形成高质量发展新格局

坚持扩大内需这个战略基点，充分发挥超大规模市场优势和积极释放内需潜力，把实施扩大内需战略同深化供给侧结构性改革有机结合起来，加快构建以内需体系、市场体系、产业体系为主体框架的国内循环体系，推动形成国内循环高质量发展新格局。

2. 加快构建更高水平开放型经济新体制

新发展格局绝不是封闭的国内循环，而是开放的国内国际双循环。“十四五”时期，不管国内国际形势发生多大变化，我们决不能被“逆风”和“回头浪”所阻，要站在历史正确的一边，坚定不移扩大对外开放，增强国内国际经济联动效应，加快构建新型国际产业体系、新型国际贸易体系、新型国际货币体系、新型国际标准体系、新型国际治理体系，以高水平对外开放打造国际合作和竞争新优势。

3. 促进国内国际双循环相互促进、融合发展

立足国内大循环，发挥比较优势，协同推进强大国内市场和贸易强国建设，以国内大循环吸引全球资源要素，充分利用国内国际两个市场、两种资源，积极促进内需和外需、进口和出口、引进外资和对外投资协调发展，促进国际收支基本平衡。完善内外贸一体化调控体系，促进内外贸法律法规、监管体制、经营资质、质量标准、检验检疫、认证认可等相衔接，推进同线同标同质。优化国内国际市场布局、商品结构、贸易方式，提升出口质量，增加优质产品进口，实施贸易投资融合工程，构建现代物流体系。

四、现代化经济体系：高质量发展的重要标志

现代化经济体系，是由社会经济活动各个环节、各个层面、各个领域的相互关系和内在联系构成的一个有机整体，是“十四五”时期高质量发展的经济

体系。

1. **坚持和完善社会主义基本经济制度,激发各类市场主体活力**

毫不动摇巩固和发展公有制经济,毫不动摇鼓励、支持、引导非公有制经济发展。深化国资国企改革,做大做强做优国有资本和国有企业。加快国有经济布局优化和结构调整,发挥国有经济战略支撑作用。加快完善中国特色现代企业制度,深化国有企业混合所有制改革。健全以管资本为主的国有资产监管体制,深化国有资本投资、运营公司改革。推进能源、铁路、电信、公用事业等行业竞争性环节市场化改革。优化民营经济发展环境,构建亲清政商关系,促进非公有制经济健康发展和非公有制经济人士健康成长,依法平等保护民营企业产权和企业家权益,破除制约民营企业发展的各种壁垒,完善促进中小微企业和个体工商户发展的法律环境和政策体系。

2. **全面深化改革,构建高水平社会主义市场经济体制**

充分发挥市场在资源配置中的决定性作用,更好发挥政府作用,推动有效市场和有为政府更好结合。一是完善宏观经济治理。健全以国家发展规划为战略导向,以财政政策和货币政策为主要手段,就业、产业、投资、消费、环保、区域等政策紧密配合,目标优化、分工合理、高效协同的宏观经济治理体系;完善宏观经济政策制定和执行机制,重视预期管理,提高调控的科学性;加强国际宏观经济政策协调,搞好跨周期政策设计,提高逆周期调节能力,促进经济总量平衡、结构优化、内外均衡。二是建立现代财税金融体制。加强财政资源统筹,加强中期财政规划管理,增强国家重大战略任务财力保障。要深化预算管理制度改革,推进财政支出标准化,明确中央和地方政府事权与支出责任,完善现代税收制度,健全政府债务管理制度,建设现代中央银行制度,构建金融有效支持实体经济的体制机制,改革优化政策性金融,推进金融双向开放,完善现代金融监管体系。三是建设高标准市场体系。健全市场体系基础制度,坚持平等准入、公正监管、开放有序、诚信守法,形成高效规范、公平竞争的国内统一市场。要实施高标准市场体系建设行动,健全产权执法司法保护制度,实施统一的市场准入负面清单制度,继续放宽准入限制,健全公平竞争审查机制,深化土地管理制度改革,推进土地、劳动力、资本、技术、数据等要素市场化改革,健全要素市场运行机制,完善要素交易规则和服务体系。四是加快转变政府职能。建设职责明确、依法行政的政府治理体系。要深化简政放权、放管结合、优化服务改革,全面实行政府权责清单制度;持续优化市场化、法治化、国际化营商环境;健全重大政策事前评估和事后评价制度,畅通参与政策制定的渠道;推进政务服务标准化、规范化、便利化,深化政务公开;深化行业协会、商会和中介机构改革。

3. 加快发展现代产业体系,推动经济体系优化升级

坚持把发展经济着力点放在实体经济上,坚定不移建设制造强国、质量强国、网络强国、数字中国,推进产业基础高级化、产业链现代化,提高经济质量效益和核心竞争力。一是提升产业链供应链现代化水平。保持制造业比重基本稳定,巩固壮大实体经济根基;推动全产业链优化升级,优化区域产业链布局,实施产业基础再造工程,优化产业链供应链发展环境,加强国际产业安全合作。二是发展战略性新兴产业。加快壮大新一代信息技术、生物技术、新能源、新材料、高端装备、新能源汽车、绿色环保以及航空航天、海洋装备等产业,推动互联网、大数据、人工智能等同各产业深度融合,推动先进制造业集群发展,构建一批各具特色、优势互补、结构合理的战略性新兴产业增长引擎,培育新技术、新产品、新业态、新模式。三是加快发展现代服务业。推动生产性服务业向专业化和价值链高端延伸,推动各类市场主体参与服务供给,加快发展研发设计、现代物流、法律服务等服务业。推动生活性服务业向高品质和多样化升级,加快发展健康、养老、育幼、文化、旅游、体育、家政、物业等服务业,加强公益性、基础性服务业供给。推进服务业标准化、品牌化建设。四是统筹推进基础设施建设。构建系统完备、高效实用、智能绿色、安全可靠的现代化基础设施体系。五是加快数字化发展。发展数字经济,推进数字产业化和产业数字化,推动数字经济和实体经济深度融合,打造具有国际竞争力的数字产业集群。

第三节 增强消费对经济发展的基础性作用

消费既是生产的最终目的和动力，也是提高人民生活品质、满足人民对美好生活需要的直接体现。近些年来，我国消费较快增长，对经济增长持续发挥主要拉动作用。但从建立强大的国内市场的迫切要求来看，要构建完整的内需体系，增强消费的牵引作用，仍有大量工作要做。党的十九届五中全会通过的《建议》提出，“增强消费对经济发展的基础性作用，顺应消费升级趋势，提升传统消费，培育新型消费，适当增加公共消费”。根据我国发展阶段、环境和条件变化，增强消费对于释放内需潜力，形成强大国内市场，推动新发展格局的形成，保持经济中高速发展具有重要意义。

一、增强消费的重要意义

在“三驾马车”中，消费需求规模最大，和民生关系最直接。相对于投资、出口，消费增速波动较小，并能有效传导投资、带动生产，对促进国民经济稳定发展和国内大循环发挥着重要作用。进入新世纪以来，党中央致力于扩大居民消费。党的十六大报告提出，“要调整投资和消费关系，逐步提高消费在国内生产总值中的比重”；党的十七大报告提出，“坚持扩大国内需求特别是消费需求的方针，促进经济增长由主要依靠投资、出口拉动向依靠消费、投资、出口协调拉动转变”；党的十八大报告提出，“加快建立扩大消费需求长效机制”；党的十九大报告强调，“完善促进消费的体制机制，增强消费对经济发展的基础性作用”，这不仅要求从体制与机制的高度解决居民消费不足的问题，更是首次强调了消费的基础性作用。党的十九届五中全会通过的《建议》，对于增强消费，表述得更具体，指向更加明确。

1. 稳定发展经济的必然选择

党的十八大以来,供给侧结构性改革是主线,我国消费规模稳步扩大,消费结构不断优化,新兴消费快速成长,消费对经济增长的基础性作用持续显现。2013—2019年,最终消费支出对经济增长的贡献率平均达到60.5%,对经济增长的拉动平均为4.2个百分点,均明显高于资本形成总额及货物和服务净出口对经济增长的贡献率,在国际环境错综复杂、国内多重矛盾问题交织叠加的大环境下,我国经济能保持中高速增长,消费发挥了至关重要的作用。

从总量看,2011—2019年,我国的消费率平均为53.4%,2020年尽管受到新冠肺炎疫情的冲击,但最终消费支出占GDP的比重仍然达到54.3%,高于资本形成总额11.2个百分点,为近年来的较高水平,消费仍然是经济稳定运行的压舱石。[①] 超大规模市场优势突出,这一方面可以给实体经济强大需求激励,吸引各种资源和要素集聚,增加有效供给;另一方面可以为全球企业进入中国创造更多机会,在拉动经济增长、虹吸生产要素资源等方面的作用不断提升。

当前,在我国推动形成以国内大循环为主体、国内国际双循环相互促进的新发展格局过程中,消费的作用将进一步凸显。这不仅仅是因为在新形势下,市场和资源两头在外的国际大循环动能明显减弱,需要以国内大循环为主体,使生产、分配、流通、消费更多依托国内市场,并且从国际上看,美国、日本、德国等国在人均GDP突破1万美元以后都是逐步构建以内循环为主的发展模式,通过消费升级引领供给创新,促进国民经济良性循环。

经济增长要依靠内需,符合经济发展规律,构建双循环的新发展格局需要在开放中更好发挥国内超大规模市场的优势。从我国的情况看,发挥消费基础性作用仍然有较大的提升空间。最终消费支出对经济增长的平均贡献率,与发达经济体的水平相比,还是有较大的提升空间。所以必须提高居民消费能力,完善消费政策,改进消费环境,开拓更多的消费增长点。

---

① 参见2021年1月18日,国家统计局局长就2020年全年国民经济运行情况答记者问,载国家统计局网站。

2. 满足人民美好生活需要的必由之路

带领人民创造美好生活，是我们党始终不渝的奋斗目标。2019年，我国最终消费支出对国内生产总值增长的贡献率为57.8%，社会消费品零售总额超过41万亿元，增长8%，高出国内生产总值增速1.9个百分点。消费是最终需求，是人民对美好生活需要的直接体现。

消费是生产的目的，与人们的实际需求联系在一起，是推动经济增长的根本动力。消费增长的内涵非常丰富，它体现着人民收入水平不断提升，市场购买力不断增强；体现了内需潜力的扩张和内需市场的扩大。消费的升级表明经济结构的改善和质量的提升，人民日益增长的美好生活需要不断得到满足。总之，消费是生产最终的目的，消费增长是社会前进的方向，代表着人民生活品质的提高。

随着居民收入水平稳步提升、消费产品和服务标准不断完善，居民消费能力和意愿将持续增强，消费结构持续优化，享受型、改善型消费需求将逐步得到释放，人民日益增长的美好生活需要将得到更好满足，从而进一步推动经济社会发展互促共进。在全面建成小康社会的基础上，人民对美好生活的向往更加强烈，期盼有更好的教育、更稳定的工作、更满意的收入、更可靠的社会保障、更优美的环境、更丰富的文化生活，需求升级是大势所趋。

3. 适应消费型社会发展的需要

我国有14亿人口，中等收入群体超过4亿，具有巨大的消费需求潜力。随着经济发展和居民收入水平不断提高，特别是中等收入群体规模的不断扩大，消费型社会特征逐渐明显。

所谓消费型社会，是以消费为主导的社会，代表的是生产与消费之间的一种新型关系，即消费在整个社会制度安排中处于优先地位。其主要特征是：在经济层面，以创新和服务为基础的第三产业构成了经济的主体；在社会层面，以专业化为特征的社会中产阶层构成了社会的主体；在制度层面，收入增长与分配制度、社会保障制度构成了社会政策的主体。[①] 研究表明，中国正加速向消费型社会转型。

超大规模市场型消费社会，可以实现巨大的经济功能。一是支撑现代经济成长；二是促进专业化分工水平不断提升；三是对全球生产要素尤其是人才技术等先进要素产生强大的虹吸效应。《建议》提出，“着力提高低收入群体收入，扩大中等收入群体”，“多渠道增加城乡居民财产性收入”；2035年远景目标提出了“两个显著”，即“中等收入群体显著扩大，城乡区域发展差距和居民生活水平差距显著缩小”。这是推进消费型社会建设的有效手段，还要在制度上进行构建。必须加快破解制约居民消费最直接、最突出、最迫切的体制机制障碍，在消费供给创新、消费感知提升、消费格局营造、消费理念引导、消费环境优化等方面进行突破，构建全面体现新发展理念的消费型社会制度机制和政策体系，全面增强国内经济转型发展活力，增大应对国际贸易摩擦的回旋空间。

二、增强消费的重点任务

我国经济已转向高质量发展阶段，消费对经济发展的主引擎拉动作用持续增强。近年，由科技赋能和消费需求升级共同驱动的新型消费始终保持快速增长态势，对满足居民生活需要、释放国内消费潜力和促进经济平稳健康发展发挥了重要作用。但由于各种体制机制的障碍，制约消费潜力释放的短板仍然存在。产品和服务供给不能很好适应消费升级需求，低端供给过剩，优质产品和服务供给不足，供需良性循环机制尚未形成。要从增强消费对经济发展的基础性作用出发，明确增强消费的重点任务。

1. 发展服务消费

居民消费从商品消费向服务消费转变提升是客观规律。2019年，我国人

① 参见范锐平：《加快建设中国特色消费型社会》，载《学习时报》，2019年6月12日。

均服务业消费支出接近1万元，占居民人均消费支出的比重为45.9%。服务消费已成为重要的消费增长领域，要进一步加快服务业发展，扩大供给规模，优化供给结构，提高质量水平，释放服务消费潜力。一是发展养老服务。我国已进入快速老龄化阶段，当前60岁以上老年人口超过2.5亿，到2025年老年人口将突破3亿，到2035年老年人口将接近5亿。养老服务事关亿万老年人的幸福，也直接影响到年轻人对未来发展的稳定预期。我国养老服务领域发展不平衡、不充分的问题比较突出，基本养老服务体系不够健全，养老服务质量整体偏低。要按照以居家为基础、社区为依托、机构为补充、医养结合的基本要求，逐步建立功能完善、规模适度、覆盖城乡的养老服务体系。重点是全面放开养老服务市场，鼓励民间资本对企业厂房、商业设施及其他可利用的社会资源进行整合和改造后用于养老服务。二是发展托幼服务。现在我国0—3岁婴幼儿数量超过4000万，托幼服务需求十分旺盛。要加快发展多种形式的婴幼儿照护服务，解决群众反映突出的托育、托幼难题。要大力支持社会力量兴办托幼服务机构，鼓励发展多元化托幼服务体系。加快制定行业准入标准、管理规范和监管标准，加强儿童安全保障。三是增加社区生活服务供给。疫情期间，社区服务对于保障居民基本生活发挥了重要作用。客观地讲，我国社区与发达国家相比，消费市场发展滞后。在疫情常态化背景下，迫切需要加快发展社区生活服务，释放社区消费潜力，促进消费回补。四是大力发展健康消费。在有效保障基本医疗和健康服务的前提下，支持社会力量提供多层次、多样化的医疗健康服务。推动公共体育场馆免费低费开放补贴政策向社会场馆和中小场馆延伸，进一步推动公共体育设施开放。丰富节假日体育赛事和业余赛事活动，将更多体育赛事向二三线城市倾斜。

2. 提升传统消费

汽车、住房等传统消费在居民消费结构中占比较大，要出台管用的政策，提升传统消费。一是促进汽车消费。《建议》提出，“推动汽车等消费品由购买管理向使用管理转变”。国务院常务会议指出，要稳定和扩大汽车消费，鼓励各地调整优化限购措施，增加号牌指标投放。从“购买管理”转向“使用管理”，是刺激汽车消费需求、恢复经济正常增长的重要治理转型。目前,我国汽车千人保有量刚刚超过世界平均水平,约为美国的20%、日本的30%、韩国的40%,汽车消费增长空间十分广阔。无论是坚定实施扩大内需战略、缓解经济下行压力,还是更好满足人民群众购车用车消费、改善民生福祉,都需要进一步挖掘、释放对汽车的潜在需求。要鼓励有关城市优化限购措施,增加号牌指标投放。开展新一轮汽车下乡和以旧换新。改善汽车使用条件,加强停车场、充电桩等设施建设,鼓励充电桩运营企业适当下调充电服务费。优化汽车管理和服务,优化机动车安全技术检验机构资质认定条件,鼓励具备条件的加油站发展非油品业务,鼓励高速公路服务区丰富商业业态、打造交通出行消费集聚区。二是促进住房消费。2019年,我国城镇和农村居民人均住房建筑面积分别达到39.8平方米和48.9平方米,城乡居民住房条件大为改观,传统住房消费空间已经被压缩。《建议》提出,要"探索支持利用集体建设用地按照规划建设租赁住房,完善长租房政策,扩大保障性租赁住房供给"。2020年底的中央经济工作会议也把规范发展住房租赁市场,作为"解决好大城市住房突出问题"的重要内容。一方面,要加快完善长租房政策。所谓长租房政策,主要是逐步解决租住家庭在享受公共服务上与自住家庭不同权的问题,还需要落实住房公积金支付租金政策、住房租金支出税前抵扣政策、与住房保障衔接的租金补贴政策、防范租住歧视改进住房公平性政策等。另一方面,要规范市场行为强化监管,加速完善租赁市场行为规范,加速提高政府监督规范落实的能力,促进住房租赁市场健康发展。

3. 培育新型消费

新型消费增长是人们生活水平提高和科技进步的必然结果。近年来,在新一轮科技革命和产业变革的大背景下,我国以网络购物、移动支付、线上线下融合等新业态、新模式为特征的新型消费快速发展,对满足居民生活需要、释放国内消费潜力、促进经济平稳健康发展发挥了重要作用。一是支持消费新业态、新模式发展。新冠肺炎疫情发生以来,传统接触式线下消费受到影响,居家学习、生活和工作方式加速消费和产业的数字化转型,网络购物、移动支付、线上线下融合等新业态、新模式快速兴起，支撑新型消费逆势发展，有效保障了居民日常生活需要，推动了国内消费恢复，释放出巨大的经济活力，呈现出网络化、智能化、社会化等特征。新型消费发展潜力大、空间广阔。它有利于打通制约经济增长的消费堵点，鼓励市场主体加快创新，释放内需，增强经济恢复性增长动力。我们要从两个方面推动新型消费发展：一方面要推动新型消费扩容提质。创新无接触消费模式；推广在线开放课程、互联网诊疗等服务；促进健身、旅游等线上线下融合；探索智慧超市等新零售；加强农商互联农产品供应链建设。另一方面，要加快新型消费基础设施建设。推动5G网络、物联网等优先覆盖核心商圈、产业园区、交通枢纽；建设千兆城市；加快农村商贸流通数字化升级；推进智能快件箱等终端建设共享；安全有序推进消费数据商用。二是推动绿色智能消费。绿色消费也称可持续消费，是指既能满足人们基本需求、提高生活质量，又对环境零损害、低损害的消费行为，是适应经济社会发展水平和生态环境承载能力的一种新型消费方式。随着经济社会的发展，消费总量和消费强度仍将不断增加。因而，缓解资源环境压力，建设生态文明，呼唤绿色消费刻不容缓。一方面，绿色消费是保护自然再生能力，实现可持续发展的必然选择。自然界是一个生态系统，它本身具有自我调节、自我恢复的机能，但前提条件是人类活动必须限定在环境的承载力范围内。另一方面，绿色消费是践行生态道德的必然要求。生态道德是人们对生态恶化引发的生存危机的积极反应，是人类基于自身可持续发展要求所作出的理性选择。

4. 适当增加公共消费

公共消费与居民消费共同构成了最终消费，相较于居民消费，公共消费的一大特点是由政府或为居民服务的非营利机构出资购买公共产品或服务。近年来，我国公共消费支出规模逐年增加，目前在最终消费支出中的占比约为30%。放在国际比较视野中看，我国合理增加公共消费，既有必要也有空间。适当增加公共消费，可以减轻消费者个人的经济负担，提升居民消费能力，具体表现为扩大购买力和提升消费质量。《建议》提出的“适当增加”，可以这样来理解："增加"公共消费既有现实性也有必要性，一方面增加公共消费可以显著推动消费增长、经济社会发展；另一方面，中国的公共消费率具有提升潜力。"适当"可以理解为财政面临一定压力，公共消费支出要顾及财政承受力和可持续性，量力而行。此外，同为最终消费的组成部分，公共消费与居民消费在特定领域存在此消彼长的反向挤出关系，过度的公共消费反而可能影响居民消费增长，显然不利于拉动整体消费。具体来看，应继续增加社会共享、给大众带来福祉的公共消费，比如医疗、教育、社保、住房、就业、养老、育幼等，聚焦部分人因财力不足而无法通过私人消费得以满足的基本需要。

5. 开拓农村消费市场

我国农村市场潜力巨大，农村居民可支配收入上升形成农村消费增长的基础。随着农村居民收入水平的逐步提升，农村居民消费升级趋势也渐趋明显。2010—2019年，我国乡村消费品零售额由20875亿元增长至60332亿元，年均增速高达12.5%。乡村消费品零售额增速自2012年起连续8年超过城镇地区，在全国社会消费品零售总额中的占比稳步提升，2019年占比为14.7%，较2010年提高了1.4个百分点。随着农村电商的迅速发展，以乡镇集贸市场、乡村小商店或者超市为主的传统消费品流通渠道被打破，消费品流通渠道呈现线上线下融合发展的特征。2019年我国农村地区网络零售额增长至1.7万亿元，为2014年的9.4倍，近5年年均增速高达56.7%；全国农村网络零售额占乡村消费品零售额的比重从2014年的5.0%提高到2019年的28.2%，线上流通渠道在满足农村居民消费需求、释放农村居民消费潜力中的作用持续凸显。[①] 在开拓农村消费市场的基础上，要健全现代流通体系，提高农村配送效率，丰富适合农村消费者的商品供给，加强农产品供应链体系建设，促进工业品下乡和农产品进城双向流通。扩大电商进农村覆盖面，优化快递服务，提高农村电商发展水平。推进农村商贸流通和零售网点转型升级，加强生活服务与农村商业对接，扩大优质商品和服务供给。发展乡镇商贸中心，引导大型商贸企业在

---

① 参见对魏建国和董超的采访，载人民网，2021年1月16日。

乡镇布点，推动供应链下沉，打造农村消费集聚平台。

三、完善消费政策

随着发展方式的转变，消费对经济增长拉动作用越来越明显。当前，国际经济环境日趋复杂，扩大内需就显得越来越重要。构建以国内大循环为主体、国内国际双循环相互促进的新发展格局，就要形成强大的国内市场，促进重点领域消费，挖掘和释放消费潜力。因此，必须完善消费政策，创造使人们“想消费”“敢消费”“能消费”的政策环境。

1. 增强人民的消费能力

收入是消费的决定因素。只有收入增长了，消费能力提高了，消费才能不断增长。这些年人民收入水平不断提高，中等收入群体规模不断扩大，农村居民购买力逐步提升，脱贫攻坚使得很大一部分群众的消费能力得到提高。但当前中等收入人群比重仍然很小，对消费形成了制约，因此要在发展经济的基础上进一步提高人民的收入水平。一是切实稳定和扩大就业。只要有工作，人们就有收入，就有能力消费。在经济下行期间，必须千方百计稳住就业，要加大政策支持力度，帮助中小微企业、个体户恢复生产，挺过难关。现在灵活就业越来越多，要清理取消对灵活就业的不合理限制，让人们更好地工作。二是多渠道促进人们增收。要全面落实《保障农民工工资支付条例》，着力根治拖欠进城务工人员工资的问题。要推进农业结构调整优化，推动农民增加家庭经营收入。在推进乡村振兴过程中，要继续强化产业扶贫、就业扶贫。要健全收入补贴制度，对低收入人群给予适当补贴。三是解决劳动收入占比偏低问题。要提高劳动报酬在初次分配中的比重，稳步提高劳动者的收入，健全再分配调节机制。

2. 提升供给水平扩大消费

部分人群消费能力不足，并非因为收入水平低，而是供给质量的问题。人们宁愿出国消费,购买一些普通商品,很多并非国内没有,只是国外的质量更好。构建新发展格局,其实质是推动消费升级。一是鼓励新业态、新模式的发展。进一步培育壮大各类消费新业态、新模式,有序发展在线教育,积极发展互联网健康医疗服务,鼓励发展智慧旅游,大力发展智能体育,创新无接触式消费模式。推动线上线下融合消费双向提速,支持互联网平台企业向线下延伸拓展,引导实体企业更多开发数字化产品和服务。鼓励企业依托新型消费拓展国际市场。二是推动消费载体提升发展。我国拥有全球规模最大、最具成长性的中等收入群体。"十四五"期间,会有更多家庭跨入中等收入群体。要满足这些中高级的消费需求,就要注重消费升级。要积极搭建满足消费升级需要的重要平台,培育扩大消费的有效载体。打造中高端消费载体,建立政府支持引导、社会多元参与的发展机制,重点培育一批具有国际领先水平的高端消费项目。制定出台商品交易市场发展平台经济的指导意见,进一步促进商产融合。优化离境退税服务网点布局,鼓励增设退税商店,提高离境退税服务便利化水平。

3. 扩大进口更好服务国内消费

在过去较长一段时间里,我们特别看重商品的出口和创汇,在经历了几十年的发展后,我们感到要逐步把出口和进口并重起来,处理好国内市场和国际市场的关系,利用好国内资源和国际资源。自2018年至今,中国国际进口博览会的成功举办,标志着我国在积极扩大进口方面迈出了历史性的一步。扩大进口促进双向开放,既可以让世界分享中国巨大市场的体量红利,也有利于降低贸易摩擦发生的概率,促使中国企业更好地融入全球市场,提升中国企业在全球配置资源的能力;同时扩大进口有利于满足人民对美好生活的向往和追求。人民对美好生活的向往和追求,主要体现在不断提高的人民物质文化生活水平上。然而在现实生活中,随着收入水平的提高,居民消费偏好升级,对优质产品的需求与日俱增。居民消费向着更多服务、更高品质、更便利、更健康的方向发展。但国内高端供给不足,造成了境外消费快速增长,压缩了国内消费增长空间。因此,通过扩大进口,使更多优质产品进入中国市场,不断提升中国人民的生活水平，是在增进民生福祉方面的出发点和落脚点，也是人民努力向高品质生活迈进的现实要求。

第四节 供给侧改革和需求侧管理

2020年末的中央经济工作会议提出，要紧紧扭住供给侧结构性改革这条主线，注重需求侧管理。“需求侧管理”被首次提及。供给和需求是构成市场的两个不可或缺的方面。没有高质量的产品和服务供给，人民对生活的需求就得不到满足。没有需求侧的消费需求牵引，供给也无法实现。把需求侧管理和供给侧结构性改革结合起来，是大势所趋。

一、需求侧管理是进入新发展阶段的战略抉择

近年来，我们坚持供给侧结构性改革不动摇，供给的质量和效率大幅提升。但受疫情冲击和外部环境变化影响，国内市场需求被压制。国家统计局数据显示，2020年消费受疫情影响更加明显，全年最终消费支出向下拉动GDP 0.5个百分点。[①] 在全球经济迟迟无法全面复苏、外部市场存在很大不确定性的情况下，加强需求侧管理，扩大内需市场，成为当前和今后必须坚持的战略基点，也是构建国内国际双循环相互促进的新发展格局的迫切要求。

---

① 参见国家统计局国民经济核算司赵同录司长解读2020年中国经济发展，载《经济日报》，2021年1月19日。

1. 形成强大国内市场构建新发展格局的需要

党的十九届五中全会明确提出，要加快构建以国内大循环为主体、国内国际双循环相互促进的新发展格局。中央经济工作会议提出，形成强大国内市场是构建新发展格局的重要支撑。可见，加快构建完整内需体系、建强国内消费市场是构建新发展格局的重要出发点和落脚点，是“十四五”时期经济发展的重要战略基点。当前，我国消费率偏低，消费呈现疲软态势。2019年，我国最终消费占GDP的比重为55.4%，虽然比几年前有所提高，但仍然大幅度低于发达国家平均80%的水平，也显著低于我国改革开放以后、2000年以前的平均63%的水平。2020年由于疫情冲击，居民消费更加疲软。2020年前三季度，全国居民人均可支配收入实际仅增长0.6%，而人均消费实际下降了6.6%。实施需求侧管理，有助于提振消费，有助于提高消费在国民经济中的占比，这是构建新发展格局的必然要求。

2. 形成需求牵引供给、供给创造需求的更高水平动态平衡的需要

党的十九届五中全会提出，“把实施扩大内需战略同深化供给侧结构性改革有机结合起来，以创新驱动、高质量供给引领和创造新需求”。中央经济工作会议提出，扭住供给侧结构性改革这条主线，同时注重需求侧改革，形成需求牵引供给、供给创造需求的更高水平动态平衡，提升国民经济体系整体效能。供给和需求总是处在动态变化之中，一个能够自发和及时实现供求平衡的市场，是健康和高效率的市场。在经济学中，供需平衡是一种理想状态；而在现实生活中，供需不平衡却是常态。近几年供给侧结构性改革取得积极成效，有效激发和激活了市场需求，也创造了新的市场需求，真正形成了供给创造需求的良好局面。但国内循环体系尚存在很多短板，生产、分配、流通和消费各环节堵点尚未完全打通，在需求牵引供给、实现高水平供需动态平衡方面还有很多不足。

3. 有效应对疫情冲击和国内外风险挑战的需要

2020年以来，全球经济发展的最大不确定性就是疫情带来的冲击和影响，中国也不例外。2020年上半年，中国发挥制度优势，千方百计抓好疫情防控和经济复工复产，但国内生产总值仍同比下降1.6%，为改革开放以来首次负增长。世界其他主要经济体已经连续多个季度负增长，且经济下滑幅度较大。总的来看，疫情对于供给的冲击小于对需求的冲击，在疫情影响下，很多企业停工停产，居民就业和收入受到较大影响。疫情发展的不确定性，又加重了居民谨慎消费的心理。央行的金融统计数据报告显示，2020年前三季度住户存款增加9.95万亿元人民币，在居民人均可支配收入同比名义增长3.9%、实际增长0.6%的情况下，住户存款增加值反而较2019年同期增长了16.7%，显示出居民对经济发展信心不足。此外，世界经济形势仍然复杂严峻，复苏不稳定、不平衡，疫情冲击导致的逆全球化等衍生风险日趋显现。在内外需求面临发展困境的情况下，提出需求侧管理，是党中央坚持问题导向、沉着应变、因时而变、主动求变的战略选择。

4. 发展大国经济和建设现代化经济体系的需要

习近平总书记多次提到"大国经济"的主要优势和重要特征。大国经济的最大优势是内需拉动、内部可循环。中国有14亿人口，人均国内生产总值已经突破1万美元，是全球最大最有潜力的消费市场，蕴含着巨大增长空间。大国经济的重要特征是产业链供应链安全可控，这次疫情是一次实战状态下的压力测试，我国完备的产业体系、强大的动员组织和产业转换能力，为疫情防控提供了重要物质保障，既显示出我们多年来培育内需市场的成效，也显示出畅通内循环的重要性。党的十九大提出建设现代化经济体系。现代化经济体系要求全面构建比较稳固的现代农业、发达的制造业尤其是高级装备制造业，以及门类齐全的现代服务业，实现产业门类的完备和产业结构的高端，而这离不开内需的支撑，离不开消费对产业发展的带动作用。

二、需求侧管理应牢牢把握的原则和方向

构建新发展格局,既要从供给端发力,也要从需求端着手。注重需求侧管理,要把短期政策调节和中长期制度建设结合起来,在有效扩大投资需求的同时更加重视扩大消费需求,着力打通堵点,畅通循环,提升国民经济体系整体效能。

1. 把需求侧管理与供给侧结构性改革有机结合

供给侧结构性改革和需求侧管理是调控宏观经济的两个基本手段,需求侧管理重在解决总量性问题,注重短期调控;供给侧结构性改革重在解决结构性问题,注重激发经济增长动力。在不同发展阶段,经济发展的主要矛盾会发生变化。在高速增长阶段,经济运行面临的突出问题是总量问题,矛盾的主要方面在需求侧,侧重于解决总量性问题,通过需求牵引供给,增加经济总量。从高速增长阶段转向高质量发展阶段,经济运行面临的主要问题是结构性问题,周期性、总量性问题虽然也有,但结构性问题更突出,矛盾的主要方面在供给侧,侧重于解决结构性问题和供给侧问题,切实提高供给体系的质量和效率。当前和今后一段时期,经济运行面临的情况比较复杂,既要坚持解决结构性问题不动摇,又要实现经济维持在一定增速水平上的高质量发展,把解决总量性问题摆到重要位置,这就需要我们在坚持供给侧结构性改革这条主线不动摇的同时,注重需求侧管理,把供给侧改革和需求侧管理有效结合起来。

2. 把需求侧管理与长期性制度安排有机结合

我国对总需求的管理历经扩大内需、稳定总需求、需求侧管理等转换。在扩大内需、稳定总需求的时期,多是通过调整短期需求管理工具,达到扩充总需求的目的。与此不同的需求侧管理,则是聚焦制约总需求增长的中长期、系统性问题,在货币、财政等短期调控工具的基础上,致力于构建完整的内需体系;积极扩大居民消费,提高居民消费在国内需求中的比重;持续促进就业,提高居民收入在国民收入分配格局中的比重;坚持扩大开放,提高双循环的畅通

性等。面对新冠肺炎疫情对经济造成的深远影响,单纯依靠"三去一降一补"的举措,难以满足国民经济体系整体效能提升的需求。我们必须紧紧扭住供给侧结构性改革这条主线,注重需求侧管理,及时启动中长期、涉及制度变迁的需求侧管理工作,以缓解需求与供给之间的长短错配问题,达到牵一发而动全身的效果,进而推动我国社会生产力水平实现整体跃升,助力经济高质量发展。

3. 把需求侧管理与全体人民共同富裕有机结合

需求侧管理的本质是合理扩大需求,促进消费,寻找内生动力。从短期来看,促进消费最根本的举措在于促进就业;从长期来看,最根本的举措在于提高居民收入以及缩小收入差距。当前,我国中等收入群体约4亿人,占总人口的比例不足30%;月均收入不足1000元的约有6亿人,占总人口的比例超过40%。总的来看,中低收入群体还比较庞大,对消费增长具有制约作用。国家统计局数据也显示,2016—2019年,我国中等收入组家庭的人均可支配收入增速为19%,而高收入组收入增长29%,收入分配差距呈现拉大趋势。此外,疫情给一些生活性服务业带来巨大冲击,这些行业从业人员就业和收入受到较大影响,又进一步拉大了居民最高收入组与最低收入组的差距。一些国外咨询机构发布的数据显示,中国绝大多数奢侈品消费来自家庭年收入超过30万元的群体。因此,实施需求侧管理必须与优化收入分配结构、提高居民收入、推进共同富裕结合起来。

4. 把需求侧管理与新发展理念有机结合

需求侧管理不是简单的扩大需求,而是要在激活潜在需求、释放新需求的同时,注重需求质量的提高,通过高质量需求牵引高质量供给,核心是坚持新发展理念。一方面,引导社会消费聚焦高科技产品、新型服务业,以此带动核心技术、关键技术攻关,带动前沿技术、颠覆式技术的发展应用,带动高端制造、新型服务业等新产品、新业态、新模式的发展,不断提高经济发展的质量。另一方面,要坚持绿色消费,按照中央经济工作会议精神,加快调整优化产业结构、能源结构，推动煤炭消费尽早达峰，大力发展新能源，加快建设全国用能权、碳排放权交易市场，完善能源消费双控制度。通过制度性安排，引导消费向低碳化、绿色化方向发展。

三、需求侧管理的主要领域和举措

2020年中央经济工作会议作出“注重需求侧管理”的决策，并不是要否定供给侧结构性改革的大方向，而是要统筹协调消费需求、投资需求、政府购买需求以及出口需求与供给侧的关系，实现更高水平的供求动态平衡，并在此基础上加快形成以国内大循环为主体、国内国际双循环相互促进的新发展格局。

1. 合理引导消费、储蓄和投资，形成有效制度安排

2020年下半年以来，投资增速已经恢复到疫情前的水平，居民储蓄增速很快，但消费增速远低于预期。加强需求侧管理，处理好消费、储蓄与投资的关系，有效释放潜在消费需求，对于形成强大国内市场至关重要。一方面，维持储蓄率在合理区间。要强化逆周期调节，确保稳健的货币政策灵活精准、合理适度，保持货币供应量和社会融资规模增速同名义经济增速基本匹配，保持宏观杠杆率基本稳定，处理好恢复经济和防范风险的关系，保持人民币汇率在合理均衡水平上的基本稳定；积极出台有关鼓励消费的政策，引导居民适当扩大消费，降低储蓄率，确保储蓄率维持在合理区间。另一方面，让扩大有效投资发挥关键作用。培育完整的内需体系，不是简单扩大再生产或走投资驱动增长的老路，更不是搞盲目和重复的无效投资，而是要根据城乡居民消费结构升级的内在趋势和规律，提升投资需求的有效性和针对性，实施精准投资、有效投资，积极扩大有效需求。

2. 积极促进就业和优化收入分配结构

需求侧管理的目的是扩大消费，根本途径是提高居民消费能力，关键举措是促进就业、完善社保、优化收入分配结构，不断扩大中等收入群体，扎实推进

共同富裕。一是以更大力度实施就业优先政策。重点瞄准高校毕业生、进城务工人员、贫困地区劳动力等群体，深入挖掘各类市场主体的用工需求，加快释放就业岗位；加大职业技能培训支持力度，拓宽进城务工人员和贫困地区劳动力就地就近就业渠道；鼓励平台经济创造更多就业岗位和新型就业形态。此外，还要强化民生兜底保障，充分考虑疫情冲击带来的影响，将困难群众按规定纳入政策保障和就业援助范围。二是建立适应社会主义市场经济体制的收入分配制度。建立统一、规范的劳动力市场，消除劳动力流动的障碍和就业中的身份、性别歧视；建立健全工资正常增长机制，提高工资性收入在国民经济收入中的占比；建立起符合教育、医疗等各行业特点的薪酬制度，激发专业技术人员的积极性和创新力；加大对低收入和贫困人口的转移支付力度，加快建立解决相对贫困的机制和政策。三是解决好大城市住房问题。住房问题关系民生福祉，要坚持“房子是用来住的、不是用来炒的”的定位，因地制宜、多策并举，促进房地产市场平稳健康发展。

3. 保持投资适度合理增长

加强需求侧管理，手段之一就是要注重投资主体和投资结构的变化。要优化投资结构，拓展投资空间。政府支出是撬动社会投资的重要支点。一方面，要发挥中央预算投资、政府投资的撬动作用，发挥中央预算内投资在外溢性强、社会效益高的领域的引导和撬动作用，扩大内需增长空间，激发民间投资活力；另一方面，要有效推动社会投资，形成市场主导的投资内生增长机制。一是加快实施城市更新行动。城市是扩内需补短板、增投资促消费、建设强大国内市场的重要战场。要实施城市生态修复和功能完善工程，加强居住社区建设和城镇老旧小区改造，通过有效投资补足城市基础设施短板。二是全面实施乡村振兴战略。通过加快乡村公路、电网、水利、信息基础设施投资，补齐农村基础设施短板，促进城乡基础设施互联互通，带动乡村产业兴旺、农民富裕，进而促进乡村消费潜力的释放。此外，还要加大制造业技术改造和设备更新，推动制造业向智能化、绿色化转型；加快现代流通体系建设，降低社会流通总成本。

4. 大力发展数字经济和战略性新兴产业

随着数字技术的发展和数据要素的应用,产业结构升级将更多表现为技术进步和数据要素投入带来的边际效率改善。推动产业数字化转型,促进从研发设计、产品生产、仓储物流到销售服务全流程数字化,促进供需精准对接,有利于为经济转型升级开辟新路径,也有利于开拓新的消费空间。一是积极发展“新消费”,大力发展在线教育、在线医疗、社区团购、“无接触式消费”等消费形态。通过推动消费结构、消费需求偏好和消费方式的转变,能够有效打造新业态,打造新的消费热点。二是着力发展“新产业”,积极发展智能制造、智能机器人等战略性新兴产业。三是大力发展“新基建”,加快5G商用步伐,加强人工智能、工业互联网、物联网等新型基础设施建设,加大对城际交通、物流、市政基础设施等的投资力度。新基建有利于稳增长、稳投资,也有利于消费升级,能够更好满足人民群众的美好生活需要。

5. 加快建设全国统一市场与实行高水平对外开放

党的十九届五中全会和中央经济工作会议都提出,要形成强大国内市场,构建新发展格局。一个强大的、统一的市场建设的重要性,在于能够用国内市场的力量去拉动国内经济循环。如果没有统一的市场,市场处于分割状态,那么这种市场就很难成为内循环的支撑力量,也很难把内循环和外循环连接起来。一方面,要坚决破除制约一体化发展的行政壁垒和体制机制障碍,建立统一规范的制度体系,形成要素自由流动的统一开放市场。有序取消一些行政性限制消费购买的规定,充分挖掘县乡消费潜力。着力破除地方保护主义,取消各地自行设置的高于全国统一准入要求的不合理监管条款。特别要破除制约民营企业发展的各种壁垒,完善促进中小微企业和个体工商户发展的法律环境和政策体系。放宽市场准入,促进公平竞争,保护知识产权,营造市场化、法治化、国际化营商环境。另一方面,要继续实行高水平对外开放,主动加强与国际通行经贸投资规则对接,积极考虑加入全面与进步跨太平洋伙伴关系协定(CPTPP),积极稳妥扩大外需。

第三章
新发展格局：畅通国民经济循环

第一节
构建新发展格局的战略抉择

党的十九届五中全会强调构建新发展格局，形成强大国内市场，畅通国内大循环，促进国内国际双循环。这是面对中华民族伟大复兴的战略全局和世界百年未有之大变局的主动作为，是适应我国经济社会发展阶段、环境、条件变化作出的重大决策，是贯彻落实新发展理念、提升我国经济发展水平的全局部署，是重塑我国国际经济合作和竞争新优势的战略抉择，是开启第二个百年奋斗目标的系统性的战略棋局，它构成了“十四五”规划的重要内容和突出特色，为展望2035年更长远的发展提供了方向性引领。

一、新发展阶段构建新发展格局的战略价值

我们已进入新发展阶段，贯彻落实新发展理念，加快构建新发展格局，努力在危机中育先机、于变局中开新局，不是权宜之计，而是战略谋划，具有重大的时代价值和战略意义。

加快构建新发展格局是我国更高质量发展的需要。不断增强我国经济创新力和竞争力，推动经济从高速增长转向高质量发展，从“有没有”“有多少”向“好不好”“优不优”转变，是我国经济发展的战略目标和指导原则。在全球化背景下，任何国家或经济体的经济循环都会受到国际国内双重因素的影响：如果过于依赖外需，整个经济体系就缺乏稳定性和安全性；如果单单依靠内需，整个经济体系也会缺乏活力且多样性得不到保证。从历史经验和国际比较来看，我国作为大型经济体的优势就是内部可循环，应以内循环为主并积极参与国际大循环。构建新发展格局，才能转变发展方式、优化经济结构、转换增长动力，建设现代化经济体系，真正实现经济体系血脉畅通的健康大循环。

加快构建新发展格局是我国更有效率发展的需要。我国在经济上要创造比资本主义更高的生产力,就需要实现更有效率的发展。我们有党的领导和全国一盘棋、能够集中力量办大事的优势,创造出了"深圳速度、深圳效率",有实现更有效率发展的自信。要通过构建新发展格局,建设更高水平的社会主义市场经济体制,深化产权制度和要素市场化改革,实现产权有效激励、要素自由流动、价格反应灵活、公平竞争有序、企业优胜劣汰。打通、联通国民经济的血脉,解决堵点、痛点,补齐经济循环过程中存在的弱项短板,畅通生产、流通、消费、分配等环节,提高全社会的资源配置效率和经济循环效率。

加快构建新发展格局是我国更加公平发展的需要。解决我国人民日益增长的美好生活需要与不平衡不充分的发展之间的矛盾,让人民分享共享发展的成果,是我们新时代的主旋律。构建新发展格局,需要打造完整的内需体系,既涉及许多经济政策,还涉及许多社会政策,涉及公平公正的发展问题,涉及就业、教育、文化、体育、社保、医疗、住房等公共服务体系,需要更大程度地缩小收入差距,培育中等收入群体,解决绝对贫困人口的脱贫问题。国际经验和专家研究表明,这些工作做得好,有助于社会的长期稳定和经济健康发展。

加快构建新发展格局是我国更可持续发展的需要。改革开放以来,我国积极参与全球价值链分工,以要素低成本、出口导向型战略实现了经济的高速增长。这种大进大出、两头在外的发展方式,功不可没,但久而久之带来了投资、消费、出口的结构性失衡,难以为继。近年全球化遭遇逆流,我国发展的外部环境发生重大变化。近些年来,我国人均GDP已达1万美元,自身廉价要素的竞争优势大为减弱。而核心技术缺失、产业处于中低端、国内市场需求不足等问题日益突出,对可持续发展提出迫切要求。新发展格局更强调充分发挥我国超大规模市场优势和内需潜力,利用国内国际两个市场、两种资源,更强调消费和内需对经济的拉动作用,快速提升产业基础能力和产业链现代化水平。如此,我国长期经济发展更为均衡,也更具有可持续性。

加快构建新发展格局是我国更加安全发展的需要。新冠肺炎疫情给全球经济造成严重冲击,也给我国经济安全带来严峻挑战。无论是短期内的客观"隔离"现象、"孤岛"行为和"逆全球化"思潮,还是长期内各国试图发展独立产业体系，都使全球供应链出现了本地化、区域化、分散化的趋势。在全球化重构的时代，这对我国产业链供应链安全带来挑战。我们统筹发展与安全，就要在战略和政策上进行调整，要做好较长时间应对外部和内部环境变化的准备，畅通国民经济良性循环体系，维护经济发展的基本盘，创造有利于新技术快速大规模应用和迭代升级的独特优势，提升我国产业链供应链稳定性和国际竞争力，筑牢国家产业和经济安全防线，增强中国经济的抗风险能力。

加快构建新发展格局是我国更加开放发展的需要。当前国内国际社会对经济全球化前景有不少担忧，越是这样我们越是要站在历史正确的一边。国际经济联通、交往和合作是世界经济发展的客观要求，我国经济持续快速发展的一个重要动力就是对外开放。构建新发展格局绝不是自娱自乐、闭关锁国、闭门造车，也不是各自为政、“诸侯割据”，每个省市单独搞“双循环”，要破除这种错误认识。要全面提高对外开放水平，推动国际大循环，加强同世界经济的联系。伴随着我国在世界经济中的地位持续上升，为其他国家提供的市场机会将更加广阔，我国将成为吸引国际商品和要素资源的巨大引力场。要推动国际大循环，加强同世界经济的联系，就要建设更高水平的开放型经济新体制，对冲各种国际风险和压力，重塑国际合作和竞争新优势。

二、加快构建完整内需体系，形成国内超大规模市场优势

加快构建完整内需体系，要发挥好改革关键一招的作用，重点是把扩大内需战略与深化供给侧结构性改革有机结合起来，以创新驱动、高质量供给引领和创造新需求，增强应对国际激烈博弈的底气，形成“中国制造＋中国消费”的超大规模市场优势，完成需求牵引供给、供给创造需求的更高水平的动态平衡。

一是夯实国内循环体系的体制基础，相应的制度建设和改革措施必须先行。构建新发展格局，需要坚持问题导向、回应社会关切，不断在关键性、基础性改革上实现突破，重点是完善产权制度和要素市场化配置。坚持和完善“两个毫不动摇”，保护市场主体和公民财产权、产权。促进要素自主有序流动，提

高要素配置效率。深化国有企业改革创新,加大混合所有制经济发展力度。营造支持非公有制经济高质量发展的制度环境,鼓励民营企业参与实施重大国际战略。加快金融体制和资本市场改革,增强服务实体经济和现代化经济体系的能力。加快农村土地制度改革,促进城乡双向流动机制建设。在更高起点、更高层次、更高目标上推进经济体制改革及其他各方面体制改革,构建更高水平的社会主义市场经济体制,赢得比资本主义更能解放、发展和保护生产力的制度优势。

二是畅通国内循环体系的血脉,着力打通生产、分配、流通、消费各个环节。在生产环节,要通过科技创新和科技自立自强,重点解决技术“卡脖子”的问题,抢占技术的制高点,建设制造强国、质量强国,提升产业链供应链现代化水平,提高产业和产品的竞争力。解决房地产和金融业占据金融资源过多以及脱实向虚的问题,畅通实体经济融资渠道,把发展经济的着力点放在实体经济上,建设现代化经济体系。在分配领域,重点是优化收入分配结构和分配制度,调节过高收入,培育更多的中等收入群体,建立扶贫脱贫的长效机制,提高居民收入在国民收入分配中的比重。在流通领域,重点是建设现代化流通体系,降低公路运输成本并提高铁路、水路运输比例,补齐港口、铁路、公路基础设施连接短板,清除关卡,去除不能过的杆、不好办的证、不让走的路,降低整体物流运输成本,建设交通强国。在消费环节,重点是扩大消费需求,完善消费政策,促进消费升级和释放消费潜力,创造更多的名牌产品和特色服务,吸引境外消费回归。

三是优化国内循环体系的空间布局,实现各类要素在国内各区域间的自由流动。优化国土空间布局,打通“区块”“省域”和“城市”“城乡”等不同区域空间尺度之间的经济循环,加快建立和完善统一开放、竞争有序的全国市场体系,消除市场壁垒,激发全社会创造力和市场活力。持续推进西部大开发、东北振兴、中部崛起、东部率先发展;以京津冀、长三角、粤港澳大湾区等开放高地、发展高地为重点,布局战略性新兴产业和未来产业,在中西部地区打造新的增长极和增长点,加快成渝地区、长株潭地区、东北地区等城市群发展,优化区域空间格局,畅通区域之间生产要素配置循环,加强区域、城乡等不同级次产业链接融合,推进以人为核心的新型城镇化建设,保证国内大循环畅通。

四是筑牢国内循环体系的产业根基,实施产业基础再造和产业链提升工程。平衡好制造业产业链外迁和向中西部地区转移的关系,科学部署重大生产力布局和产业项目。在巩固传统产业链优势的基础上,提前布局战略性新兴产业、新基建,推进5G、大数据、互联网、人工智能、区块链等新技术与重大基础设施的深度融合,提升产业系统化、智能化创新能力。高度重视创新在我国现代化建设全局中的核心地位,强化科技自立自强,注重数字经济产业化的叠加效应、乘数效应,加快数字化发展,发挥好市场经济条件下新型举国体制的作用。发挥企业在筑牢产业根基中的主体作用,加大对重要链条和关键环节的研发力度,补齐关键核心技术和关键零部件短板,努力实现一些“颠覆性”创新。着力培育一批“专精特新”企业和“单项冠军”企业,构建大中小企业融通发展的新型产业合作体系,培育一批具有国际竞争力的先进制造业集群。

三、加快构建国外循环体系,提升国际循环的稳定性和竞争力

我国开放的大门不会关闭,只会越开越大。我们要以更大的决心和努力加快构建国外循环体系,提升国际循环的控制力和稳定性。

一是积极参与全球经济治理体系改革。面对国际上保守主义盛行和逆全球化思潮,要推动经济全球化朝着开放、包容、普惠、平衡、共赢的方向发展,推动建设开放型世界经济,引导促进全球化朝着正确的方向发展,引领国际规则体系向更公平合理的治理体系转变,拓展国际循环发展空间。按照互利共赢、公平竞争的原则对接世界经济循环体系,坚持独立自主和对外开放的统一。立足国内经济循环,办好自己的事情,积极参与全球经济治理,有利于双循环互动。实践证明,国家没有独立自主的发展,处处依赖他国,对外开放也是搞不好的。

二是打造更具国际竞争力的营商环境。推动由商品和要素流动型开放向规则、规制、管理、标准等制度型开放转变,进一步推进简政放权改革和负面清

单制度,吸引国际资源来华投资发展。稳步降低关税水平,适度增加进口。以世界银行营商环境评价报告为契机,把深圳、北京、上海、浙江等地有利于改善营商环境的改革做法在更大范围内推广,并逐渐以制度形式把改革成果确定下来。

三是以制度创新构建对外开放新格局。坚持互利共赢的开放战略,以"一带一路"为重点,依托开发区、自贸区、自贸港,促进商品、资金、技术、人员更大范围流通,加快形成陆海内外联动、东西双向互济的开放格局。推动建立国际宏观经济政策协调机制,完善涉外经贸法律和规制体系,防范化解国际金融风险、产业风险和法律风险。组织力量研判"一带一路"沿线国家的投资风险和潜力,掌握好"度"和"火候"。认真评估我国在海外的经济布局,确保我国海外利益和经济安全,寻求中国利益与全球利益的最大交集。

四是加快推动区域经济合作。此次疫情展现出亚洲国家独到的优势、制度和文化。同时,多数亚洲国家都坚持全球化、坚持多边主义,对贸易采取开放的、合作的和多边主义的态度。要以抗疫互动合作为契机,以产业链调整为抓手,以加强同东北亚、东南亚的区域合作及推进中日韩经济循环、区域全面经济伙伴关系协定(RCEP)落地生效作为区域经济一体化的重点。此外,我国与欧盟国家等有较长时间经贸合作,要加强中欧、中英双边投资协定谈判,有针对性地巩固双边关系。

四、加快形成新发展格局,促进国内国际双循环相互促进

新发展格局是在大力度改革、高水平开放下形成的,不是国内国际各自独转、互不认账、井水不犯河水,而是相互配合、互相促进。

一是强化国内外产业链的关联和互动。受疫情和逆全球化思潮影响,原有全球开放型供应链可能转变成区域性、半封闭供应链模式,主要经济体强调供应链安全,通过构建更有弹性的供应链摆脱对他国供给的过度依赖,对中国而言挑战更为严峻。我们要主动适应全球化变局,积极调整国内外产业链布局,形成以国内产业链为基础、努力向国外中高端产业链延伸,以内为主、内外

兼顾的国内国外产业链新布局。要抓住亚洲在此次疫情中恢复较快的契机，利用我国和东亚、东盟、南亚等国在技术链和产业链方面较强的关联度，打造以我国为中心的亚洲垂直供应产业链。

二是防止两个循环生态体系的脱钩。坚持进口与出口并重、利用外资和对外投资协调，增强国际国内两个市场、两种资源的黏合度，采取一切措施坚决防止两个循环生态体系的脱钩。在当前的复工复产过程中，需注重恢复国际供应链，形成外向型企业可持续发展的国内国际产业链畅通的优化布局。同时，也要帮助一些外贸企业克服困难，支持出口产品转内销，积极拉动国内消费回升，扩大有效投资，引导外向型企业建立基于国内循环的产业链，促进国内外市场有效贯通。

三是推动关键领域的进口替代。在双循环中，进口替代直接关系着产业基础再造、产业链提升。应充分发挥举国体制的制度优势，加强集体攻关，强化创新能力和保障能力，逐步在关键环节、关键领域、关键产品上实现进口替代。这次中美经贸摩擦，我们精准找到了“卡脖子”的技术和产品，可以对照拉出清单、列出计划、重点攻关，突围产业链供应链中存在的“技术孤岛”，解决核心的关键环节，不忽视任何一个细微的环节，建设一个自主可控、安全可靠的现代产业体系，打造一个开放、稳定、安全的“链条”。

四是打通国内国外循环的痛点和堵点。畅通国内国际循环，不只是畅通人流、物流、要素流，更要促进国内国外市场规则和标准的有机相容。坚持扩大高水平开放和深化市场化改革互促共进，增强国内循环与国际循环的韧性和柔性，从制度上、技术上、规则上打通国内循环与国际循环相互融合、相互促进的痛点和堵点，畅通国内国际微循环。发挥我国已经在部分高端制造业领域形成的先发优势，拉动相关产品的输出，实现5G、高铁等相关制造业的国内外循环融合，带动中国投资、中国标准输出。

第二节
“创新驱动”和“内需驱动”

党的十九届五中全会提出“坚持创新在我国现代化建设全局中的核心地位,把科技自立自强作为国家发展的战略支撑”,并将其摆在各项规划任务的首位进行专章部署。会议强调“形成强大国内市场”,要求“坚持扩大内需这个战略基点,加快培育完整内需体系”。此次会议将“创新驱动”和“内需驱动”摆在了更加显著、更加重要的位置,为构建新发展格局、推动高质量发展指明了路径,具有重大而深远的意义。

从我国发展的阶段性特征出发,从更好发挥大国比较优势出发,从深刻把握对经济发展的规律性认识出发,一方面,加强“创新驱动”,面向世界科技前沿、面向经济主战场、面向国家重大需求、面向人民生命健康,深入实施科教兴国战略、人才强国战略、创新驱动发展战略,完善国家创新体系,加快建设科技强国;另一方面,加强“内需驱动”,注重需求侧管理,把实施扩大内需战略同深化供给侧结构性改革有机结合起来,引领和创造新需求,增强消费对经济发展的基础性作用,畅通国内大循环。同时,也要加深对“创新驱动”和“内需驱动”的认识,激发出推动高质量发展的重要力量。

一、科技实力直接关系到世界政治经济力量的变化,也决定着各国、各民族的前途命运

党的十八大以来,以习近平同志为核心的党中央高度重视创新,强调“创新是引领发展的第一动力”。创新在我国经济社会建设中的作用和影响愈发凸显,已成为推动经济社会发展的“关键变量”,成为发展速度、质量、效能等的决定性因素,成为建设社会主义现代化国家的动力支撑。

当前,我国已经是世界第二大经济体,但创新能力依然不强,关键核心技术受制于人的局面尚未根本改变。一些高端核心技术缺失,存在“卡脖子”问题;一些产业还处于全球价值链的中低端,高新技术领域发展同发达国家相比仍有较大差距。可以说,我国“十四五”时期以及更长时期的发展对加快科技创新提出了更为迫切的要求。从历史发展的经验来看,真正的核心技术是买不来的,也是换不来的,在引进高新技术上我们不能抱任何幻想。在此背景下,我们必须走出一条适合国情的创新路子,特别是要把提升原始创新能力摆在更加突出的位置,把更多核心技术掌握在自己手中,真正掌握竞争和发展的主动权。

为此,我们要着力实现科技自立自强,将突破一系列瓶颈、解决深层次矛盾问题的根本出路和动力放在创新上,发挥科技创新在全面创新中的引领作用。要明晰主攻方向,找准我国科技发展现状和应走的路径,把发展需要和现实能力、长远目标和近期工作统筹起来考虑,重点是将现存的“卡脖子”环节逐个攻克。同时,进一步深化科技体制改革,为创新营造良好环境、提供基础条件、搞好相关服务,完善科技成果转化机制。还要加强创新人才教育培养,力争培养一批具有国际水平的战略科技人才、科技领军人才和创新团队。

二、扩大内需是进一步激发经济活力、积蓄发展动能、对冲世界经济下行风险的必然要求

改革开放前,我国经济以国内循环为主,进出口占国民经济的比重很小。改革开放后,我们打开了国门,特别是2001年加入世贸组织后,我国深度参与国际分工,融入国际大循环,形成市场和资源“两头在外”的发展格局。可以说,2008年国际金融危机是一个重要节点。面对严重的外部危机冲击,我们把扩大内需作为保持经济平稳较快发展的基本立足点,推动经济发展向内需主导转变,国内循环对推动我国经济发展的作用开始显著上升。

党的十八大以来,我们坚持实施扩大内需战略,使发展更多依靠内需特别是消费需求拉动。未来一个时期,我国国内市场主导经济循环的特征会更加

明显,推动经济增长的内需潜力会不断释放。从需求上看,我国拥有14亿人口,人均国内生产总值已经突破1万美元,是全球最大和最有潜力的消费市场,具有巨大增长空间。从供给上看,我国拥有基于国内大市场形成的强大生产能力,能够促进全球要素资源整合,使规模效应和集聚效应得到充分发挥。

构建新发展格局,要坚持扩大内需这个战略基点,使生产、分配、流通、消费更多依托国内市场,形成国民经济良性循环。要坚持供给侧结构性改革的战略方向,打通经济循环堵点,提升产业链供应链的完整性,构建现代化产业体系、现代化经济体系,使国内市场成为最终需求的主要来源,形成需求牵引供给、供给创造需求的更高水平动态平衡。

总体来看,"十四五"时期,我们需推动实现"创新驱动"和"内需驱动",并以此助力构建新发展格局。要围绕深化改革,继续推动供给侧结构性改革,充分发挥好改革关键一招的重要作用。要深化科技体制改革,为科技创新营造良好环境;要深化要素市场化配置改革,充分发挥"有效市场和有为政府"的重要作用;要深化收入分配制度改革,解决好收入差距问题;要深化农村改革,积极解决"三农"问题,为实现共同富裕夯实根基。同时,还要实施更大范围、更宽领域、更深层次的对外开放,依托我国大市场优势,促进国际合作,实现互利共赢。

第三节
畅通生产、分配、流通、消费

加快构建以国内大循环为主体、国内国际双循环相互促进的新发展格局,是关系我国国家安危和发展前途的重大谋划、战略棋局,内涵十分丰富,有着深刻的时代背景和战略意义。

一、国民经济循环的主要堵点在哪儿

新发展格局以国内大循环为主体，国内国际双循环相互促进，在我国当前的发展阶段和环境中，国民经济循环中的主要堵点在哪儿？

做好国民经济畅通，首先要构建完整的内需体系，实现国内大循环的畅通，包括生产、分配、流通、消费各个环节。当前国内大循环的主要矛盾是供给与需求不匹配、不协调和不平衡。通过经济改革、社会改革等体制机制创新，补上消费市场的短板，把满足国内需求作为发展的出发点和落脚点，有利于更好解决我国社会现阶段面临的主要矛盾。

生产环节的堵点主要是技术供给不足。高科技产业发展滞后、高技术供给不足是我国国内大循环的短板。中国是全球唯一拥有联合国产业分类目录中所有工业门类的国家，但是在半导体、机器人及自动化、装备制造等领域仍然受制于人。高科技产业是一个国家产业发展最精华的部分，是评价经济社会现代化的重要内容。我国要真正实现经济循环流动，就要重点抓好适应时代变化、体现时代特色的制造业、高科技产业，努力提升产业价值层级。

分配环节的堵点主要是居民收入问题。一方面，居民收入占GDP的比重较低，2018年占比约为42%，一般发达国家居民收入占GDP比重为60%左右。居民收入过低，一定程度上会拉低总需求，进而影响总供给。另一方面，收入分配差距较大，近年来，中国基尼系数一直在0.4以上。过高的基尼系数造成经济二元结构突出，城乡之间差距过大。解决居民收入堵点问题，中等收入群体规模还需要持续扩大，相对贫困人口收入也有待稳步提高。

流通环节的堵点主要是要素流通不畅。一方面，要素流通市场化程度有待提高。只有各类要素自由流动，才能实现供求与价格的合理互动，促进各类生产要素的优化配置，让市场化的机制充分发挥作用。但当前阻碍要素自由流动的体制机制障碍尚未破除，区域间行政分割壁垒依然高筑，数据等要素定价机制还不成熟，产权制度改革还未完成，这些问题在一定程度上影响了要素的自由流动。另一方面,商品流通成本有待降低。中国物流总成本占GDP的比重约14%,明显高于发达国家不到10%的占比,一定程度上也推高了经济循环的成本。下一步,要大力推进要素市场改革,从制度上降低物流成本,让各类要素自由高效流动起来。

消费环节的堵点主要在于经济脱实向虚和蛋糕不合理分配。一方面,一些金融机构在追求利润的驱动下,寻求通过同业业务扩张资产,大量资金在金融系统内自我循环,造成“资金空转”。同时,过高的房价也间接推高了各行业成本,削弱了居民的消费能力,抑制了社会总体消费需求。另一方面,我们尚有约6亿人的月收入不足千元,较为庞大的中低收入人群也在一定程度上影响了我们继续扩大消费。

二、如何打通国民经济循环中的堵点

畅通国民经济循环是构建新发展格局的基础,如何打通在生产、分配、流通、消费各环节中的堵点?

首先是坚持供给侧结构性改革。经济循环无法有效畅通,当然供给与需求侧都有问题,但矛盾的主要方面不在需求侧,而在供给侧,因此必须深化供给侧结构性改革,这个方向不能动摇。

一要重点深化经济体制改革及其他各方面体制改革。完善产权制度和要素市场化配置,要保护公民财产权、产权。巩固降低宏观税负的成果,完善保护市场主体的体制机制。稳妥推进农村“三块地”改革,注重对农民的金融资本武装。巩固脱贫成果,建立扶贫脱贫的长效机制。调整国民经济分配格局,实施中等收入群体倍增计划。在更高起点、更高层次、更高目标上推进经济体制改革及其他各方面体制改革,构建更加系统完备、更加成熟定型的高水平社会主义市场经济体制。

二要着力打通生产、分配、流通、消费各个环节。加快形成生产高效、分配公平、流通顺畅、消费强劲的生产关系,充分释放产业创造力、分配推动力、流通保障力、消费拉动力。畅通产业链和产业循环、价值链和价值循环、供应链和市场循环。在生产环节，重点解决国民经济中房地产和金融行业占据金融资源过多的问题，畅通实体经济融资渠道。

其次，要加大创新力度，疏通影响国内大循环的堵点。

一是创新驱动打通支撑国内大循环的全流程创新链条。凡是属于“卡脖子”的技术产业化项目，要让资本市场来参与，例如科创板应优先考虑；凡是能够降低关键核心技术对外依存度的，科创板应优先考虑；凡是有利于促进内循环、提升产业竞争力的，科创板应优先考虑。

二是加快数字经济产业化、传统产业数字化。新基建作为数字经济、智能经济、生命经济这些人类未来文明的技术支撑，不仅本身将带来几万亿元甚至十几万亿元的投资需求，还将通过数字经济产业化、传统产业数字化、研发创新规模化产生不可估量的叠加效应、乘数效应。在这一领域，我们仍存在不少短板，可以大胆探索市场经济条件下的新型举国体制，使其发挥作用。

三是提高产业链供应链的稳定性和竞争力。要将其作为重中之重，着力补短板、锻长板。要持续强化产业链要素保障，围绕重点地区、重点行业和企业有针对性地进行工作，依托重点行业产业链供需对接平台，及时帮助解决企业在物流、人流、资金流、数据流等方面的断点、堵点、痛点问题。要大力激发市场主体活力，支持大企业主导构建创新体系和产业生态，着力培育一批“专精特新”企业和“单项冠军”企业，构建大中小企业融通发展的新型产业合作体系。要巩固产业链综合优势，提升产业基础能力和现代化水平，加快补齐关键核心技术和关键零部件短板，培育一批具有国际竞争力的先进制造业集群。

四是营造更具国际竞争力的营商环境。推动由商品和要素流动型开放向规则等制度型开放转变，进一步推进简政放权改革和负面清单制度，吸引先进国际资源来华投资发展。未来，政府推动发展的首要任务应当是营造更具国际竞争力的营商环境或世界一流的营商环境。“放管服”改革要以世界银行营商环境评价报告为契机，把北京、上海、浙江、深圳等地的有利于改善营商环境的改革做法在更大范围内推广，并逐渐以制度形式巩固改革成果。

三、如何克服国际循环中存在的问题

构建新发展格局，是重塑我国国际合作和竞争新优势的战略抉择。从国内国际双循环相互促进的角度看，如何克服国际循环中存在的主要问题？

在扩大内需的同时，我们还要盯着国际市场。以国内经济循环为主，并不是闭关锁国、闭门造车，并不意味着我国经济不再重视国际经济循环，经济开始内卷化，而是强调通过供给侧结构性改革，进一步畅通国内经济循环，使得国外产业更加依赖中国的供应链和产业链，更加依赖中国的巨大消费市场。或者说，中国市场要成为全球最大的消费亮点，为全球经济发展提供牵引动力。

要积极培育新的业态，开拓新的市场，促进新的消费。比如在疫情防控常态化背景下，加大对在线教育、在线医疗、在线购物、在线办公等线上经济及相关产品的支持力度，鼓励“宅经济”“无接触配送”等新业态发展壮大，鼓励共享员工等灵活就业形态，鼓励数字经济企业“走出去”，通过发展数字经济新业态、开拓数字经济新市场来培育新动能、打造新动力、拓展新空间，提升自身的国际市场竞争力。

畅通国内国际循环，不只是畅通人流、物流、要素流，更要促进国内国外市场规则和标准的有机相容。改革创新体制机制，加强自身规则与国际规则的协同，从制度上、技术上、规则上打通国内循环与国际循环相互融合、相互促进的痛点和堵点。要适应国际规则，通过谈判确定新的合作与竞争规则。发挥“一带一路”“亚洲基础设施投资银行”等的作用，推动各类要素在沿线国家、成员国家的高效流动，通过培育国际微循环打造国际大循环。

当前帮助困难企业出口产品转内销，积极拉动国内消费回升、扩大有效投资、引导外向型企业建立基于国内循环的产业链，促进国内外市场有效贯通，也是需要的。但应当强调的是，外向型企业仍然需要面向全球，注重恢复国际供应链，面向国际市场打拼，特别是不少民营企业，机制灵、反应快、效率高、能吃苦，希望能够闯出一条国际化发展的新路子。这方面，浙江的一批民营企业是有闯荡全球市场经验的，也是有成效的。

第四节
保持和优化适当强度的投资

2020年以来，习近平总书记多次提出要以畅通国民经济循环为主构建新发展格局。畅通的经济循环正是投资平稳增长的重要保障，而适当强度的投资也是畅通经济循环的应有之义，对稳定市场主体的社会预期也很有利。

一、畅通区域发展循环

如何发挥有为政府和有效市场的活力，保证一定的投资强度？这是个大问题。面对经济发展中的各种风险，稳投资意义十分突出。在一些重要领域，必要时可以进行前期基础设施的大规模投资，比如5G，不能让车等路，而是要让路等车。应当说相关领域就有巨大的投资潜力，我们必须下决心、下功夫把这件事情做好，降低我们的风险，稳住经济基本盘。留住青山，才有未来。从这个意义上讲，保持和优化适当强度的投资，不仅仅是经济问题，也是社会大局稳定的问题，因此是个政治经济学的问题。

未来一段时间，许多城市将面临外部经济衰退影响显现和内部经济发展资源规模减量的双重约束，必须抓紧“形成以城市群为主要形态的增长动力源，进而带动经济总体效率提升”，畅通区域发展循环，推动形成优势互补、高质量发展的区域经济布局，实现在更大范围和空间内优化配置资源。也就是说，畅通区域发展循环极其重要，我们必须加快要素市场化配置改革的进程，破除“诸侯经济”，建立全国统一的公平开放的市场，打通国民经济生产、流通、分配、消费等各个环节的堵点，补齐短板。

以北京市为例，北京市一段时间以来的区域发展格局，主要是“单中心向外拓展，由中心城区到平原新城再到生态涵养区梯次递减”的单向发展格局。

下一步要进一步落实京津冀发展战略要求，在京津冀城市群构建的视角下，推动新的城市功能布局调整，沿“一核两翼”(一核即首都核心区，两翼即城市副中心、雄安新区)发展空间和连接京津冀区域的主要廊道，拓展若干个新的发展圈层和增长廊道，这里面包括城市副中心、大兴国际机场临空经济区、怀柔科学城、未来科学城、中关村科学城北区、顺义创新产业集群示范区、京西产业转型升级示范区等多个千亿级增长极，形成五环—六环间区域新的投资圈层。各大组团内部和组团间还要精准精细打造一批公共服务齐备、基础设施完善、实现职住平衡的小组团，组团之间要强化长距离骨干联络线和大尺度绿化，促进形成新的城市网络体系和城市形态。这些工作的展开和投资活动的加强，有助于更好地实现北京市国民经济循环。从其他省份的情况看，这些方面都有一定的潜力，需要精准进行供给侧结构性改革，挖掘和释放新动能。

二、畅通增量和存量循环

改革开放以来，地方经济的发展在很大程度上离不开土地财政的红火，政府的不少投资都和土地财政息息相关，但是土地是稀缺资源，不可再生，功效在逐渐减弱，土地财政总有一天是要走到尽头的。从北京的情况看，按照党中央、国务院正式批复的《北京城市总体规划(2016年—2035年)》，北京市是全国第一个减量发展的城市，对人口规模和建设规模严格执行“双控”。在减量发展背景下，作为保障投资的基本要素，北京市经营性土地供应规模大幅降低。近三年经营性用地供应逐年减少，2017—2019年分别供地664公顷、489公顷、474公顷，对投资的支撑逐年减弱，土地供给支撑不足将对投资平稳运行产生较大影响。从严格意义上讲，土地供给支撑不足不仅仅是北京市单个城市的现象，在地方一些城市，包括一些重点城市都具有普遍性，因此如何解决这个问题，如何释放出存量的潜力就显得十分重要。

近年来北京市经济发展经验数据显示：GDP每增加100亿元，对应的建设用地需要增长1.8平方公里，GDP增长依赖土地投放的状况还未得到根本扭转，供地减量对经济增长的影响将进一步持续。从投资领域看，投资每增加

100亿元，对应的建设用地约0.6平方公里。全市目前未实施用地共约900平方公里，待存量更新改造用地和新增建设用地比例约2:1，也就是说全市新增建设用地余量约300平方公里。由此，仅仅依靠不断增加土地供给来扩大投资的方式已经难以为继，无论是消费还是投资，更多的发展空间要从存量中来。

与此同时，按照会计规则，房屋建筑20年折旧率一般为2%—5%，当前北京市的投资增速整体上低于折旧率，因此城市发展实际上正处于一个加速老化的阶段，这也是国内很多大城市的发展现状。这种现状倒逼北京市加快畅通增量和存量空间利用的循环，把城市的有机更新摆在更重要和更加突出的位置，大力挖掘和高效利用存量空间资源，加快蹚出一条减量刚性约束下空间资源可持续开发利用的新路子。

"十四五"时期，北京市准备集中推动一批特色鲜明、惠及面广、示范带动作用强的城市有机更新项目，加快形成整体连片的规模效应。主要包括以下几个方面：一是突出历史文化传承，加快实施中轴线申遗保护、核心区街区更新等项目，这也是北京市作为全国文化中心功能定位的重要体现。二是突出人居环境改善，加快实施老旧小区改造、城市公共空间提升等项目。三是突出城市发展效益提升，实施老旧工业厂房改造、传统商务楼宇改造、传统商圈改造等项目。经初步测算，通过推进上述几个领域城市更新，"十四五"期间至少能够形成1.2万亿元投资，约占"十四五"期间全市固定资产投资的三成，成为城市发展转型和经济动力转换的有力支撑，沿着这条路径一直走下去到2035年，逐步推动城市更新投资与增量开发投资比例达到5:5，真正进入以存量调整更新带动城市发展的新阶段。北京市的考虑虽然有一定的特殊性，但就加强投资来看，也给其他地方政府提供了一定的参考。

三、畅通社会投资循环

激发和扩大社会投资是"十四五"时期激发经济发展活力的重要举措，也是联结科技创新与产业发展、城市建设与民生保障的重要一环。当前畅通社会投资循环表现最突出的两个堵点，也是投融资改革的两大难题：一是项目审批“万里长城”,形式上的“多规合一”改革日益成为制约投资落地的瓶颈。二是要素资源市场化配置明显不足,减量背景下社会投资可持续的利益回报机制不健全,需要切实在投融资体制改革上形成突破。这些问题在全国都有一定的普遍性,还需要进一步通过政府的“放管服”改革,营造更好的营商环境,加快形成市场化、法治化、国际化的营商环境。

审批难表面上看是流程制度问题,实质上是行政管理体制和现代治理体系问题。各地的投资项目审批虽然一再优化,但目前仍然至少涉及十余个部门和数十项行政许可事项,项目落地普遍需要1—2年,其管理核心依然是“行业监管、审批发证”,表现为“事事审批、事先审批”,政府的市场监管行为与市场主体决策实施行为相互交织。下一阶段,要切实按照推进国家治理体系和治理能力现代化的部署要求,加快转变政府职能,落实企业投资自主权。要尽快改革行业监管和项目审批的政策法规,推行以企业投资项目承诺制为核心的审批制度改革,各部门(包括自然资源和规划部门、发展改革部门等)制定明确相关标准规范并向社会公开,事前一次性告知项目准入标准和条件,企业按照标准告知性备案、信用承诺后即可开工建设,政府部门强化总量控制和事中事后监管。

社会投资乏力表面上看是玻璃门、弹簧门、旋转门等的准入问题,实质是政府管理和市场运行的边界问题。政府管理和控制资源过多,对微观市场活动参与过深,条块分割造成一定的资源错配和市场割裂,这些问题导致许多领域难以形成稳定可预期的收益,很难吸引社会资本真正进入。如市政道路领域,项目属于公益性设施,社会资本很难参与,如果将路侧广告牌、停车场一并纳入道路建设运营,一些项目收益率可达到6%—8%,这样就可以有效提升社会资本参与的积极性。下一阶段,要拓宽多渠道社会资本进入机制,对于养老、医疗等公共服务领域和城市更新项目,可积极探索以一次性招标或委托方式确定实施主体,同时加快形成跨项目、跨区域的资源统筹平衡机制,统筹经营性和非经营性项目,统筹红线内外经营性空间,统筹地上地下空间资源,推动减量背景下社会投资可持续的利益回报机制,提升社会投资项目的经济可行性。

第五节
发挥好改革关键一招的重要作用

习近平总书记主持召开中央全面深化改革委员会第十五次会议并发表重要讲话强调，要继续用足用好改革这个关键一招，推动更深层次改革，实行更高水平开放，为构建新发展格局提供强大动力。

构建新发展格局，对发挥好改革关键一招的作用提出更高要求。构建新发展格局是根据我国发展阶段、环境、条件变化作出的战略决策，是事关全局的系统性深层次变革。这是体现以人民为中心的发展思想，解决发展不平衡不充分的矛盾，满足人民对美好生活向往的价值追求。这是改变以往"大进大出""两头在外"的经济发展模式，适应新常态和供给侧结构性改革要求，实现我国经济从高速增长向高质量发展转变的战略举措。这是维护产业链供应链安全稳定和提高竞争力，牢牢把握发展主动权和国家经济安全的必由之路。这是利用国内国际两个市场、两种资源，重塑我国国际合作和竞争新优势的战略抉择。所有这些，都牵涉体制机制的完善和制度的创新，对发挥好改革这个关键一招的作用提出了更高的要求。

构建新发展格局，为发挥好改革关键一招的作用提供时代舞台。改革是由问题倒逼而产生的，又在不断解决问题中得以深化。党的十一届三中全会以来，每一次重大改革都给党和国家发展注入新的活力、增添强大动力。党的十八大以来，全面深化改革全面部署、系统推进，形成了系列理论成果、制度成果、实践成果，在新起点上实现了新突破，为构建新发展格局奠定了显著的制度优势和坚实的改革基础。着眼未来，我们构建新发展格局，破解一些长期制约发展的体制机制障碍，进一步解放和发展社会生产力，畅通国民经济血脉循环，为继续用好、用足改革这个关键一招，把制度优势、改革能量转变为治理效能，提供了历史性的实践大舞台。

构建新发展格局,为发挥好改革关键一招的作用明确方向。当前,我们面临着世界百年未有之大变局,肩负着实现中华民族伟大复兴的历史使命。我们构建新发展格局,必须站在历史正确的一边,做好较长时间应对困难的思想准备和工作准备,在不稳定、不确定的世界中谋求我国的发展。要落实新发展理念,坚定不移深化改革、扩大开放,增强国内国际经济联动效应,统筹发展和安全,全面防范风险挑战,努力办好自己的事情。加强改革前瞻性研究、战略性研究,把握好矛盾运动规律,牢牢把握深化改革的正确方向,实现改革的系统集成,推动各项制度相互衔接、形成合力。

发挥好改革这个关键一招的作用,要立足扩大内需打通淤点、堵点。构建新发展格局,坚定实施扩大内需战略,畅通国民经济大循环,最重要、最有效的手段就是深化改革。要紧紧抓住供给侧结构性改革这条主线,善于运用改革的办法增强供给的精准性、灵活性、有效性,把满足国内需求作为我国发展的出发点和落脚点,加快构建完整的内需体系,着力打通生产、分配、流通、消费各个环节的淤点、堵点、断点和痛点,激发整体效应。在生产上,改革完善科技创新体制机制,解决核心技术"卡脖子"问题,维护产业链供应链安全稳定,提高竞争力。在分配上,改革完善体现效率、促进公平的收入分配制度,进一步缩小收入差距,持续巩固脱贫攻坚的成果,培育更多的中等收入群体。在流通上,要通过改革进一步降低制度成本,把建设现代流通体系作为一项重要战略任务来抓,带动国民经济总体运行效率提高。在消费上,要努力提高居民收入水平,完善覆盖全民的社会保障制度和社会信用体系,健全国家公共卫生应急管理体系,增强居民消费的能力和信心。

发挥好改革这个关键一招的作用,必须抓好重点领域和关键环节的改革突破。要发挥社会主义基本经济制度的优势,紧紧围绕党的十八届三中全会提出的"使市场在资源配置中起决定性作用和更好发挥政府作用",深化改革,特别是加快推进有利于提高资源配置效率的改革,有利于提高发展质量和效益的改革,有利于调动各方面积极性的改革,建设高起点、高标准、高水平的市场经济体制。下一步深化改革的重点是完善产权制度和要素市场化配置,要建立现代产权制度,加强产权激励,完善新领域、新业态知识产权保护制度,要改变资源配置扭曲、要素市场发展不足的状况。促进城乡土地、人才、资本、技术、数据等要素自主有序流动，提高市场化配置效率，激发全社会创造力和市场活力。具体来说，要健全城乡融合发展体制机制和政策体系，深化农村集体土地制度改革，给“三农”以金融等多方面支持。通过金融改革，释放金融支持实体经济的能量，为更多的中小微企业、农户降低融资成本。要推进“放管服”改革，进一步优化营商环境，为更多市场主体投资兴业消除后顾之忧。要把构建新发展格局同实施国家区域协调发展战略、建设自由贸易试验区等衔接起来，在有条件的区域率先探索形成新发展格局，打造改革开放新高地。

发挥好改革这个关键一招的作用，使各项改革朝着推动形成新发展格局聚焦发力。发挥好改革这个关键一招的作用，聚焦重点问题，加强改革举措的系统集成、协同高效，打通淤点、堵点。在当前形势下，构建新发展格局面临不少新情况、新问题，要善于运用改革思维和改革办法，统筹考虑短期应对和中长期发展，既要在战略上布好局，也要在关键处落好子。要把改革与“十四五”规划结合起来，实现改革的系统集成，推动各项制度相互衔接、形成合力。要运用好这些改革成果，在抓落地、见实效上加大力度、加快进度、拓展深度，保持勇往直前、风雨无阻的战略定力，围绕坚持和完善中国特色社会主义制度、推进国家治理体系和治理能力现代化。各地区、各部门要强化责任担当，增强紧迫感、提振精气神，全力完成党中央部署的改革任务。要做好党的十八届三中全会以来改革任务落实情况的总结评估，把总结评估同谋划“十四五”时期改革思路结合起来，同汇聚深化改革的强大力量结合起来，全面展示改革取得的重大成就和宝贵经验，坚定各方面深化改革的决心和信心，为开启全面建设社会主义现代化国家新征程积势蓄力。

第四章

创新发展：加快发展现代产业体系

第一节
创新在现代化建设全局中的核心地位

从党的十八大报告提出“实施创新驱动发展战略”，到党的十八届五中全会明确提出“创新”摆在第一位的发展理念，从党的十九大强调“创新是引领发展的第一动力”，到党的十九届五中全会公报明确提出“坚持创新在我国现代化建设全局中的核心地位”，创新在我国经济社会建设中的作用和影响越发凸显。

一、创新是人类社会经济发展进步的强大动力

在新发展理念刚刚提出的时候，习近平总书记曾经重点回顾人类的历史轨迹，特别是近代以来世界的发展历程，强调指出一个国家和民族的创新能力，从根本上影响甚至决定国家和民族的前途命运。

16世纪以来，人类社会进入前所未有的创新活跃期。特别是18世纪以来，世界发生了几次重大科技革命，如蒸汽机和机械、相对论和量子论、电子和信息技术的发展等。在此带动下，世界经济发生多次产业革命，如机械化、电气化、自动化、信息化。每一次科技和产业革命都深刻改变了世界发展面貌和格局。一些国家抓住了机遇，经济社会发展驶入快车道，经济实力、科技实力、军事实力迅速增强，甚至一跃成为世界强国。发端于英国的第一次产业革命，使英国走上了世界霸主地位；美国抓住了第二次产业革命机遇，赶超英国成为世界第一。自第二次产业革命以来，美国就一直占据世界第一的位置，这是因为美国在科技和产业革命中都是领航者和最大获利者。近代以来，我国由领先变为落后，一个重要原因就是我们错失了多次科技和产业革命带来的巨大发展机遇。

当今世界，经济社会发展越来越依赖于理论、制度、科技、文化等领域的创

新,国际竞争新优势也越来越体现在创新能力上。谁在创新上先行一步,谁就能拥有引领发展的主动权。新一轮科技和产业革命风起云涌,其主要特点是重大颠覆性技术不断涌现,科技成果转化速度加快,产业组织形式和产业链条更具垄断性。当前,高度重视创新成为国家间特别是大国之间竞争的新趋势,如日本强调"独创力关系到国家兴亡",英国强调"人民的想象力是国家的最大资源"。在提高认识的基础上,世界许多国家都展开了行动,积极强化创新部署和投入,加强人才、专利、标准等战略性创新资源的争夺,力图保持和扩大竞争优势,抢占未来发展制高点,如美国提出"再工业化"战略,德国提出工业4.0战略,欧盟实施"欧洲2020战略"。

二、创新是我国经济社会现实发展的内在要求

强调创新是我国社会主义建设和改革开放发展经验教训的集中体现,适应了新时代经济发展新常态,针对了我国发展中的突出矛盾和发展短板,反映出我们党对经济规律、社会规律、自然规律和党的执政规律认识的不断深化。

我国经济发展进入新常态,是党的十八大以来党中央综合分析世界经济长周期和我国发展阶段性特征及其相互作用作出的重大战略判断。我国经济进入新常态,从国内和国际看,我们都遇到一系列新情况、新问题,面临巨大的挑战。从国内看,我国经济发展正处在经济发展速度换挡节点、经济发展结构调整节点和经济发展动力转换节点。经济下行压力加大,增长速度开始慢下来。过去生产什么都赚钱、生产多少都能卖出去的情况已不存在。低成本资源和要素投入形成的驱动力明显减弱,经济增长需要更多驱动力创新。从国际看,我国出口优势和参与国际产业分工模式面临新挑战。2008年国际金融危机爆发,世界经济进入深度调整期,全球贸易发展进入低迷期,导致我国出口需求增速放缓。同时,从一些世界贸易大国的历史经验看,随着我国货物出口占世界总额的比重超过10%,我国出口增速开始出现拐点,今后再要维持出口高增长、出口占国内生产总值的高比例已不大可能。这就要求我们必须把经济增长动力更多放在创新驱动和扩大内需特别是消费需求上。

新常态下，我国经济发展的增长速度要从高速增长转向中高速，发展方式要从规模速度型转向质量效率型，经济结构调整要从以增量扩能为主转向调整存量、做优增量并举，发展动力要从主要依靠资源和低成本劳动力等要素投入转向创新驱动。这些变化，是我国经济向形态更高级、分工更优化、结构更合理的阶段演进的必经过程。实现这样广泛而深刻的变化，是一个新的巨大挑战。面对这些挑战，再沿袭粗放发展模式、简单地追求增长速度，显然是行不通的，必须强化创新来引领推动我国经济从高速增长阶段转向高质量发展阶段，不断开创经济发展新局面。

现在我国全年经济总量突破100万亿大关，已经坐稳世界第二大经济体的位置，但大而不强、臃肿虚胖体弱问题相当突出，主要体现在创新能力不强，习近平总书记称这是我国这个经济大块头的“阿喀琉斯之踵”。总体上看，我国关键核心技术受制于人的局面尚未根本改变，一些高端核心技术缺失，存在“卡脖子”的问题。创造新产业、引领未来发展的科技储备远远不够，产业还处于全球价值链中低端，在军事、安全领域高技术方面同发达国家仍有较大差距。面对新时代发展环境的变化，如果创新能力跟不上，发展动力不能顺利实现转换，实现新时代经济高质量发展就难以做到，我们在全球大国博弈、发展竞争中就会处于下风。强化创新思维，通过创新引领和驱动发展，已经成为我国发展的迫切要求，事关中华民族是否能够实现伟大复兴。

三、创新是引领我国现代化强国建设的第一动力

梳理新中国成立以来的十四份五年计划和规划，“坚持创新在我国现代化建设全局中的核心地位”，这样的表述还是首次出现，表明创新已成为推动经济社会发展的“关键变量”。创新是中国迈向现代化强国的动力支撑，也是发展速度、质量、效能及核心竞争力的决定因素。

党的十九届五中全会着眼2035年基本实现社会主义现代化，提出“关键核心技术实现重大突破，进入创新型国家前列”的远景目标。建设创新型国家，创新引领、统筹协调是关键。要强化国家战略科技力量，提升企业技术创新能

力,激发人才创新活力,完善科技创新体制机制。要提升产业链供应链现代化水平,发展战略性新兴产业,加快发展现代服务业,统筹推进基础设施建设,加快数字化发展。

当前,我国经济发展正处于转型升级的关键时期,突破一系列瓶颈、解决深层次矛盾问题的根本出路和动力在于把发展基点放在创新上,要通过创新培育发展新动力。这就要求我们必须把创新摆在党和国家发展全局的核心位置,坚持创新在我国现代化建设全局中的核心地位,把科技自立自强作为国家发展的战略支撑,面向世界科技前沿、面向经济主战场、面向国家重大需求、面向人民生命健康,深入实施科教兴国战略、人才强国战略、创新驱动发展战略,完善国家创新体系,加快建设科技强国。要更加突出发展的创新性,瞄准世界科技前沿,强化基础研究和应用基础研究,实现前瞻性基础研究、引领性创新成果重大突破。突出关键共性技术、前沿引领技术、现代工程技术、颠覆性技术创新,破解"卡脖子"难题,为建设科技强国、质量强国、航天强国、网络强国、交通强国、数字中国、平安中国、智慧社会提供有力支撑。不断推进理论创新、制度创新、科技创新、文化创新等各方面的创新,让创新贯穿党和国家的一切工作,让创新在全社会蔚然成风。

一是要重视发挥科技创新在全面创新中的引领作用。要深化科技管理体制改革,加强重大科技基础设施、科技创新中心建设,稳定支持重点学科方向的自由探索,强化创新源头供给,切实加强重大交叉前沿领域的前瞻部署,注重突破关系发展全局的重大技术,强化重点领域、关键环节的重大技术研发,加快突破新一代信息通信、新能源、新材料、航空航天等领域的核心技术。二是要强化企业创新的主体地位。要激发企业内在的创新动力,鼓励企业围绕市场需求建立研发机构,使企业真正成为技术创新决策、研发投入、科研组织和成果转化应用的主体,促进科技成果向现实生产力转化。三是要发挥政府对科技创新的引导和推动作用。政府要在体现国家意志的战略领域和市场失灵的公共领域积极作为,坚持战略和前沿导向,将精力专注于支持前沿技术、重大共性关键技术、公益技术等具有公共产品属性、具有外部性的科学和技术产品与服务,为创新提供源源不断的动力和制度、资金、人才保障。四是要倡导创新文化，强化知识产权创造、保护、运用，培养造就一大批具有国际水平的战略科技人才、科技领军人才、青年科技人才和高水平创新团队。五是中国的科技创新和发展越来越离不开世界，世界的科技进步也越来越需要中国。中国的科技创新从来都不是封闭式的创新，改革开放40多年来，开放合作、交流互鉴对推动中国科技创新发挥了重要作用。好的经验必须坚持下去、发扬光大。

第二节 增强产业链供应链自主可控能力

产业链供应链自主可控是大国经济循环畅通的关键，产业链供应链安全稳定是构建新发展格局的基础。党的十九届五中全会通过的《建议》明确提出，提升产业链供应链现代化水平，提高经济质量效益和核心竞争力。这对加快发展现代产业体系，推动经济体系优化升级具有决定性意义。这是党中央站在构建新发展格局、开启全面建设社会主义现代化国家新征程的高度作出的重要战略决策。

一、提升产业链供应链自主可控能力的迫切性

自主可控的产业链供应链是新发展格局形成的微观基础和运行架构，是巩固壮大实体经济根基的重要途径，是支撑我国高质量发展的必要条件，对于实现国家全面现代化具有长远的、基础性的和重要的战略意义。[①] 作为一个大

① 参见刘志彪：《增强产业链供应链自主可控能力》，载《经济参考报》，2021年1月5日。

国，我们必须在关系国计民生和国家经济命脉的重点产业领域形成完整而有韧性的产业链供应链。当前和今后一个时期，我国发展仍然处于重要战略机遇期，但机遇和挑战都有新的发展变化。面对“十四五”时期的新使命、新任务、新要求，提升产业链供应链现代化水平和自主可控能力的重要性更加迫切。

1. 国民经济循环主要表现为产业链循环

产业链分为狭义产业链和广义产业链。狭义产业链是指从原材料一直到终端产品制造的各生产部门的完整链条，主要面向具体生产制造环节，是发展和壮大制造业的关键所在。广义产业链则是在面向生产的狭义产业链基础上尽可能地向上下游延伸拓展。产业链向上游延伸一般使得产业链进入到基础产业环节和技术研发环节，向下游拓展则进入到市场拓展环节。无论是狭义产业链还是广义产业链，均包含价值链、企业链、供应链等，其内核就是不同产业的企业之间的关联，而这种产业关联的实质则是各产业中企业之间的供给与需求相互作用的关系。产业链供应链是个循环系统，环环相扣，一个环节阻滞，上下游企业都无法运转。产业链供应链一旦形成，具有一定的传导黏性，并保持相互依赖的稳定性特征，其转移成本比较昂贵，很难在短时间完成替代。从产业发展的增长极理论、梯度转移理论和集聚扩散理论、转型升级理论给出的结论看，维护产业链供应链安全，就是要维护产业链完整，增强产业总体韧性；提升价值链效益，提高产业核心竞争力；深化企业链关联，提升产业配套集成发展能力；确保供应链安全，增强产业抗风险能力。

2. 产业链供应链稳定是保持经济稳定的关键

面对新冠肺炎疫情发生并在全球扩散蔓延，一些人担忧这会对中国的产业链供应链产生冲击。短期来看疫情影响不可避免，一些行业和企业受到严重冲击。疫情防控初期，不少地方封城、封路，大多数制造业企业停工停产，物流受阻，供应中断，产业链和供应链均受到不同程度的影响，而中小企业受到的影响更大。目前复工复产情况较好，但也面临一些困难。一些外贸企业面临用工难、物流难、履约难、接单难、资金难等困难，影响了按时生产、保住订单、及时供货、拓展市场。全球产业链供应链深度融合,你中有我、我中有你,中国是全球产业链和供应链的中心,尤其是汽车、电子、原料药等产业,占全球产出份额近四成,全球产业链供应链中很多国家已高度依赖中国的生产与供应,在中国的外资企业受疫情影响,有的停工停产,有的推迟生产。中国产业链供应链受损或中断,会影响全球的产业链供应链。国外的疫情防控形势,也出现产业链供应链受损或中断,进而也会影响我国产业的正常运行。疫情引发中国的产业链与全球的产业链产生交叉影响,很可能影响中国产业链供应链的安全。我们要警惕全球产业链供应链受损给中国带来的风险。

3. 产业链供应链稳定是中国对世界的贡献

当前的经济全球化,主要表现为在全球范围形成产品内分工,即同一种产品在全球各个国家和地区布局生产、流通和营销环节,不同环节的分工形成了全球产业链。从产业链角度分析的国际经济循环,包括了供应链和价值链。对应产业链上不同环节的中间品供应,形成了相应的供应链。产业链的不同环节有不同的附加值,这就产生了相应的价值链。产业链的国际布局是围绕产品的技术水准及相应的附加值来展开的。[①] 我国是世界第一制造业大国,是世界上唯一拥有联合国产业分类目录中所有工业门类的国家,制造业是中国产业链供应链的核心,与全球供应链深度融合,在全球产业链供应链中占据着重要地位。我国巨大的消费市场磁石效应和规模经济带来的低成本能力,能够支撑中国在全球产业链供应链的重要地位不会因为疫情影响而动摇和改变。受疫情影响,尽管存在着产业链供应链外移风险,但我国疫情防控形势持续向好,生产生活秩序加快恢复,基本实现全产业链复工复产。现在看,并没有出现产业链供应链因疫情影响而向国外大规模转移的现象。从中美大国博弈、区域贸易协定"三零规则"、本地化生产诉求、国际化分散生产等发展趋势看,全球产业链供应链格局、布局调整更为明显,区域化、数字化属性增强,国际合作博弈更为激烈。我们要继续提升中国产业链供应链的竞争力、引领力,

① 参见洪银兴:《促进创新链与产业链深度融合》,载《光明日报》,2020年10月20日。

在全球产业深度分工调整和创新发展中做出新贡献。

4. 产业链供应链稳定是建设制造强国的要求

国之重器在关键时刻不能掉链子。要统筹推进补短板和锻长板。从建设制造强国的战略高度看,补上我国产业链供应链短板刻不容缓。一是产业链的完整亟待加强。产业链完整性是实现产业链安全的前提。近年来特别是中美贸易摩擦以来,我国劳动密集型产业加工组装和低端制造环节加快向外转移,产业链完整性受到威胁,新冠肺炎疫情发生之后美国再次酝酿和实施制造业回流计划,如任其发展,势必会削弱我国产业的竞争优势。二是价值链的层级亟待提高。价值链高端化是实现产业链安全的目标。我国产业总体处于价值链的中低端环节,主要依靠资源要素投入和投资出口驱动,随着资源环境矛盾加剧和外部需求变化,传统增长方式已难以为继,亟需推进产业链向"微笑曲线"两端延伸,向创新引领的新技术高端攀升,进入价值链的高附加值环节,以获得更大的收益分配。三是企业链的关联亟待强化。企业链紧密性是实现产业链安全的重要途径。打造具有核心竞争力的产业,离不开产业中上下游关联企业的互相拉动、协同发展。中国的制造业整体上还没有像美国、日本、德国那样,通过技术、标准、知识产权等控制全球产业链的上游环节,处于产业链中下游的中国制造业企业对产业链的关联控制力还不够强。四是供应链的安全亟待增强。供应链安全性是实现产业链安全的必然要求。当前我国制造业产业链60%安全可控,"卡脖子"的短板在中美贸易战中已暴露出来。我国产业高质量发展所必需的关键基础材料、核心基础零部件、先进基础工艺、产业技术基础等严重受制于人,高技术产业供应链"断供"风险一直存在,如同"达摩克利斯剑"高悬。2019年,中国工程院对26类有代表性的制造业产业进行国际比较分析显示,我国差距较大和差距巨大的产业共15类,在产业链供应链上存在核心环节和核心技术的重大缺陷。

二、增强产业链供应链自主可控能力的重点任务

增强产业链供应链自主可控能力，至少要实现下列目标：一是产业创新性，关键是突破技术可能被"卡脖子"的关键领域；二是产业安全可控性，实现效率与安全的平衡；三是产业间联系的紧固性，关键时刻能实现供求大致均衡；四是区域间产业的协同性，实现区域间有序的产业分工合作。

1. 科学布局产业链，确保重点产业安全稳健发展

推进产业链科学布局是产业协同发展的重要抓手和切入点，也是确保产业链安全的首要之举。一是深度融入全球产业链合作分工。加强全球产业链合作是推动世界经济开放包容发展的必然要求，也是应对贸易保护主义的坚实保障，更是全面推动制造业对外开放的重要举措。要吸引外资更多投向先进制造业，鼓励跨国公司在华设立研发中心、采购中心、财务管理中心等功能性机构。平衡好制造业产业链外迁和向中西部地区转移的关系，把制造业产业链外迁作为用好两个市场两种资源、培育我国世界品牌、扩大国内企业全球影响力的机遇，在全球制造业转移进程中精准选择我国制造业梯度转移路径，积极构建以我国为中心的产业供应链生产组织网络，通过"一带一路"建设为全球产业链合作提供坚实平台，实现产业价值链重构。二是统筹中西部地区精准承接东部产业转移。在中西部地区国家级新区、自由贸易试验区、综合保税区、国家重点开发开放试验区等重点区域和国际贸易陆海新通道重要节点城市，选择若干具有区域竞争优势和影响力的地区，建设一批承接制造业转移示范区，采取相关优惠政策，吸引东部地区企业特别是产业链龙头企业向这些地区转移。这样既可以保障我国产业链完整性，又能促进区域协调发展。三是以技术创新重新布局产业链并加快进口替代。由于新技术的突破，产业链供应链变得更短、更快、更智能。要寻求不可替代性，避免"断链"的风险，防止"全球产业链去中国化"。要加快具有全球影响力的关键引领型产业进口替代，加强高端制造产业创新投入，大幅提升制造业研发强度，提高附加价值比

重,全面提升中国全球产业价值链水平。

2. 有效提升价值链,提升重点产业核心竞争力

狭义的价值链体现的是企业的综合竞争力,广义的价值链则体现的是产业的综合竞争力。产业与产业的竞争,企业与企业的竞争,不只是某个环节的竞争,而是整个价值链的竞争。我国需要从两个方面进行升级:或是沿价值链两端升级,或是给传统制造业赋能,在价值链中间环节"就地"转型升级。[①] 一是以技术创新提升产业价值链层级。过去我国主要是通过外包代工、外包组装、贴牌生产等方式嵌入全球供应链,经济利益微薄。要推动价值链升级,就要强化知识产权国家战略,向技术专利核心进军,锻造"自身硬功夫",以技术实力在全球布局关键产业。二是改造提升传统制造业价值链层级。以数字化、网络化、智能化为重点,实施新技术改造工程,引导劳动密集型产业数字化转型、智能化升级,加快发展高端制造、智能制造、绿色制造、服务型制造。三是继续加大力度降低制造业产业链成本。深化户籍、土地、能源等制度改革,释放劳动力、土地、能源等要素的市场活力,降低各类要素价格。

3. 全力确保供应链,提高产业配套发展能力

供应链是产业链中的关键组成部分,产业链安全强调上下游产业间的配套、协调和稳定,其本质是上下游供应链的配套协调发展。一是以重点产业为核心,在打通全产业供应链上下功夫。重点产业既是一国经济竞争力的集中表现,也是一国经济发展的主要拉动力。要以传统制造业和先进制造业为重点,提高产业配套能力。比如,船舶工业是典型的长链产业,在国民经济116个产业部门中,船舶制造业与其中97个部门发生关联,关联面达84%。打通船舶产业供应链,既可发展包括原材料、船舶设计、船舶配套设备等在内的上游配套产业,还可发展维修保障等下游服务行业。要形成重点产业对上下游产业

① 参见董小君:《产业链供应链稳定中的长板与短板》,载张占斌主编《国内大循环》,湖南人民出版社2020年版,第203页。

发展的带动机制，通过联合攻关、交叉持股等方式，培育一批重点产业的配套产业。二是以重点区域为依托，在推进供应链集聚发展上下功夫。产业和企业的集聚，有利于培育形成具有规模效应的供应链服务网络。要充分结合区域发展战略和产业发展战略，有计划、有重点地布局相应供应链网络，降低区域产业发展对外依存度，提高区域经济发展的稳健性。三是以重点企业为龙头，在供应链管理上下功夫。龙头企业要给国产原材料和国产服务商以技术指导和试错空间，依托龙头企业产品的较高市场占有率和用户测试使用优势，倒逼上下游企业提升材料质量、服务质量，提高技术研发水平；对供应链上的关键技术和核心设备，龙头企业要立足自主研发，确保企业发展不受制于人。

4. 协同打造创新链，确保关键产业自主可控

创新链是指科技成果从创意产生到商业化生产销售的全过程，包括基础研究、技术开发、中间试验、企业孵化、规模化生产等环节。创新链既是推动产业链走向价值链高端的重要途径，也是牢牢把握和控制产业链的关键所在。一是要坚持协同攻关实现关键技术自主可控。在“卡脖子”技术领域，发挥社会主义市场经济条件下关键核心技术攻关新型举国体制优势，加强影响核心基础零部件（元器件）产品性能和稳定性的关键共性技术研究，开展先进成型、加工等关键制造工艺联合攻关，加大基础专用材料研发力度，提高产业技术基础能力。二是要建设以企业为主体的产业技术创新体系。围绕技术研发、专利、知识产权、标准等，构建一整套的产业机制架构。围绕产业重大应用和关键技术突破，形成以企业为主、科研机构和院校等共同参与的技术联盟，推动和完善以企业为主体制定标准的工作体系，加快5G等对产业发展具有重大影响的技术标准研制，加快传统技术与区块链、人工智能、大数据、物联网等前沿信息技术的深度融合。三是要积极推进产品研发与产业化链条有序衔接。创新技术转化，推动成熟产品、成熟技术实现市场化。加强与国际同行的科研合作，在保障国家安全的前提下，共享科研数据、设备和方法，联合攻关。

5. 着力筑造防护链,增强产业的风险抵抗力

我国是个制造业大国,产业链牵一发动全身,面对各种“黑天鹅”“灰犀牛”的风险,必须注重产业链安全防控建设。要密切关注国外针对我国设置的贸易壁垒情况,有针对性地进行防控。要吸取这次新冠肺炎疫情防控中的经验教训,及时关注和快速响应各类突发事件,强化安全(应急)战略性产业基础能力提升,及时调整产业链供给,确保关键物资供给。加强产业链安全监测,注重运用大数据技术,加强对原材料供应、设计、仓储、物流、生产、销售、用户使用等各环节的监测和分析,加强对产业链中有关企业的运营情况分析,及时发现产业链中的隐患。

三、增强产业链供应链自主可控能力的政策重点

维护产业链供应链安全是个多链联动、环环相扣的系统工程。巩固中国在全球产业链供应链中占有的优势,就要从国家战略大局的高度,发挥巨大的市场潜力和规模效应,建立系统配套、运行有效的维护中国产业链供应链安全稳定的有效机制。

1. 建立维护产业链供应链安全的宏观管理机制

建议中央成立一个高规格的领导小组,统筹领导维护产业链供应链安全的重大问题,加强对产业链供应链安全的战略谋划和战略管理,推动产业链供应链安全保障的规制、标准与国际高标准规制相衔接,优化产业生产力重大布局的调整,实现产业链供应链的全球部署。政府有关部门要建立健全外商投资、并购审查机制,规范外商投资、并购行为,避免外商恶意并购或者试图控制我国产业链供应链核心环节。强化对产业链供应链核心环节、敏感技术和高端装备“走出去”的管理,降低产业关键环节被外资主导和产业“空心化”风险。对影响或者可能影响国家安全的对外投资、关键技术转移、特定产品和服务输出、涉及国家安全事项的建设项目,加快推进制度和法律保障。

2. 建立维护产业链供应链安全的协调服务机制

产业链供应链的安全牵涉到国内国际诸多部门和行业，不管是产业"进口替代"，还是转移出去，都会牵涉到产业链、供应链、价值链的交叉影响，既会牵涉到金融、工信、贸易、海关、质检、工商等部门的交叉监管，又会涉及各个管理层级区域之间的协调，这是个生态体系。建立协调联动服务机制，利用大数据、云计算、互联网等信息技术，实施宏观决策的部署和监管；保障金融、能源、粮食、信息等重大领域产业链安全；协调产业跨地区转移利益共享，畅通我国制造业转移的"内部消化"渠道，提高中西部地区和东北地区承接转移的吸引力。要积极参与产业链供应链的国际合作，建立与国外政府部门的协作机制，积极发挥国内外商会、协会、基金会、咨询机构的作用，为企业提供精准的专业咨询、法律援助、技术支持。

3. 建立维护产业链供应链安全的信息畅通机制

按照统一技术标准和管理规则，加快建设产业链供应链安全的技术标准体系，充分利用大数据、云计算、互联网、区块链的优势，研究制定有关产业链供应链安全的数据接口、通信协议、语义识别等基础共性和通用技术标准，加强数据信息标准的兼容性，逐步实现国家、省、市(县)、企业四级信息平台共享，充分发挥行业协会、商会在信息汇集和信息畅通中的重要作用。

4. 建立维护产业链供应链安全的风险评估机制

我国拥有世界上最丰富也最复杂的产业链供应链，涉及的企业多、门类广、总量大，决定了自身可能存在不安全的因素和风险。在国家、省、市(县)、企业四级层面上，建立全覆盖的产业链供应链安全数据库和风险评估数据库，适时组织有关机构和专家对不同因素造成的产业链供应链不安全状况进行动态风险评估，根据风险评估的等级，实行分级分类指导，为各级政府和各类企业制定防控决策和应急预案提供实施依据。

5. 建立维护产业链供应链安全的预测预警机制

伴随着产业链向智能化、数字化、生态化和国际化方向演变，传统的和新兴的产业链将不断更替，并与供应链、价值链互相结合产生有叠加效应的各种风险。要加强风险预测预警，制定重点信息采集和实时监控的产品目录，确定重点产业和重点企业的信息采集实时监控指标，加强政府和相关部门、中介机构、大专院校、科研单位联动，建立国家、省、市（县）、企业四级预警信息网络平台，定期或不定期发布不同等级的风险预警，指导相关部门和企业模拟各种风险，制订与自身相应的风险对策措施和应急预案。

6. 建立维护产业链供应链安全的国际合作机制

有些产业链供应链是全球配置的，一国行动不足以解决问题，需要各国联手合作，实施有效的财政和货币政策，促进各国货币汇率基本稳定，加强金融监管协调，防止大起大落。针对疫情，要努力优先保障在全球产业链供应链中有重要影响的龙头企业和关键环节恢复生产供应，要提供精准的支持政策。从长远来看，要采取共同措施减免关税、取消壁垒，加强国际贸易合作和海关合作，打通跨境物流通道堵点，确保供应链通畅；要发挥国际组织的作用，增强全球产业链供应链的应急能力和协同能力；还要维护全球自由贸易规则，尽可能促进国家间自由贸易合作关系，构建更加开放的产业链供应链和创新链价值链。

第三节 加快发展战略性新兴产业

战略性新兴产业是引领国家未来发展的重要决定性力量，对我国形成新的竞争优势和实现跨越发展至关重要。近年来，我国把战略性新兴产业摆在经济社会发展更加突出的位置，有力地推动了节能环保、新一代信息技术、生物技术、高端装备制造、新能源、新材料和新能源汽车等战略性新兴产业快速发展。在此过程中，战略性新兴产业与传统产业的广泛融合，加快推动了传统产业转型升级，涌现出大批新技术、新产品、新业态、新模式，战略性新兴产业成为国家现代化建设的重要推动力量。

一、新一轮科技革命对战略性新兴产业发展的影响

当前，新一轮科技革命和产业变革正在孕育兴起，一些重要科学问题和关键核心技术已经呈现出革命性突破的先兆。宇宙起源、物质结构、生命演化、意识本质等基本科学问题方面的新认知、新发现，将引发科学知识体系的系统性创新；大数据浪潮、信息技术和制造业的融合，以及能源、材料、生物等领域的技术突破，将可能催生新产业，引发产业的革命性变革；海洋、空间、农业、人口、健康等领域的科技进步将拓展人类生存发展空间，提高生活质量，促进可持续发展。世界各国更加重视利用科技创新培育新的经济增长点，产业科技、国家科技和学院科技三足鼎立、协同发展，创新资源配置呈现出全球化竞争与加速流动的趋势。

1. 新一轮科技革命和产业变革正在蓬勃兴起

新一轮科技革命和产业变革的方向究竟是什么呢？或者说，究竟以什么

标准来判断新一轮科技革命和产业变革的方向呢？从过去几次大的科技革命和产业变革看，一般都具备以下几个特征或标志：一是要有科学技术的革命性突破为基础和先导；二是要有紧迫和现实的重大需求；三是应对经济社会发展带来的革命性变化，包括引发生产方式、产业结构和组织形式等方面的变革，对人们的生活方式带来革命性变化。因此，新一轮科技革命和产业变革正在蓬勃兴起，这已成为共识。

为抢占新一轮科技革命和产业变革制高点，世界主要发达国家纷纷制定战略规划，加强科技创新，大力培育和发展新兴产业。比如，美国政府制定了《美国创新战略：促进可持续增长和提供优良工作机会》《重整美国制造业框架》《国家生物经济蓝图》等战略规划和行动计划，明确提出发动一场清洁能源革命，加速生物技术、纳米技术、先进制造技术、空间技术等的发展，继续保持作为世界科学发现和技术创新"发动机"的作用；欧盟制定了《为可持续增长创新：欧洲生物经济》等规划，重点发展能源与环境、生物等产业；日本制定了《面向辉煌日本的新成长战略（2020）》，提出重点推进绿色创新、生物科技创新，发展节能环保、生物与健康等产业；德国教育与研究部制定了《德国高技术战略2025》，提出稳固德国创新强国地位的战略行动计划；等等。

当前，新一轮科技革命和产业变革正处在孕育和突破阶段，它具有极大的冲击力，正对人类社会产生难以估量的作用和影响，将引发未来世界经济政治格局的深刻调整，可能重塑国家竞争力在全球的位置，颠覆现有很多产业的形态、分工和组织方式，实现多领域融通，重构人们的生活、学习和思维方式，乃至改变人与世界的关系。其中既蕴含着重大机遇，也存在巨大的不确定性，未知远大于已知，会带来多方面挑战。

一方面，新一轮科技革命和产业变革意味着工业化和信息化加速融合，我国工业化迎来一次重大历史性机遇。我国已步入工业化中后期，正处于经济结构转型升级的关键时期。新一轮科技革命和产业变革催生了大量新技术、新产业、新业态、新模式，为我国产业从中低端走向中高端奠定了技术经济基础和指明了发展方向，为我国科学制定产业发展战略、加快转型升级、增强发展主动权提供了重要机遇。我国综合国力位居世界前列，已形成完备的产业体系和庞大的制造基础，具有规模超大、需求多样的国内市场，具有抓住这次科技革命和产业变革机遇的产业基础条件和广阔需求空间，有能力抢抓机遇、乘势而上，推进工业化和信息化深度融合，实现跨越式发展。

另一方面，新一轮科技革命和产业变革对我国也是一次前所未有的挑战，迫切需要通过供给侧结构性改革提高创新能力、培育新的发展动能。从国际看，国际产业分工体系和竞争格局加快重塑，发达国家积极推进"再工业化"，利用先发优势不断强化其全球竞争优势和价值链高端位置，对我国产业转型升级、向全球价值链高端攀升形成压力。从国内看，供给侧与需求侧的结构性矛盾加剧，基于低成本的数量扩张型工业化路径越来越难以适应消费转型升级的需要，亟待通过创新培育新的供给能力。新一轮科技革命和产业变革强调以消费者为中心，信息化带来的消费革命已率先发生。我国模仿型、排浪式消费阶段基本结束，主流消费更加注重个性化、安全性、品质、品牌和服务。而我国自主创新能力还不够强，与新一轮科技革命和产业变革所催生的新技术、新产业、新模式、新业态的发展需要相比还有差距，主要体现在：传统产业的许多关键装备、核心零部件和基础软件严重依赖进口和外资企业；尚未登上新兴技术和产业领域全球竞争的制高点，支撑产业升级的技术储备明显不足；创新资源协同运作不畅，技术创新链条还存在断裂脱节问题；等等。应对这些挑战，迫切需要通过供给侧结构性改革提高创新能力，培育新的发展动能。

2. 深入实施创新驱动发展战略

抢抓新一轮科技革命机遇，必须深入实施创新驱动发展战略，瞄准主攻方向，努力追赶或站上世界科技前沿。

第一，要大幅提升自主创新能力，为加快转变经济发展方式提供支撑。加快推进国家科技重大专项，加强重点产业关键核心技术、重大装备和关键产品研发，突破对产业竞争力整体提升具有全局性影响、带动性强的关键共性技术。推动信息化和工业化融合，加快高新技术向传统产业特别是支柱性制造业扩散转移，推动传统产业升级。高起点建设现代产业体系，加快培育和发展战略性新兴产业，掌握关键技术及相关知识产权，形成新的经济增长点，培育未来支柱性、先导性产业。

第二,要紧紧抓住新科技革命和新工业革命的战略机遇,抢占未来科技经济制高点。抓住关系国家全局与长远发展的关键领域和重大问题,聚焦新工业革命可能的战略领域,瞄准可能发生革命性变革的重要基础和前沿方向,凝练重大科学问题和关键核心技术问题,聚焦科技创新目标,超前部署具有前瞻性、探索性的战略先导研究,建设一流科研院所和高水平研究型大学,强化基础研究、前沿技术研究、社会公益技术研究,在关键领域取得重大变革性创新,在战略必争领域取得先导性成果,在科学原理层面取得原创性突破,从源头掌握自主知识产权。

第三,要大力推进协同创新,提高国家创新体系整体效能。发挥政府主导作用和市场在资源配置中的基础性作用,明确不同创新主体的功能定位,完善协同创新的体制机制,推动科技与产业协同创新,推动科技与区域协同发展,推动科教融合,消除科技创新中的"孤岛现象"。以知识产权为纽带,以资本为要素,完善科技成果转移转化激励政策,破除制约科技成果转移扩散的障碍,畅通创新价值链,实现创新资源的合理配置、高效利用和利益共享。

第四,要着力建设创新生态系统,营造激励创新的环境和氛围。通过财税、金融等政策保障科技投入的持续增长,健全竞争性经费和稳定支持经费相协调的投入机制。完善国家人才培养体系,优化人才队伍结构。打通人才流动、使用、发挥作用中的体制机制障碍,探索有利于创新人才发挥作用的多种分配方式。逐步建立和不断完善注重科技创新质量和实际贡献的科研评价体系。深化拓展国际科技合作,充分利用好全球科技创新资源。保障学术自由,鼓励学术争鸣,营造激励创新、宽松和谐的创新文化和政策环境。

第五,必须加强基础研究这个重要支撑。要紧盯短板,加大长期稳定支持力度,促进企业发挥基础研究生力军的作用,落实好相关政策,加大对人才资源的投入,充分调动科研人员的积极性,让他们把国家目标与个人兴趣有机结合起来,自由探索未知空间,在探索奥秘、发现规律中做出更多贡献。同时,把基础研究与应用研究更好结合,推动科技与产业贯通,加速科研成果转化为现实生产力,为创新驱动发展提供更多源头活水。

二、以重大技术突破和重大发展需求为主攻方向

“十四五”时期，我们要在准确研判世界科技进步和产业变革潮流和趋势的基础上，牢牢掌握创新主动权和发展主动权，以重大技术突破和重大发展需求为主攻方向，加快做大做强战略性新兴产业，提高产业链供应链现代化水平，增强产业链供应链抗风险能力，形成特色突出、优势互补、结构合理的产业发展格局。

1. “十四五”战略性新兴产业投资方向

2020年9月，国家发改委、科技部、工信部、财政部等四部门联合印发了《关于扩大战略性新兴产业投资 培育壮大新增长点增长极的指导意见》。文件提出了三方面重点任务，可以看作“十四五”战略性新兴产业投资方向。

第一，聚焦重点产业投资领域。针对《“十三五”国家战略性新兴产业发展规划》中明确的八大战略性新兴产业，在把握好战略性新兴产业发展的客观规律基础上，结合当前产业发展的实际情况，聚焦重点方向、关键环节和未来趋势，加快适应、引领、创造新需求，培育新的投资增长点，推动重点产业领域加快形成规模效应，着力培育壮大新增长点增长极。例如，当前以信息技术为代表的新一轮科技革命和产业变革正在孕育兴起，加大关键核心技术攻关、加快5G商用发展步伐以及推动教育、旅游、市政等产业数字化智能化转型迫在眉睫，要抓住产业数字化、数字产业化赋予的机遇，加快新一代信息技术产业提质增效，推动产业结构转型升级，促进新旧动能转换。

第二，打造产业集聚发展新高地。深入推进国家战略性新兴产业集群发展工程，综合运用财政、土地、金融、科技、人才、知识产权等政策，协同支持产业集群建设、领军企业培育、关键技术研发和人才培养等项目。主要聚焦以下四个方面：一是增强产业集群创新引领能力。围绕战略性新兴产业集群，加快布局建设一批产业创新中心等创新平台，逐步推动集群发展壮大。二是推进产城深度融合。以产业集群建设推动生产、生活、生态融合发展，加快形成以

产促城、以城兴产、产城融合的发展态势。三是聚焦应用场景建设。围绕重点领域,率先在具备条件的集群内试点建设一批应用场景,以先行先试的方式加快推进新兴技术产业化。四是提高产业集群公共服务能力。支持有条件的集群按需开展新型基础设施建设,强化研发设计、计量测试、标准认证等产业公共服务平台支撑。

第三,增强资金保障能力。要求充分发挥市场在资源配置中的决定性作用,更好发挥政府作用,从三方面着力做好扩大战略性新兴产业投资的资金保障工作。一是加强政府资金引导。统筹用好各级各类政府资金、创业投资和政府出资产业投资基金,创新政府资金支持方式,强化对战略性新兴产业重大工程项目的投资牵引作用,按市场化方式引导带动社会资本支持战略性新兴产业发展。二是提升金融服务水平。鼓励金融机构创新开发适应战略性新兴产业特点的金融产品和服务,探索建立新兴产业金融服务中心或事业部。优化发行上市制度,加大科创板等对战略性新兴产业的支持力度。三是推进市场主体投资。依托国有企业主业优势,引领、带动各类所有制企业加大战略性新兴产业投资布局力度。鼓励具备条件的各类所有制企业独立或联合承担国家各类战略性新兴产业研发、创新和产业化等建设项目。

2.“十四五”时期战略性新兴产业主攻方向

党的十九届五中全会通过的《建议》提出,加快壮大新一代信息技术、生物技术、新能源、新材料、高端装备、新能源汽车、绿色环保以及航空航天、海洋装备等产业。推动互联网、大数据、人工智能等同各产业深度融合,推动先进制造业集群发展,构建一批各具特色、优势互补、结构合理的战略性新兴产业增长引擎,培育新技术、新产品、新业态、新模式。

“十四五”时期是我国战略性新兴产业发展的关键时期,越来越多的高新技术会进入大规模产业化商业化应用阶段,成为驱动产业变革和带动经济社会发展的重要力量。“十四五”时期发展壮大战略性新兴产业,既要优化发展已有一定基础的产业,也要前瞻性谋划布局一批新产业。

要坚持工业化与信息化深度融合的发展战略,推进数字化转型行动和工业互联网创新发展工程，利用新一代信息技术对各产业进行全方位、全角度、全链条改造，鼓励互联网、人工智能等数据驱动企业加快向各产业渗透，促进新兴产业之间、新兴产业与传统产业之间以及技术与社会的跨界融合发展。

新一轮技术变革带来的创新驱动和融合发展力量，将不断催生新技术、新产品、新业态、新模式，为形成和壮大战略性新兴产业提供重要的基础支撑。我们要强化市场机制作用，引导企业以市场需求为导向，带动技术突破和应用迭代发展，大力培育智能化产品、个性化定制，为国民经济发展注入源源不断的动力。

三、发展战略性新兴产业的保障措施

战略性新兴产业不是凭空产生的，它需要有配套的保障措施，综合各方面来看，主要应在以下几方面有突破。

1. 着力创造条件吸引全球人才

发展战略性新兴产业，无论是提升关键核心技术攻关的能力，还是充分利用国内外优势条件，都需要高端人才。创新越来越重要，可以预见，下一步创新的国际竞争将会更加激烈，为此我们必须下大力气，着力改革我国的教育、科研、人才管理体制，进一步优化创新的生态环境，着力解决制约创新的诸多"卡脖子"问题，着力营造与新时期创新发展需求相适应的人才管理体制。科技竞争说到底是人才的竞争，在中美贸易摩擦不断加剧的大背景下，加快营造在全球范围内具有竞争力的吸引人才的社会和文化环境，显得尤其紧迫和重要。我们应着力创造能够吸引全球人才来华从事科研教育工作，充分为我国所用的良好环境。只有我们的创新环境、创新生态比别人优，更有吸引力，我们才能最终在科技竞赛中获得竞争优势。

2. 打好关键核心技术攻坚战

党的十九届五中全会强调，打好关键核心技术攻坚战，提高创新链整体效能。这是关系战略性新兴产业发展的重大问题，也是形成以国内大循环为主体的关键。只有加快关键核心技术攻关,努力在关键领域实现自主可控,保障产业链供应链安全,才能畅通国内大循环,掌握发展主动权,实现依靠创新驱动的内涵型增长。随着多年积累,我国的科技发展取得了举世瞩目的成就,从以跟踪为主转向跟跑、并跑、领跑"三跑并存",一些领域进入世界技术前沿。但还必须看到,我们的技术能力跟跑多、领跑少,原始创新少,基础科学研究是短板,一些关键技术领域对外的依存度较高,产业链中存在一定的不安全、不稳定风险。因此,要打好关键核心技术攻坚战,提高创新能力,增强前沿技术供给能力,在核心关键环节取得重要突破。

3. 加快工业化和信息化融合步伐

"十三五"期间,我国工业化和信息化融合步伐加快。智能制造深入推进,一批数字化车间和智能工厂初步建成。工业互联网取得阶段性、标志性成果,网络、平台、安全体系化推进,融合应用覆盖30余个国民经济重点行业,智能化制造、网络化协同、个性化定制、服务化延伸、数字化管理等新业态、新模式快速成长壮大。"十四五"时期,我们要坚持工业化与信息化深度融合发展战略,推动关键核心技术创新突破,加快信息基础设施建设,强化数据资源发展与管理,提升网络信息安全保障能力,不断夯实融合发展的基础。同时,发挥软件作为信息技术关键载体和产业融合关键纽带的重要作用,推动软件对融合发展的有效赋能、赋值、赋智。

4. 促进平台经济、共享经济健康发展

平台经济、共享经济是利用互联网等新一代信息技术,促进资源高效整合与配置利用的新型经济形态。要充分认识到平台经济、共享经济作为新的生产力组织方式,对促进大众创业万众创新、推动产业升级、拓展消费市场、增强发展新动能所具有的重要作用。要鼓励平台企业通过差异化、专业化发展,创新商业模式、改善服务质量,努力提供更多更有质量的新产品、新服务。发展平台经济、共享经济需要宽松有利的监管环境。要坚持鼓励创新和审慎包容原则,探索和创新适应新业态特点、有利于公平竞争的管理机制和办法,改革

不适应的体制机制，适当放宽和完善市场准入条件，降低企业合规成本。但同时，也要注意市场公平竞争的极端重要性，要加强监管和引领，防止形成平台垄断等问题。2021年初，国务院反垄断委员会发布了《关于平台经济领域的反垄断指南》，为预防和制止平台经济领域垄断行为，促进平台经济规范、有序、创新、健康发展提供了重要的引领，需要结合现阶段我国平台经济发展的实际，落实到位。

第四节 推动数字经济与实体经济深度融合

当前世界经济数字化转型加速，在全球经济增长乏力的背景下，数字经济成为撬动经济增长的新杠杆，成为各国提振经济的重要方向。党的十九届五中全会《建议》提出，"推动数字经济和实体经济深度融合，打造具有国际竞争力的数字产业集群"。数字经济和实体经济的深度融合，成为我国实现经济高质量发展的关键。

一、把握"十四五"数字经济新特点

当前，我国经济已由高速增长阶段转向高质量发展阶段，以数字经济为代表的新动能加速孕育形成。2019年我国数字经济增加值达35.8万亿元，占国内生产总值比重达36.2%。[①] 数字化发展从根本上改变了传统经济的生产方式

① 参见马兴瑞：《加快数字化发展》，载《求是》，2021年第2期。

和商业模式，全面渗透和深刻影响实体经济生产、流通、消费各个环节，既有利于经济发展新格局的形成，又有利于拓展经济发展新空间、培育经济发展新动能、推动经济高质量发展。

1.“十四五”时期发展数字经济的重要意义

发展数字经济，就是以信息化培育新动能，用新动能推动新发展。一是实现高质量发展的需要。当前，我国已经进入高质量发展阶段，高质量发展的核心要义是遵循新发展理念，实现经济发展质量、效率和动力变革。数字经济与新发展理念高度契合，数字经济蕴含的科学技术发展体现了创新发展，数字经济依托算法技术助力资源配置体现了协调发展，数字经济以数据为主要生产资料体现了绿色发展，数字经济助力各国开展数字贸易和技术治理体现了开放发展和共享发展。数字经济因其具有高成长性、高知识性、广覆盖性和强渗透性等特性，还深刻改变了传统经济的运行方式、商业模式和产品业态，对于推动三大变革具有深远的战略意义。二是数字经济启动发展新引擎。数字技术将构建新的产业生态，形成更强大的创新活力；数字经济将引领新一轮经济周期，成为经济发展的新引擎。我国总体上已进入工业化后期阶段，经济增长呈现结构性减速。发展数字经济，加快产业数字化智能化改造和先进技术扩散，可以使我国潜在生产可能性边界达到国际前沿水平，释放仍然存在的追赶潜能，为经济发展拓展新空间。[①] 一方面，数字化向企业生产核心环节延伸，通过传感器接入大量设备和工具，实时获取生产和运营信息，提升生产过程管理的时效性、精准性、前瞻性，提高生产效率；另一方面，数字化向企业外部多端延伸，连接供应链、销售链，提升全链条资源配置效率。[②] 三是国际上大国竞争的需要。当前，人类社会正在进入以数字化生产力为主要标志的全新历史阶段，世界主要国家都把数字化作为经济发展和技术创新的重点，能不能适应和

---

① 参见王一鸣：《数字经济启动发展新引擎》，载《人民日报》，2020年7月28日。

② 参见江小涓：《“十四五”时期数字经济发展趋势与治理重点》，载《光明日报》，2020年9月21日。

引领数字化发展，成为决定大国兴衰的一个关键。数字经济是科技创新和技术突破的结果，背后体现的是一国的科技与经济实力，体现的是国与国之间综合国力和国家制度的竞争。“十四五”时期我国将开启建设社会主义现代化国家新征程，发展数字经济能够推动完善科技创新制度体系，进一步提升国家实力和国家竞争力。

2. “十四五”时期数字经济发展的主要机遇

进入21世纪以来，数字技术与经济社会各领域全面深度融合，将进一步推动实现产业数字化、网络化、智能化变革发展。一是数字经济发展基础好。近年来中国数字经济加速发展，具备良好的发展基础。从经济总量来看，“十三五”时期中国数字经济占GDP比重始终在三分之一以上，数字经济增速始终保持在两位数以上，数字经济总规模位居全球第二，中国成为名副其实的数字经济大国。从覆盖规模来看，中国宽带覆盖率、移动网络覆盖率全球领先，宽带网络用户和移动网络用户数量世界第一。从创新发展来看，电子商务、移动支付、共享经济发展迅速，互联网新业态、新模式快速成长，消费互联网全球领先。“十三五”期间我国建成了全球最大的光纤网、4G网，启动部署5G网络。除了网络基础设施，硬件、软件产品也是数字产业化的重要内容。软件产业在“十三五”期间为数字经济发展作出巨大贡献。2019年我国软件产业收入7.2万亿元，同比增长15.4%，一直保持了快速增长。工信部还推动国家层面大数据综合试验区建设，建立8个国家大数据综合试验区、11个大数据领域的国家新型工业化产业示范基地、13个软件名城。[①] 已有成绩的取得，为“十四五”数字经济发展奠定了良好的基础。二是数字经济政策环境好。党中央高度重视数字经济发展，习近平总书记提出“网络强国”“数字中国”战略，多次通过亲自参加或专门致信世界互联网大会、数字中国建设峰会、世界人工智能大会、国际服务贸易交易会等方式，向世界传达加快数字经济发展的决心和信心。发

① 参见《“十三五”期间我国数字经济实现跨越式发展，取得积极成效》，央视网，2020年10月23日。

展数字经济也连续多年被写入政府工作报告,发展数字经济的顶层设计基本完成。《国务院办公厅关于促进平台经济规范健康发展的指导意见》等一系列促进“互联网+”和数字经济发展的政策文件相继发布,发展数字经济的政策体系基本形成。三是疫情推动数字经济创新发展。一方面,疫情推动了数字技术与社会治理、公共服务的深度融合,产业数字化得到快速发展;另一方面,无人配送机器人、智能配送柜等数字新产品加速落地。总的来看,疫情“倒逼”数字经济加速成长。

3. “十四五”时期数字经济发展的制约因素

缺乏合理规范的制度安排,创新跟不上发展的要求,数据呈现无序流动状态等,都是制约发展的因素。一是存在制度短板。数字经济蕴藏着技术创新和模式创新,其对制度要求较高。当前,确保数字经济健康发展的法治体系尚不完备,知识产权、信息安全和数据隐私保护等有关法律法规亟待完善;数字经济发展的市场化程度还不够,数据要素交易机制尚待建立。这些制度短板,在一定程度上束缚着数字经济高质量发展。二是存在技术短板。数字经济区别于其他经济形态的主要特征,就是对数字技术的深入应用与深度依赖。当前,我国在数字经济、数字技术的一些关键领域存在技术短板,集成电路、操作系统等核心技术不能实现自主可控,对外依赖度较高,产业发展受制于人。近年来,我国一些科技制造公司因屡次在芯片等关键元器件上被美国断供或威胁断供,不得不接受所谓“罚款”或启动“备胎”计划,一定程度上增加了研发和生产成本,也凸显了核心技术不掌握在自己手里的巨大风险。三是存在均衡短板。我国数字经济总体呈现快速发展态势,但也在一些领域存在发展不均衡的问题。比如,行业发展不均衡,数字技术与服务业融合程度较深,但其与工业、农业融合还有待加强;地区发展不均衡,发达地区数字经济发展较快,但欠发达地区仍显滞后。

二、"十四五"时期数字经济的发力点

"十四五"时期我国进入新发展阶段，要打造"十四五"时期数字经济新优势，就必须围绕党中央战略布局，推动数字经济在关键领域加速发展。

1. 围绕畅通"双循环"培育数字新产业

构建以国内大循环为主体、国内国际双循环相互促进的新发展格局，完善内需体系、畅通国内经济循环、更好融入国际经济循环是今后我国经济发展的主要策略。数字经济在加速资源流转、提高经济效能方面作用明显。一是促进数字经济消费。要在巩固好电子商务、网络出行等业态良好发展的基础和势头的前提下，加强对在线教育、在线医疗、在线协同生产等新消费业态的政策支持，通过减免税费、提供补贴等方式鼓励新业态发展壮大，繁荣数字经济消费市场。二是建设数字流通体系。现代流通体系建设是构建新发展格局的有力支撑，数字经济在提升流通效率方面作用明显。要依托大数据技术建立和完善数字化产品追溯体系和社会信用体系，依托人工智能、数字基础设施建设加快布局智能物流体系，依托区块链技术加快创新物流金融体系，加快形成数字化、智能化流通网络。三是加大数字经济开放。通过数字经济、数字技术有效联通内循环和外循环，促进"双循环"协同发展。积极利用中国国际服务贸易交易会、"一带一路"等新型国际合作平台，加强数字经贸领域国内外合作；加快推动世界电子贸易平台建设和发展，建立若干区域性数字贸易试验区，推动跨境电子商务、技术交易、数据交易的制度化、规范化。

2. 围绕培育新动能发展数字新业态

实现"十四五"时期高质量增长，既需要传统动能的持续发力，更需要新动能的不断加入。与传统动能相比，新动能突出表现为对信息技术的运用，以及由此带来的经济效能的大幅提升。发展数字经济新业态是培育新动能的有效途径。一是加快推动产业数字化。加强数字技术与制造业、农业的深度融合，

推动智能制造、智能生产、智慧农业尽快形成成熟的生产经营模式，尽快形成产业规模效应，实现数字技术对传统产业的深度赋能和提质增效；创新数字技术与服务业的融合发展，着力建设智慧交通、智慧物流、智慧金融等新型服务业；加快建设产业互联网，重点推动生产制造、商贸流通、教科文卫等领域与互联网、人工智能深度融合，在打造产业互联网示范平台的基础上，着力建立国家级产业互联网平台，通过数字化手段不断提升传统产业效能，催生新兴产业形态。二是加快发展数字新产品。随着大众消费习惯的改变，无接触经济、智能经济将更受欢迎，相关产品也将更有市场。要着力发展基于新技术的无人经济，加强对生产、物流、配送、看护等领域机器人、无人机的研发，破除阻碍新产品落地的有关政策障碍。三是加快打造共享新动力。在鼓励共享经济发展的基础上，重点支持共享生产，推动生产平台、数据资料和劳动就业共享，有效降低社会资源闲置率，提高社会总的生产效率。

3. 推动中国制造向中高端迈进

近年来，智能制造在我国呈现加速发展势头，应用规模逐渐扩大，融合层次逐步提高，初步形成了全方位、多层次、宽领域的发展格局。一是有效推动了传统制造业的智能化升级。二是带动了一批战略性新兴产业的发展。智能制造技术、先进智能工艺在重点行业和领域不断得到普及，工业机器人、智能仪器、智能数控机床等关键技术装备取得长足发展。三是探索形成了一批可复制、可推广的新模式。不同行业积极探索适合自身的智能制造发展模式，形成了高水平、示范性智能制造快速发展的势头。智能制造对多数传统企业来说属于新兴技术领域，在改造过程中要找到落脚点。一方面，要寻找智能制造落地的“撬动点”，推动“生产换线”“设备换芯”“机器换人”，从而使制造业接上互联网的“云端”，安上智能的“大脑”。另一方面，要破解技术受制于人的难题。我国应加强共性技术攻关，加大基础设施建设力度，突破关键流程、重要领域、特殊工艺的技术瓶颈，强化对企业智能制造的技术支撑。

4. 围绕激发新活力发展数据新要素

"十四五"时期，数据将成为重要的生产资料，有效激活数据要素的价值是事关生产力发展水平、事关经济发展质量的关键所在。一是推动数据配置高效化。要加大数据开放和共享力度，实现政府非涉密数据免费向市场主体开放，支持各类企业开展基于政府开放数据的公共服务、公共产品创新；推动企业向政府积极提供基于大数据的趋势信息、预警信息，为政府决策提供重要参考。二是推动数据交易市场化。建立和规范有关数据确权、交易、分配的制度体系，建立健全体现数据权利人权益的、市场化的、基于数据的分配机制，让数据参与分配落到实处，激活数据潜在的价值。三是推动数据资产价值化。在实现数据交易市场化的基础上，尽快建立健全数据资产评估、数据资产入股的实施细则，让数据权利人共享数字经济发展的红利。

5. 围绕打造新优势发展数字新基建

近年来，党中央多次提出发展以5G、数据中心、人工智能、产业互联网为主要内容的"新基建"。一是大力发展数字基础设施。要以区域协调发展为准则，合理布局5G、数据中心等基础设施，避免新基建在区域之间、省域之间的无序发展和过度竞争，扩大新基建的区域覆盖范围，提升新基建单位产出效率；要以智慧城市建设为载体，加快城际高速铁路、城市轨道交通和新能源汽车充电桩建设，积极培育新基建的消费场景，推动新基建与城市之间的共同拉动、协同发展。二是重点加强核心技术攻关。核心技术是数字新基建的灵魂，也是数字经济产业的根基所在。要聚焦高端芯片生产、工业软件研发等影响数字经济发展的关键领域核心技术，加大技术攻关力度，尽早实现高端芯片等核心电子元器件的全产业链自主可控，加快在若干领域实现工业软件的技术突破。要营造鼓励技术研发的制度环境，建立自主可控产品的容错机制，推动自有技术、自有产品尽快发展壮大。

6. 建设完善良好的市场环境

一方面，要加强数字经济协同治理。数字经济具有高渗透、变化快、技术壁垒高、跨界流动强等特征，依靠传统政府监管已无法实施有效治理，必须发挥企业主体的自治作用和社会主体的共治作用，构建协同治理体系，实现数字经济的协同化治理。另一方面，要优化数字经济营商环境。按照市场化、法治化、国际化、便利化原则，放宽数字经济市场准入，鼓励数字新业态发展，允许企业主体涉足新业态、新模式；创新数字经济市场监管，发挥平台监管和行业自律作用，更多采用柔性监管、容错监管等方式，给予数字经济企业一定的成长空间；优化数字经济政务服务，加快建立和完善全国一体化政务服务平台，加快有关数字经济的法律法规建设，为数字经济发展提供良好的政务环境和政策环境。

第五节　坚定不移建设制造强国

制造业是立国之本、兴国之器、强国之基，是实体经济的重要基础，是建设现代化强国的产业基石，也是大国博弈、国际产业竞争的焦点。新中国成立以来，特别是改革开放以来，经过艰苦奋斗和奋力赶超，我国制造业发展取得巨大成就，推动工业化不断迈上新台阶。我国制造业的增加值和出口产品价值均居世界首位，并且拥有世界上最齐全的工业门类和最大的产业大军；在一些高科技领域，我国已然进入世界第一阵营，是制造业大国、全球制造业中心。但从总体上看，我国制造业仍处于全球价值链的中低端，高端产业发展不足，大而不强，在一些产业部门和环节还存在不少短板。面对百年未有之大变局，要充分发挥中国特色社会主义制度优势，积极利用我国制造业长期积累的发展优势，推动中国制造与中国市场互动融合，坚定不移建设制造强国，开创我国制造业高质量发展的新局面。

一、加速制造业高质量发展，应对新发展阶段战略要求

从主要工业化国家制造业的发展历程来看，制造业的转型升级和高质量发展贯穿于整个工业化的历史进程，特别是进入工业化中期以后，随着经济发展和收入水平的提高，制造业一般都会经历综合成本上升的压力，这时需通过产业升级，实现向价值链高端的攀升。推动制造业高质量发展，坚定不移建设制造强国，是适应我国经济发展阶段变化、社会主要矛盾变化，建设现代化经济体系，推动经济高质量发展，全面建设社会主义现代化国家的要求。我国作为制造业大国还有一些短板，如创新能力还不够强，产业结构不合理，低端产能过剩，高端、高质量产品和服务供给不足，难以适应新发展阶段的需要。当前，新一轮科技革命和产业变革方兴未艾，正在推动制造业进入"智能化"时代，这对我们来说是一个转变发展方式的重要机遇。

二、立足国内大循环，充分利用国内国际两个市场

对于制造业企业来说，新发展格局既是挑战也是机遇，要努力在变局中开新局。一方面要聚焦立足国内大循环，瞄准国内市场。要充分利用国内超大规模市场优势和巨大消费潜力，把握好发展方式转变、经济结构优化、增长动力转换和生产力空间布局调整带来的新机遇，积极推动企业转型升级，培育企业新的增长点。另一方面，有条件的企业要积极实施"走出去"战略，利用好国外市场。立足国内大循环不是要重走封闭道路，相反还要以更大力度推进对外开放。制造业企业要充分利用我国最大制造规模、最全产业链的比较优势，走出国门，在国际竞争中锻炼成长，积极掌握关键核心技术，实施国家品牌战

略，拓宽高端制造产品的国际市场，推动关键领域的进口替代。

三、补足制造业高质量短板，提升企业竞争力和控制力

是否拥有制造业生态主导企业、是否拥有具备“撒手锏”的核心环节的技术和零部件供应企业，是决定企业竞争力、控制力的关键。我国制造业企业整体上还没有像美国、日本、德国那样已经通过技术、标准、知识产权走到了产业链的上游，整体竞争力、控制力仍然较弱，必须奋勇争先、自强向上。制造业企业要加快以信息技术、新能源革命为核心的科技创新成果产业化运用，推动传统制造业通过工艺改进、设备改造、产品升级、技术增值提升发展能力，持续催生新产业、新业态和新组织；主动对标国际先进制造业企业的技术标准，锁定优势环节，加强核心技术研发，提高原始创新能力，在重要环节和核心技术上取得突破；以制造业创新中心建设、智能制造、工业强基、绿色制造、高端装备制造等为主要抓手，打造高质量的创新平台，推动创新能力明显提升。重要的是，打造国际一流企业的关键在人，在企业的领导者。华为等一批国际知名企业的成长历程充分表明，企业家们勇于创新、敢于担当、追求卓越的精神，是统帅企业发展一切要素的核心灵魂，是从根本上引领企业加强团队建设，不断勇攀新高峰的必要条件。

四、发扬大国工匠精神，大力培养高端人才

“盖有非常之功，必待非常之人。”工匠精神是一种严谨认真、精益求精、追求完美、勇于创新的精神。党的十八大以来，习近平总书记多次强调要弘扬工匠精神，并强调“工业强国都是技师技工的大国，我们要有很强的技术工人队伍”[①]。作为世界第二大经济体，我国高技能人才的占比与世界上的制造业强

---

①《习近平与劳模座谈：缘何说工业强国都是技师技工大国》，新华网，2013年5月2日。

国有着显著的差距。弘扬工匠精神，亟需培养数以亿计的技术工人。制造业企业要看到高端人才在制造业高质量发展中所起到的关键作用，重视实施专业人才的储备工作并重点培育人才技能，力争把孕育创新优质人才、提升员工整体素质作为企业管理的重要内容。企业要帮助员工树立与企业愿景相一致的价值观，达成企业内部环境与员工自身相和谐的局面，为企业今后的发展及变革打好坚实的基础；创新学习型组织，形成具有可操作性、可持续性的激励机制，为员工的创新进取提供不竭动力；优化企业培训教育体系，促使员工掌握更多必备技能，使得业务操作范围更广、体量更大。此外，在核心技术发展层面，企业应帮助相关人才更好地投身于专业领域，聚焦专业技术，使我国制造业发展更上一层楼。

第五章
协调发展：建设高水平市场经济体制

第一节
激发各类市场主体活力

党的十九届五中全会通过的《建议》提出，将激发各类市场主体活力作为全面深化改革、构建高水平社会主义市场经济体制的重要任务。这是坚持和完善社会主义基本经济制度，着眼全面建设社会主义现代化国家作出的重大战略部署。

一、激发国企活力，切实增强竞争力、影响力

党的十八大以来，新时代国有企业改革取得了积极进展，“四梁八柱”都已完备，未来需要进一步分类、全面系统地推进改革。党的十九届五中全会提出，深化国资国企改革，做强做优做大国有资本和国有企业，发挥国有经济战略支撑作用。这为激发国有企业活力进一步指明了方向。

国有企业是中国特色社会主义的重要物质基础和政治基础，是党执政兴国的重要支柱和依靠力量。党的十八大以来，国有企业改革发展取得重大进展，规模实力明显提升，发展活力持续增强，为推动经济社会发展、保障和改善民生、增强综合国力作出了重要贡献。要按照党的十九届五中全会要求，坚持和加强党对国有企业的全面领导，贯彻新发展理念，统筹发展和安全，紧紧围绕构建新发展格局，推进国有企业的改革。

1. 加快国有经济布局优化和结构调整

加快国有经济布局优化和结构调整，这是激发国有企业活力的重要前提。改革开放以来，特别是20世纪90年代中期以后，随着国有企业改革的深化，大量经营不善的国有企业“关停并转”，国有经济不断向优势行业集中。一是引入

民营资本助推改制，从中小企业层面退出国有资本。二是通过政策性破产，一批困难企业退出市场。一些大中型国有企业由于区域布局、定位不合理以及历史欠账等原因，长期处于发展困境，国家为此实施了政策性关闭破产及相关措施。三是引入公司制股份制改革，国企产权结构发生变化。国企公司制股份制改革取得积极成效，企业产权结构发生显著变化，竞争力得到有效提升。[①]国有企业如何合理分布是一个经验实证问题，取决于一个国家的具体国情及其动态发展过程。继续深化改革，调整国有经济布局需要坚持“有进有退，有所为有所不为”的核心精神，根据构建新发展格局的要求，进一步优化国有企业布局，而评判标准就是习近平总书记在2016年全国国有企业党的建设工作会议上所提出的“三个有利于”，即有利于国有资产保值增值、有利于提高国有经济竞争力、有利于放大国有资本功能。

2. 加快完善中国特色现代企业制度

加快完善中国特色现代企业制度，这是激发国有企业活力的重要基础。早在20世纪80年代中期，我国经济理论界就开始从企业管理角度介绍关于现代企业的有关知识，并试图将其运用到我国国有企业的管理中来。经济理论界从经济学角度明确使用“现代企业制度”概念大概是在20世纪80年代后期。然而当时关于现代企业制度的讨论并没有成为热点，直到1993年承包制模式被基本放弃以后，才有更多的人逐渐加入到国有企业建立现代企业制度的讨论中来。1993年11月召开的党的十四届三中全会上通过的《中共中央关于建立社会主义市场经济体制若干问题的决定》，明确提出“转换企业经营机制、建立现代企业制度”的改革思路，这意味着国有企业改革进入了制度创新的新阶段。2014年12月，习近平总书记在中央经济工作会议上强调，要“把加强党的领导和完善公司治理统一起来”。2015年9月，中共中央、国务院印发《关于深化国有企业改革的指导意见》，提出了“两个同步”和“四个对接”。“两个同步”是指党的建设与国有企业改革同步谋划、党的组织及工作机构同步设

---

① 参见张学勇：《国有经济布局结构调整研究》，载《中外企业家》，2015年第3期。

置。“四个对接”即体制对接、机制对接、制度对接和工作对接，要确保党的领导、党的建设在国有企业改革中得到体现和加强。此外，又将“国有企业党组织在公司治理中的法定地位更加巩固，政治核心作用充分发挥”写进国企改革的主要目标。党的十九届四中全会明确提出，深化国有企业改革，完善中国特色现代企业制度。坚持党对国有企业的领导是重大政治原则，必须一以贯之，建立现代企业制度是国有企业改革的方向，也必须一以贯之。完善中国特色现代企业制度，关键是要抓住党的领导与公司治理相结合这点，通过强化制度建设，使党的领导与公司治理高度统一、有机融合。

3. 深化国有企业混合所有制改革

深化国有企业混合所有制改革，这是激发国有企业活力的重要途径。改革开放以来，我国的所有制结构从纯而又纯的公有制经济发展为多种所有制经济并存，党的十五大把“公有制为主体、多种所有制经济共同发展”确立为社会主义初级阶段的基本经济制度，这就为发展混合所有制经济提供了制度基础。党的十八届三中全会通过的《中共中央关于全面深化改革若干重大问题的决定》提出，国有资本、集体资本、非公有制资本等交叉持股、相互混合的所有制经济，是基本经济制度的重要实现形式，有利于国有资本放大功能、保值增值、提高竞争力。混改之后，混合所有制企业的投资者将成为国有企业的合作伙伴，这些新进入的投资者将会对混改公司的体制机制、公司治理结构和公司发展产生重要的影响。混改合理设计和调整优化混合所有制企业股权结构，拓宽社会资本参与渠道，进一步发挥各类基金的支持和促进作用，积极引入高匹配度、高认同感、高协同性的战略投资者参与公司治理，稳慎开展混合所有制企业骨干员工持股。推动混合所有制企业深度转换经营机制，在股东充分协商的基础上依法制定章程，切实维护各方股东的合法权益，严格落实董事会各项法定权利，支持对公司治理健全的国有相对控股混合所有制企业依法实施更加市场化的差异化管控。

4. 健全以管资本为主的国有资产监管体制

党的十八大以来,完善国有资产管理体制方面有了新的推进,核心是以管资本为主加强国有资产监管,改革国有资本授权经营体制;国有资本投资运营要服务于国家战略目标,更多投向关系国家安全、国民经济命脉的重要行业和关键领域,重点提供公共服务、发展重要前瞻性战略性产业、保护生态环境、支持科技进步、保障国家安全。实现国有资产管理体制由以管企业为主向以管资本为主转变,有利于解决国有资产监管工作中存在的越位、缺位、错位等问题,有利于形成更加符合基本经济制度和社会主义市场经济发展要求的国有资产管理体制、现代企业制度、市场化经营机制。2014年国务院国资委选择中粮集团、国投公司开展国有资本投资公司试点工作,探索国有资本投资公司功能定位、体制机制和运营模式。2016年以来,国务院国资委将试点扩大到"2＋8"共10家企业,即诚通集团、中国国新2家试点运营公司以及国投公司、中粮集团、神华集团、宝武集团、中国五矿、招商局集团、中交集团、保利集团8家试点投资公司。与此同时,地方国有资本投资、运营平台布局加速发展,并形成了上海模式、重庆模式、山东模式3种典型管理模式。2018年,国务院印发《国务院关于推进国有资本投资、运营公司改革试点的实施意见》,进一步细化推进国有资本投资、运营公司试点的工作。推动国资监管机构职能转变,坚持授权与监管相结合、放活与管好相统一,优化监管方式手段,注重通过公司章程、法人治理结构履职尽责,对不同企业实行差异化分类考核、分类监管,强化监督协同、严格责任追究,切实维护国有资产安全。

二、激发民营企业活力,毫不动摇鼓励支持引导非公有制经济发展

改革开放以来,民营经济得到大发展,从理论上来讲,发展民营经济是我国社会主义市场经济体制建设的必然选择;从现实情况看,民营经济为我国经济社会健康发展做出了巨大贡献。推动民营经济实现更大发展,既要通过深

化改革、优化治理、改善管理提高民营企业的核心竞争力，又要为民营企业创造更好的发展环境和条件。

1. 优化民营经济发展环境

良好的发展环境，能够让民营企业专心创业、放心经营、安心发展。当前，民营经济发展环境仍然存在一系列问题。一是社会上对民营企业存在认识上的偏见。改革开放以来，我国对民营经济的认识不断深化，民营经济受到的重视程度不断提高，尤其是党的十八大以来，党中央出台了很多改革举措，鼓励和促进民营经济发展。但是，民营企业的实际地位仍不可与国有企业相提并论，尽管党中央和国务院给予民营企业充分的认可，但是在地方实际调研时，有的民营企业家反映地方政府把民营企业"像贼一样地提防着"。二是约束民营企业的生产经营。在竞争性行业，民营企业的发展已经取得了卓越的成绩，甚至在国际市场上也占有一席之地。但是，在国内的垄断性行业，民营经济面临较高的准入门槛，隐性或显性门槛挤压着民间投资空间。三是民营经济发展缺乏稳定预期。政府的诚信问题是当前民营企业提及较多的一个重要问题。一些政策缺乏延续性和连续性，导致民营企业家缺乏稳定的预期；制度性交易成本仍然存在，营商环境仍需改善，政府的简政放权、"放管服"改革仍在路上。四是民营企业的融资问题仍然突出。金融去杠杆是化解我国金融系统性风险的重要手段。但是，去杠杆也会带来阵痛，直接的影响是融资环境的收紧，信用紧缩，从而可能导致潜在风险的显性化。此外更为重要的是，由于存在不对称效应，在国家金融去杠杆、严监管背景下，民营企业尤其是中小企业融资贵、融资难现象更加突出。

因此，要营造更好的发展环境支持民营企业改革发展。一是夯实市场经济基础性制度，优化公平竞争的市场环境。要深化"放管服"改革，进一步放开民营企业市场准入，实施公平统一的市场监管制度，强化公平竞争审查制度刚性约束，破除招投标隐性壁垒。二是加大支持性政策力度，完善精准有效的政策环境。切实落实更大规模的减税降费，进一步减轻企业税费负担，健全银行业金融机构服务民营企业体系，完善民营企业直接融资支持制度，健全民营企业融资增信支持体系，建立清理和防止拖欠账款长效机制。三是完善法治保障制度，健全平等保护的法治环境。要围绕民营企业家普遍关心的法治问题，以健全执法司法对民营企业的平等保护机制和保护民营企业及企业家合法财产为重点，着力完善法治制度，优化法治环境。四是构建亲清政商关系，营造更加公平有序竞争的营商环境。既要加快建立规范企业依法经营和诚信经营的制度，又要尽快出台惩戒"为官不为"、鼓励"为官有为"的措施，使政府主动作为，靠前服务，引导帮助，解决困难，使民营企业积极主动与政府部门沟通交流，讲真话、说实情。当前，要着力建立规范化、机制化的政企沟通渠道，完善涉企政策制定和执行机制，创新民营企业服务模式，建立政府诚信履约机制。五是鼓励引导民营企业改革创新，提升技术创新能力和核心竞争力。要引导民营企业深化改革，鼓励有条件的民营企业加快建立现代企业制度，支持民营企业加强创新，鼓励民营企业转型升级优化重组，完善民营企业参与国家重大战略实施机制。[①]

2. 依法平等保护民营企业产权和企业家权益

从发展实践看，国家的竞争在一定程度上是产权保护制度的竞争。切实有效地保护民营经济的财产权，不仅是我国经济社会持续健康发展的基础，也是完善社会主义市场经济体制的必然要求，更是激发和提振民间投资的重要激励举措。改革开放以来，我国政府一直重视产权制度的建立和完善，产权保护意识不断加强，产权制度改革稳步推进。进入21世纪以来，我国已初步形成了归属清晰、权责明确、保护严格、流转顺畅的现代产权制度和产权保护的法律框架，有效合理的产权保护制度推动了我国民营经济发展。当前，民营经济占GDP比重已超过60%，对税收的贡献率已超过50%，对就业的贡献率已超过80%。可以说，民营经济能够快速发展在一定程度上是基于我国现代产权制度的不断改革和完善。

在看到成绩的同时，我们也要看到一些方面的不足。近些年来，我国经济

① 参见黄锟：《完整准确理解"两个毫不动摇"》，载《学习时报》，2020年10月14日。

结构转型进入加速期,已由高速增长转变为高质量发展,民营经济发展出现了一些不适应的状况,应当说更加迫切地需要加强产权保护,以提振发展经济的信心。但与迫切的发展需要相比,我国的产权保护制度依然存在一些薄弱环节,诸如地方政府不依法行政、公权侵害私有产权、不履行合同、守信践诺机制不完善等突出矛盾和问题。有些问题的累积,已经严重影响了市场信心,甚至影响了市场预期。

为此,要依法平等保护民营企业产权和企业家权益。公有制经济财产权不可侵犯,非公有制经济财产权同样不可侵犯。要实施好民法典和相关法律法规,依法平等保护国有、民营、外资等各种所有制企业的产权和自主经营权,依法保护企业家合法权益。要加大对民营企业的刑事保护力度,提高司法审判和执行效率,保障民营企业家的人身和财产合法权益。

3. 促进中小微企业和个体工商户发展

中小微企业和个体工商户是数量最多的市场主体,必须保护好、发展好,为经济发展留住青山、厚植基础。目前一些中小微企业依然面临发展难题,生存压力较大。一是资金缺口大。受疫情、生产要素价格波动等因素影响,中小企业的销售压力不断加大,大量资金滞留在生产环节,存货占用资金上升,金融部门资金不能灵活扶持。二是生产经营成本上升。劳动力成本上升,土地、能源、原材料价格上涨,环保约束加剧等因素,导致企业经营成本不断上升,企业负担沉重。三是政策落实不够。比如减免房租和倒贷、续贷政策等难以落到实处,有的企业因疫情无法正常运行,导致出现不良记录。四是应对外部环境变化的反应不迅速,临时决策能力较差。五是企业的创新性不足。部分中小企业不重视产品和服务的更迭,因此在新兴消费的需求市场面前无能为力。

习近平总书记指出,要千方百计把市场主体保护好,为经济发展积蓄基本力量。在我国1.32亿户市场主体中,有3000多万中小企业、8000多万个体工商户。可以说,中小企业是稳就业的主要渠道、保产业链稳定的重要环节,也是保市场主体的关键。我国中小企业存在行业分布广泛、经营规模小、经营相对灵活等特征,但普遍存在着技术实力薄弱、管理水平较低、抗风险能力差、资金流动性不足等问题。新冠肺炎疫情虽然对餐饮业、旅游业、线下教育等传统行业带来较大的冲击,却使网上购物、短视频等线上行业更大范围地被公众所知晓,从根本上打破了大众的传统消费观念。疫情结束后,中小微企业线上业务比例也一定会出现稳步增长态势。

为推动民营中小企业转型升级创新发展,工信部出台了一系列政策举措。一是引导中小企业专精特新发展。包括培育一批专精特新“小巨人”企业和制造业单项冠军企业。通过国家中小企业公共服务示范平台、小微企业创业创新示范基地、国家双创特色载体等,加强对优质企业的梯度培育。二是实施数字化赋能专项行动。比如,加强工业互联网关键核心技术和产品攻关、公共服务平台和系统解决方案供应商的培育,助力中小企业转型升级。三是加强对创新创业的支持。比如,实施中小企业知识产权战略推进工程,抓好《保障中小企业款项支付条例》的贯彻落实,保护中小企业的合法权益等,持续优化中小企业创新环境。

为此,促进中小微企业和个体工商户发展,要加大税费、融资等政策支持力度,实施好降低增值税率、扩大享受税收优惠小微企业范围、加大研发费用加计扣除力度、降低社保费率等政策,确保各项支持措施直达基层、直接惠及市场主体。完善促进中小微企业和个体工商户发展的法律环境和政策体系,支持企业更好地参与市场合作和竞争,进一步激发中小微企业和个体工商户的活力和创造力。

三、弘扬企业家精神,加快建设世界一流企业

改革开放以来,一大批优秀企业家在市场竞争中迅速成长,一大批具有核心竞争力的企业不断涌现,为积累社会财富、创造就业岗位、促进经济社会发展、增强综合国力作出了重要贡献。其中,优秀企业家所起的作用和形成的企业家精神需要大力弘扬。全面建设社会主义现代化国家,必须有一批能够体现国家实力和国际竞争力、引领全球科技和行业产业发展的世界一流企业作支撑。党的十九届五中全会提出,弘扬企业家精神,加快建设世界一流企业,

为激发各类市场主体活力、实现更好发展明确了目标指引。

1. 以企业家精神把握时代机遇

何为企业家精神？这既是一个古老的学术命题，也是一个内涵不断丰富的范畴。企业家精神是一种无形的资源，是一种决策和行动能力，是一个国家产业竞争优势的主要来源。作为经济发展中的最重要的无形资源，企业家精神具有独特性，主要表现为四种独特能力：一是企业家的认知能力。企业家在决策过程中使用的是基于直观推断的逻辑，使用直观推断方法可以简化决策过程。二是企业家的发现能力。这可以归结为当某种机会出现时，企业家具有抓住这种稍纵即逝的机会的洞察能力。三是企业家的实现机遇能力。一般的技术知识型专家不具备企业家所拥有的那种专业化的投资能力。四是企业家的协调知识能力，也就是熊彼特所说的“新的资源组合”的形式。[①] 企业家精神是市场经济中的一种独特的能力。习近平总书记指出：“我们全面深化改革，就要激发市场蕴藏的活力。市场活力来自于人，特别是来自于企业家，来自于企业家精神。”

也有学者认为，企业家具有两个基本职能——套利与创新，这两个职能是经常混合在一起的。企业家是那些发现市场不均衡的人。市场的不均衡意味着存在盈利的机会，因此，发现不均衡就是发现盈利的机会。正因为有了企业家，让追逐利润的竞争起到纠正市场错误的效果，使得资源得到更有效的配置。随着利润和机会逐渐减少，市场趋向均衡，而创新则打破这种均衡，并创造新的潜在的均衡点。传统经济是一种均衡经济和循环经济，而通过创新生产，能够发现新的原材料，开发新产品，引入新的生产方式，形成新的组织形式，从而带动新的市场。[②] 套利和创新推动着社会的资源优化配置。

改革开放以来，一大批有胆识、勇创新的企业家茁壮成长，形成了具有鲜

---

① 参见刘志彪：《当务之急是保护企业家的“环境再造”》，载《人民政协报》，2017年10月12日。

② 参见张维迎在北京大学第一期国家发展系列讲座上的演讲，北京大学国家发展研究院网站，2017年11月29日。

明时代特征、民族特色、世界水准的中国企业家队伍。习近平总书记指出："民营企业家要珍视自身的社会形象，热爱祖国、热爱人民、热爱中国共产党，践行社会主义核心价值观，弘扬企业家精神，做爱国敬业、守法经营、创业创新、回报社会的典范。民营企业家要讲正气、走正道，做到聚精会神办企业、遵纪守法搞经营，在合法合规中提高企业竞争能力。"① 2020年7月，习近平总书记在主持召开企业家座谈会时指出："企业家要带领企业战胜当前的困难，走向更辉煌的未来，就要在爱国、创新、诚信、社会责任和国际视野等方面不断提升自己，努力成为新时代构建新发展格局、建设现代化经济体系、推动高质量发展的生力军。"② 这些讲话，不仅再次为国内企业战胜当前困难、快速恢复生产、推动高质量发展增添了干劲，而且进一步丰富了企业家精神的时代内涵。

2. 高质量发展需要企业家精神助推

企业的发展状况决定着整个经济体系的活力，只有各个企业都积极追求质量变革、效率变革与动力变革，才能最终推动整个经济体系的质量变革、效率变革和动力变革。企业的发展离不开企业家，离不开企业家精神的作用。有效发挥企业家精神，是企业发展有活力的前提条件。从这个意义上看，实现经济的高质量发展，离不开追求质量变革、效率变革、动力变革的企业家和企业家精神的作用。一定程度上，企业家精神是未来我国经济发展质量提升、效率提升和动力提升的重要催化剂。③ 党的十九大报告中进一步强调："激发和保护企业家精神，鼓励更多社会主体投身创新创业。"高质量发展呼唤企业家精神，这个企业家精神将实现质量变革、效率变革和动力变革作为主要追求，是与我国当前及今后一个时期实现经济高质量发展的历史要求高度契合的。

企业家独特的创新精神，使得企业家具有对生产要素进行革命性、破坏性、创新性配置的能力，通过管理创新、组织创新，能够提升企业范围内资源配

① 参见《习近平谈治国理政》（第3卷），外文出版社2020年版，第267—268页。

② 参见《习近平在企业家座谈会上的讲话》，载《人民日报》，2020年7月22日。

③ 参见张蕴萍：《高质量发展呼唤企业家精神》，载《光明日报》，2018年12月21日。

置的效率。长盛不衰的企业大都十分注重创新,即使在处于市场主导地位时也不止步,主动推进各方面变革和创新,以获得持续的竞争优势。相反,有的企业没有始终坚持创新,导致一度领先的核心产品成为进一步创新的障碍,最终被市场淘汰。企业家天生具有的创新精神是保持经济长期增长活力的原动力,这已经得到理论和实践的充分验证。而以精益求精、追求卓越为核心的工匠精神则是高质量产出的有力保障,甚至是企业发展、经济社会进步的源头和内生动力。在我国经济发展新时代,在追求高质量发展的过程中,企业家将工匠精神注入全产业链条的各个环节,能够回归至提高产品或服务核心竞争力的初心,有利于在企业微观层面、产业中观层面逐渐实现从"重量"到"重质"的转型升级,最终推动我国经济发展实现从"中国速度"向"中国质量"的历史性跨越。

高质量发展,要加快建设世界一流企业。打造一批世界一流企业,是实现高质量发展、构建新发展格局的重要支撑。以创新发展引领世界一流,深化科技创新、制度创新、业态和模式创新,集中力量加快关键核心技术攻关,形成一批引领全球行业技术发展的领军企业。以产业集成支撑世界一流,加快产业转型升级,积极参与国际标准制定,在产业链价值链上不断向高端迈进,形成一批在全球产业发展中具有重要话语权和影响力的领军企业。

第二节 健全高标准市场体系

市场体系是社会主义市场经济体制的重要组成部分和有效运转基础。健全市场体系基础制度建设,是保障市场体系有效运行的根本。改革开放40多年来，特别是党的十八大以来，我国市场体系建设取得了巨大成就，对经济持续健康发展和社会主义市场经济体制不断完善发挥了重要作用。党的十九届五中全会将“健全市场体系基本制度”，列入“十四五”时期全面深化改革，构建高水平社会主义市场经济体制之中，这是党中央对中国特色社会主义市场经济发展提出的新的更高要求。

一、全面完善产权保护制度

产权是所有制的核心，产权制度是市场经济运行的基石。建设高标准市场体系，要求健全归属清晰、权责明确、保护严格、流转顺畅的现代产权制度，健全产权执法司法保护制度。“十四五”时期，要把全面完善产权保护制度，作为健全市场体系的基础制度来建设。

1. 完善产权保护制度的重大意义

从一定意义上讲，改革开放的进程就是产权制度完善和发展的进程。当年小岗村的农民首先就是对产权规则进行重新安排，使之成为联产承包责任制的主体一方，在生产过程中对生产资料拥有支配权，对生产收益拥有契约保障的分配权。对外开放首先要依法认可外资产权，并认可其产权作为分配依据。个体工商户、私营企业、民营公司等非公有制经济的出现与发展，同样是以投资权益获得法律确认与保护为先决条件的。[①] 产权制度是市场经济的基础性制度。产权不同于所有权，产权是以所有权为基础派生的一组权利，包括使用权、经营权、收益权和处置权及其分解出的其他权利。对所有权派生的各项权能进行法律界定就是产权制度。[②] 完善的产权制度有利于深化市场分工，降低交易成本，提高资源配置效率。

---

① 参见陈甦：《严格保护产权　筑牢社会主义市场经济之基》，载《光明日报》，2020年6月5日。

② 参见王一鸣：《建设现代化经济体系论纲》，广东经济出版社2020年版，第224页。

第一，完善产权制度是巩固和完善基本经济制度的内在要求。公有制为主体、多种所有制经济共同发展是我国的基本经济制度。公有制经济和非公有制经济都是社会主义市场经济的重要组成部分，都是我国经济社会发展的重要基础。健全以公平为核心的产权保护制度，依法保护各种所有制经济产权的合法权益，保障公民和法人的财产权利，是完善基本经济制度的内在要求。在社会主义基本经济制度下，要完善产权保护制度，就要对不同所有制、不同主体实行平等保护，不仅保护公有制经济，也要保护非公有制经济。社会主义基本经济制度的根本目标是解放和发展生产力。只有完善产权保护制度，才能提高企业的生产效率，提高科技创新能力，释放物质资本和人力资本的生产潜力。只有保证各种所有制经济依法平等使用生产要素、公平参与市场竞争、同等受到法律保护，才能激发各类市场主体的活力和创造力，才能为经济发展提供持续动力。

第二，完善产权制度是不断满足人民美好生活需要的内在要求。中国特色社会主义进入新时代，我国社会主要矛盾已经转化为人民日益增长的美好生活需要和不平衡不充分的发展之间的矛盾。人民的美好生活需以财产作为物质基础，能够更安全地拥有产权、更多地获得产权、更有效地利用产权、更充分地实现产权，就是追求美好生活的物质基础得到法律充分保障的体现。可以断言，依法保护产权可以激发社会成员包括各类经济主体的活力和创造力。社会个体依法保护归属于己的产权的种类、数量与价值，可以在总体上增加社会财富总量，优化社会资源配置，增强社会整体活力，提升社会发展信心。“有恒产者有恒心”，社会活力与制度信赖、社会信心之间是正相关关系。在相当程度上，一个社会成员对社会的信赖，从其既有产权得到尊重和保护而开始；对社会的信心，因其产权预期得到认可与实现而增强。

第三，完善产权制度是激励市场主体创业创新的重要制度安排。产权保护之所以引起社会高度关注，在于中国社会发展变迁过程中产权观念的发育和成熟。如果说“有恒产者有恒心”描述的是静态社会的财产保护，强调财产归属对于人们各安其位的重要性，那么当前强调的产权保护，则是动态社会促进共同福祉的基本规则。中国特色社会主义市场经济发展到今天，各种资本的流动和融合，造就了多元动态的市场图景。企业家在财富创造和产品技术的创新过程中起着无可替代的作用。企业家是创新的主体。创业创新需要企业家承担风险。没有完善的产权保护制度，就无法为企业家收回投资提供保障，这会降低企业家的投资预期，使其不敢承担风险，不敢从事创业创新。提振企业家信心，对促进企业家增加投资，研发新产品和新技术，扩大社会总需求有重要作用。为扩大社会投资需求，增加新产品和新技术的供给，激发企业家的创新动力，必须加快完善产权保护制度，提振企业家信心，提高他们投资和创新的积极性。

第四，完善产权制度是法治国家的重要指标。产权保护的根本方向是法治化。全面依法治国牵涉到方方面面，问题林林总总，重点究竟在哪里？哪个问题才是中国法治建设真正的突破口？问题的回答要从完善产权保护入手。这是一个务实且明智的选择，符合历史发展的潮流。国际上通常认为，衡量一个国家法治的发展水平，主要看这个国家对产权提供了何种水准的保护。不实行法治，财产权利也有可能在一段时期里获得较好保护，但并不牢靠。尽管产权保护法治化是一个较长的过程，但只要坚定地朝着这个方向不停地走下去，产权保护制度就会越来越完善、可靠。要建立法治化的产权保护体系，特别是保护非公财产权利，就应该审慎把握处理产权和经济纠纷的司法政策，严格区分经济纠纷与经济犯罪等各种复杂的界限，防范刑事执法介入经济纠纷，防止选择性执法。特别重要的是，要提高司法的专业性，要防止权力对司法的干预，要对公权力进行限制和约束。产权保护和完善，要着眼长远，着力当下，抓紧解决产权保护方面存在的突出问题，剖析一批侵害产权的案例，总结宣传一批依法有效保护产权的好做法、好经验、好案例，推动形成保护产权的良好社会氛围。

第五，完善产权制度是实现可持续发展的保证。中国当下的现实状况，无时无刻不在印证着加强和完善产权保护的必要性与紧迫性。如果不能给予所有的市场主体以平等的产权保护，就很难说建成了一个真正的、统一的、具有竞争性的市场机制。而一旦缺乏真正的市场机制，那么基于市场公平竞争所实现的优胜劣汰、产业转型升级、优化资源配置效率等各种政策目标，都不可能得到实现。从某种意义上来说,产权保护方面存在的问题已经越发成为中国当下经济发展的瓶颈。产权保护不力,正在成为中国社会发展的制约因素和真正的短板。如果这一问题不能得到及时的解决,在全球化的背景之下,还会导致人才、资本"用脚投票",大规模外流到具有较高保护水准的其他国家和地区。如果缺乏信任与信心,那么在中国所进行的各种经营活动都不可避免地趋于短期化、劣质化,这是我们都不愿意看到的局面。为中国经济社会发展注入信心和动力,需要诚心诚意地保护产权。

2. 完善产权保护制度的重点

党的十八大以来,党中央、国务院对加强产权保护提出了一系列新要求。2013年党的十八届三中全会通过的《中共中央关于全面深化改革若干重大问题的决定》指出,要完善产权保护制度,健全归属清晰、权责明确、保护严格、流转顺畅的现代产权制度。公有制经济财产权不可侵犯,非公有制经济财产权同样不可侵犯。2016年11月,《中共中央 国务院关于完善产权保护制度依法保护产权的意见》对外公布,文件对完善产权保护制度、推进产权保护法治化作出了全面部署。作为中央在产权保护领域出台的首个文件,引发了社会各界的强烈关注。文件强调完善产权保护制度、依法保护产权,对于稳定社会预期、增强全民族信心,对于完善社会主义市场经济体制、实现经济社会持续健康发展,具有重要意义。2017年习近平总书记在党的十九大报告中指出,"经济体制改革必须以完善产权制度和要素市场化配置为重点,实现产权有效激励、要素自由流动、价格反应灵活、竞争公平有序、企业优胜劣汰"。这些重要论述,进一步深化了我们对建设市场体系的认识。党的十九届五中全会提出,建设高标准市场体系,健全归属清晰、权责明确、保护严格、流转顺畅的现代产权制度,健全产权执法司法保护制度。这对实施高标准市场体系建设,改善提升市场环境和质量,构建新发展格局有着重要意义。

在看到这些年我们国家产权保护取得的成绩的同时,也要看到,当前我国产权保护状况仍然存在很多值得担忧的问题,与建立统一开放、竞争有序的现代市场经济体系还有相当大的距离。特别是未能实现对不同所有制经济产权的平等保护,公权力侵害私有产权和民营企业资产等现象还时有发生;公有产权受到内部人侵犯和公有资产流失的情况依然在相当范围内存在;侵犯知识产权、严重损害技术创新积极性的行为也易发多发。这些都会损害人民大众的财产安全感,毁坏社会信心和对未来的良性预期,消磨企业家投资兴业的积极性,对经济社会发展造成负面效应。①

有的学者认为,目前产权保护制度实践中存在的主要问题是对财产保护不力,不论是对公有制财产,还是对非公有制财产都存在这一问题,只不过表现形式不同。其中,公有制财产面临保值增值的难度增大,部分人利用公权力侵吞公有财产,或在处置公有资产过程中出现公有资产大幅度流失,甚至转变为私有财产的问题。而非公有制财产面临的有效保护问题更为突出。之所以认为非公有制财产没有得到有效保护的后果更严重,是因为非公有制财产产权明确,得不到有效保护将严重影响一国的法律环境,也就是说,缺乏一个公开、公平、公正的市场环境;而公有资产流失大部分是由于贪污腐败、职务犯罪、化公为私等行为,它不直接侵害其他经济主体的权益。因此,侵害非公有财产比侵害公有制财产危害更大。②

通过一些案例分析来看,非公有制财产之所以得不到公平、有效保护,有思想认识、理论方面的原因,也有法律、政策和执行等层面的原因。最直接的有两大因素:一是政府机构拥有巨大权力,而不受限制的行政权力往往成为侵害非公有制经济产权的一个根源。二是当非公有制经济受到侵害时,司法系统往往没能做到对非公有制经济的公平裁决,而是偏向于国有经济。因此,"十四五"时期,要构建公平、有效的保护非公有制财产的法治环境。

① 参见吴敬琏:《完善产权保护制度的行动纲领》,载《人民日报》,2016年11月29日。

② 参见高培勇等:《加快完善社会主义市场经济体制》,广东经济出版社2020年版,第71页。

二、实施统一的市场准入负面清单制度

负面清单制度是政府进行市场准入管理的一种模式。习近平总书记在党的十九大报告中对全面深化改革作出了全面部署，其中一项重要任务是，全面实施市场准入负面清单制度。党的十九届五中全会强调，实施统一的市场准入负面清单制度，要进一步推进制度实施，完善配套制度。

1. 全面实施市场准入负面清单

党的十八届三中全会明确提出：“实行统一的市场准入制度，在制定负面清单基础上，各类市场主体可依法平等进入清单之外领域。”要求改革市场准入制度，制定市场准入负面清单。国务院以清单方式明确列出禁止和限制投资经营的行业、领域、业务等，清单以外的，各类市场主体皆可依法平等进入。

按照先行先试、逐步推开的原则，从2015年12月1日至2017年12月31日，在部分地区试行市场准入负面清单制度，积累经验、逐步完善，探索形成全国统一的市场准入负面清单及相应的体制机制，从2018年起正式实行全国统一的市场准入负面清单制度。

市场准入负面清单包括禁止准入类和限制准入类，适用于各类市场主体基于自愿的初始投资、扩大投资、并购投资等投资经营行为及其他市场进入行为。对禁止准入事项，市场主体不得进入，行政机关不予审批、核准，不得办理有关手续；对限制准入事项，由市场主体提出申请，行政机关依法依规作出是否予以准入的决定，或由市场主体依照政府规定的准入条件和准入方式合规进入；对市场准入负面清单以外的行业、领域、业务等，各类市场主体皆可依法平等进入。实行市场准入负面清单制度，标志着我国市场准入管理从以正面清单为主向以负面清单为主的全面转型，体现出管理理念和管理方式的重大转变。“十四五”时期，我们要不断完善市场准入负面清单；落实市场准入负面清单制度的配套制度；加强事中事后监管；做好实行市场准入负面清单制度与法律、法规的衔接，清理废除妨碍统一市场和公平竞争的各种规定和做法。

2. 2020年版“清单”继续“瘦身”

2020年12月，国家发改委、商务部公布《市场准入负面清单（2020年版）》。这是继2018年12月正式实施全国统一的市场准入负面清单制度以来，我国再次为负面清单“瘦身”，给市场“让”出更大空间，也给了疫情冲击下焦虑的全球市场一颗“定心丸”。

实行统一的市场准入制度，是我国继续深化“放管服”改革、转变政府职能的重要体现，是持续优化营商环境的重要举措。世界银行发布的《全球营商环境报告2020》显示，中国营商环境国际排名由2017年的第78名提升至2019年的第31名，连续两年跻身全球营商环境改革步伐最快、改善幅度最大的十大经济体之列。

我国综合营商环境不断改善得益于中国持续扩大对外开放、放宽市场准入。近年来，在负面清单具体条款数目上，中国实现了应放尽放。2020年全国版负面清单事项缩减至123项，比2019年版清单减少8项。2020年全国外商投资准入负面清单也由40条减至33条，自贸试验区外商投资准入负面清单则由37条减至30条。从某种意义上说，随着负面清单越来越短，开放道路越走越宽，中国市场变得越来越活跃。

考虑到中国市场拥有巨大潜力、负面清单不断“瘦身”、优化营商环境的举措加快在全国各地落地生根，市场主体的投资热情在进一步提升。如果把视角聚焦到微观企业上可能更为直观：跨国公司的中国业务开始迅速恢复，成为其全球市场中少见的赚钱的市场。在当前全球跨国直接投资仍处于严重低迷的形势下，中国实际使用外资逆势增长，民间投资增速实现转正，充分说明中国经济韧性强、潜力大。而2020年进一步压缩负面清单，对激发国内市场主体和国外投资者的积极性、加强市场对外开放的程度具有重要意义。[①] 尤其是在当前中央强调构建新发展格局、推进需求侧改革的背景下，继续压缩市场准入

---

① 参见周子勋：《以负面清单激发经济发展势能》，载《中国经济时报》，2020年12月18日。

负面清单，有利于释放广阔的市场空间，刺激内需市场。

三、完善公平竞争制度

党的十九届五中全会提出，健全公平审查机制，加强反垄断和反不正当竞争执法司法，提升市场综合监管能力。公平竞争是市场经济的核心，是实现资源优化配置和企业优胜劣汰的保障。随着社会主义市场经济体制逐步完善，我国竞争政策的基础地位逐步确立，市场竞争机制不断健全。同时，我们要看到，与构建高水平社会主义市场经济体制特别是与建设高标准市场体系的要求相比，公平竞争制度还有待进一步完善。

1. 建立公平竞争审查制度

公平竞争是市场经济的本质要求，强化竞争政策的基础地位，就是健全市场体系基础制度。

2016年6月，国务院印发《关于在市场体系建设中建立公平竞争审查制度的意见》（以下简称《意见》），部署开展公平竞争审查工作。此后，国家发改委等职能部门为大力推进该制度“落地生根”，先后出台了各项政策措施。2020年5月，市场监管总局、国家发改委、商务部、财政部共同发布《关于进一步推进公平竞争审查工作的通知》（以下简称《通知》），提出用3年左右时间，在我国基本建成全面覆盖、规则完备、权责明确、运行高效、监督有力的公平竞争审查制度体系，制度权威和效能显著提升，政策措施排除、限制竞争的问题得到有效防范和制止。

公平竞争审查制度旨在约束政府行为，以确保今后政府出台的各种产业、投资政策都要以不破坏统一市场和公平竞争为前提，这是体现市场经济内在要求和核心价值的基本制度之一。

《意见》明确列出了“不得设置不合理和歧视性的准入和退出条件”等18项公平竞争审查标准。2017年，由国家发改委、财政部、商务部、原国家工商总局、国务院法制办联合印发的《公平竞争审查制度实施细则（暂行）》公布，对公平竞争审查标准再次做出细化,明确了“不合理和歧视性准入退出条件”的内涵:“不合理”指设置明显不必要或者超出实际需要的准入退出条件;“歧视性”指对不同所有制、地区、组织形式的经营者实施差别化待遇,设置不平等的准入退出条件。《通知》进一步充实和细化了公平竞争审查的标准内容,明确将妨碍平等便利退出市场、以奖补方式变相指定交易和实行地方保护、影响平等使用生产要素、实施歧视性监管等市场主体反映比较强烈的情形纳入审查标准要求,规定严格适用例外规定的具体情形和条件,强化监督评估要求,严禁滥用例外规定。同时,要求各地方、各部门要研究制定行业性公平竞争审查规则,梳理和细化重点行业和领域存在的妨碍统一市场和公平竞争的典型问题、具体表现和认定标准,切实增强审查工作的针对性和有效性。

根据《意见》规定,目前我国公平竞争审查主要采取政策制定者自我审查的方式。《通知》在“优化审查方式”方面进行了有益的探索,规定在严格落实“谁制定、谁审查”原则的基础上,鼓励有条件的地方实行机关内部统一审查,或者由内部业务机构初审后提交特定机构复核。探索建立重大政策措施会审制度,对拟以地方各级人民政府名义出台的政策措施,鼓励由本级市场监管部门会同起草部门在起草过程中进行公平竞争审查。丰富审查工具和方法,强化定量评估分析,提升审查的专业化、精细化水平。《通知》还鼓励各地在实施公平竞争审查制度方面推行第三方评估。鼓励各地区、各部门委托高等院校、科研院所、专业咨询机构等进行公平竞争审查,充分评估政策措施对市场竞争的影响。

公平竞争审查是事前审查,从源头上打破行政垄断,目的在于防止政策措施排除、限制市场竞争。公平竞争审查不仅关注不同所有制企业的公平竞争,同时还要维护全国统一市场,保障所有市场主体能够公平、充分、有效地参与市场竞争。因此,引入第三方评估机制是非常必要的,它能更广泛地吸取各方意见。

2020年5月11日,中共中央、国务院发布《关于新时代加快完善社会主义市场经济体制的意见》,对推进自然垄断行业改革、落实公平竞争审查制度、加强和改进反垄断工作等方面作出重要部署。该意见提出要全面落实公平竞争审查制度。强化公平竞争审查的刚性约束，修订完善公平竞争审查实施细则，建立公平竞争审查抽查、考核、公示制度，建立健全第三方审查和评估机制。统筹做好增量审查和存量清理，逐步清理废除妨碍全国统一市场和公平竞争的存量政策。建立违反公平竞争问题反映和举报绿色通道。加强和改进反垄断和反不正当竞争执法，加大执法力度，提高违法成本。培育和弘扬公平竞争文化，进一步营造公平竞争的社会环境。

2. 强化竞争政策的基础地位

党的十九届四中全会提出，加快完善社会主义市场经济体制，完善公平竞争制度，强化竞争政策基础地位，落实公平竞争审查制度，加强和改进反垄断和反不正当竞争执法。党的十九届五中全会通过的《建议》提出健全公平竞争审查机制，加强反垄断和反不正当竞争执法司法，提升市场综合监管能力。两次全会对市场公平竞争从不同角度提出统一要求，可见建设高标准市场体系、公平竞争制度的重要性。

竞争是市场经济的本质特征。竞争政策是保护和促进市场公平竞争的政策、法律和监管机制的总和。不同的国家在特定的经济发展时期，都认识到竞争政策对提升经济发展质量和竞争力的重要性。例如，1940年美国将竞争确立为经济组织的核心原则；1986年法国通过法令明确了竞争政策在经济政策中的重要地位；澳大利亚于1995年通过竞争中性原则的一系列改革，确立国家竞争政策。目前已有130多个国家确定了竞争政策，且大多数都将竞争政策列为经济政策的核心内容之一。

对不同国家竞争政策基础性地位确立过程的研究发现，各国都是在面临经济发展动力不足、寻求新经济增长点的过程中开始重视竞争政策的。这值得我们重视。我国经济从高速增长阶段转向高质量发展阶段，改革已进入攻坚克难的深水区，需要更好地发挥竞争政策的作用，推动经济高质量发展。[①]

---

① 参见王丹、刘志成：《发达经济体如何确立竞争政策的基础性地位》，载《经济日报》，2019年4月10日。

我国市场确立竞争性政策的背景与发达国家不完全相同,但总体上看,竞争政策只有不断适应经济发展形态、结构和特征的需要,才能始终在各项经济社会政策中保持其基础性地位。

目前,我国已经在能源、电信、铁路、金融、市政、教育、卫生等领域鼓励民间资本进入,但实际效果并不理想,民营企业进入仍面临“玻璃门”“弹簧门”“旋转门”困境。不同市场主体公平竞争的制度还没有形成。在平等使用生产要素方面、市场主体竞争方面、产业政策方面,国有企业和民营企业有明显差别,国有企业存在明显的优势。应鼓励竞争性政策制度的建立,营造公平竞争市场环境,要继续深化以商事制度为突破口的“放管服”改革,加快全面实施市场准入负面清单制度和公平竞争审查制度。

3. 重视平台经济更加规范的发展

近年来,平台经济在更好满足消费者需求、促进新旧动能转换、推动经济高质量发展等方面作了积极贡献。然而,随着平台经济迅速崛起,滥用市场优势地位的行为日渐增多,出现了限制竞争、价格歧视、损害消费者权益等一系列问题,破坏了市场竞争秩序,阻碍了行业创新。整治影响公平竞争的违法行为,有利于促进平台经济更好、更健康发展。[①]

企业做大做强值得鼓励,但是滥用市场支配地位,就构成了《反垄断法》禁止的行为。近年来,传统行业与新兴行业都存在一定程度的垄断问题,特别是随着互联网平台经济发展日渐成熟,不少平台企业逐渐从规模快速扩张期转入资源掌控期,不规范竞争行为集中出现,不公平的霸王条款大行其道。

反垄断是国际惯例,有利于保护市场公平竞争和创新,维护消费者权益。面对互联网这个“超级平台”,世界各国和经济体反垄断执法机构均采取了严格的监管态度和制约措施,加强反垄断监管,保护消费者合法权益,维护公平竞争市场秩序,激发市场活力。美国是世界上首个出台反垄断法的国家,近年

---

① 参见秋林:《实现平台经济更加规范更有活力更高质量发展》,载《人民日报》,2020年12月26日。

来，美国不断加大对互联网科技巨头的反垄断调查力度，调查重点指向科技巨头滥用市场支配地位、打压竞争者、阻碍创新、损害消费者利益等。近期欧盟公布《数字服务法》和《数字市场法》，旨在遏制大型网络平台的不正当竞争行为。从市场体系基础制度建设角度来讲，平台经济的发展要从以下两方面加以规范。

第一，维护良好的互联网经济生态体系。平台经济的发展固然离不开规模效应和网络效应，但绝不意味着平台企业可以走向垄断。垄断不是平台企业的基因和特权。回顾我国互联网行业发展历程不难发现，优秀的平台企业，都是在公平竞争中拼出来的，今天的大企业、大平台，也都是从当年的小公司、小网站起家的。正是在激烈的市场竞争推动下，平台经济才展现出蓬勃生机、无限潜力，才能不断推进技术、商业模式持续创新。因此，各方面都很期待今天的大企业、大平台也能为后进入的小公司、小网站留有良性竞争的机会。

第二，大型互联网平台企业应该带头强化行业自律。竞争是市场经济的基石，垄断是市场经济的大敌。无论什么阶段、什么业态，公平竞争都是一个行业持续发展的动力源泉。加强反垄断监管，维护平台经济领域公平有序竞争，有利于充分发挥平台经济高效匹配供需、降低交易成本、发展潜在市场的作用，推动资源配置优化、技术进步、效率提升。更为重要的是，反垄断可以有效降低市场进入壁垒，形成开放包容的发展环境，让更多市场主体共享数字经济发展红利，有效激发全社会创新创造活力，构筑经济社会发展的新优势和新动能。因此，加强反垄断监管与做强做大平台经济并不矛盾，更不会扼杀互联网行业的创新基因，相反，正是对平台经济发展环境的有力保护。

四、强化反垄断和防止资本无序扩张

2020年末，中央政治局召开会议分析研究2021年经济工作，提出“强化反垄断和防止资本无序扩张”。资本无序扩张可能引起垄断，对市场竞争产生负面影响甚至严重破坏，更会对我们共享发展成果带来负面影响。把握好竞争与垄断的辩证关系，深入认识资本无序扩张和过度垄断的危害，营造稳定、公平、透明的营商环境,构建高水平的市场经济体制,推进市场有序竞争,对落实党的十九届五中全会精神,开启新发展阶段新征程具有重大意义。

1. 认真把握竞争与垄断的辩证关系

无论是何种社会性质,竞争与垄断都是不同的市场形态。根据经济学的划分,可将市场分为完全竞争、垄断竞争、寡头垄断、完全垄断四种类型。竞争与垄断相互对立,但又紧密联系。以下重点从马克思主义政治经济学的视角把握二者的辩证关系。一方面,竞争引起资本集中和垄断。资本具有不断追求价值增殖的基本特性,而竞争作为市场经济的一种外在强制规律,为实现价值增殖提供了很好的方式,即通过系统地投资于创新以提高劳动生产率,进而获得更多价值增殖。但是,单一资本往往不足以形成强大的投资能力,所以就有了多个资本结合,形成资本集中,这是竞争的结果。随着科技进步和信用制度的完善,资本集中得到进一步强化,就有可能形成垄断。伴随竞争,资本从利润率低的部门流向利润率高的部门,使得利润率高的部门利润出现下降,利润率低的部门因竞争减少而出现利润上升,竞争的过程就是形成社会平均利润的过程。另一方面,垄断没有完全消除竞争,但垄断下的竞争容易变形。垄断没有完全消除竞争,事实上还存在垄断资本与非垄断资本以及垄断资本之间的竞争。垄断资本和非垄断资本的竞争指的是垄断资本依靠进入壁垒排挤中小企业,通过转包等形式控制中小企业,通过买方垄断掠夺中小企业,而非垄断资本则寻求各种方式与垄断资本相抗衡;垄断资本之间的竞争包括不同垄断部门之间的竞争和同一垄断部门内部的竞争。但是,垄断下的竞争容易变形,表现在:一是垄断组织不以社会平均利润为目标,而追求高额利润;二是垄断下的竞争不仅采用一般的经济手段,还可能采用特殊的政治和军事手段;三是垄断下的竞争表现为对原料、市场份额、利润、控制权的争夺,容易产生斗争;四是垄断下的竞争更为激烈,造成的破坏性更强。

2. 深入认识资本无序扩张和过度垄断的危害

资本追求价值增殖的本性无可厚非,如果规制得好,资本也能够为社会和民众贡献力量，这也是我们把市场经济引到中国的理论和实践底气所在。但是如果不加以正确引导，一旦放任资本无序扩张，走过了头，很容易造成过度垄断，导致市场失灵。资本无序扩张和过度垄断的危害表现在：一是从市场层面看，降低资源配置效率。市场经济的核心问题就是资源配置效率，历史的经验和实践的效果都表明，资本无序扩张和过度垄断，会降低资源配置效率，而有序竞争是实现资源配置优化的有效办法。二是从消费层面看，获得垄断地位后的高价低质策略损害消费者权益。一旦通过资本无序扩张获得垄断地位，高额利润便成为垄断的追求目标，会相应地采取垄断高价策略，再加上缺乏有效竞争，垄断地位获得者没有动力提升产品质量，有时甚至提供低品质的产品，严重损害消费者权益。三是从经济安全层面看，垄断形成的“大而不能倒”影响监管政策。垄断意味着自身规模很大，控制的市场份额很大，对经济社会的影响也很大，如果垄断出现问题，很容易形成“大而不能倒”的局面。2008年国际金融危机中，美国华尔街的很多企业都属于“大而不能倒”，虽然企业自身存在很多问题，但如果任由企业倒闭，那么整个美国金融体系和经济体系将出现系统性崩溃，最终只能由纳税人“埋单”。为了应对“大而不能倒”的问题，美国监管部门不得不实施救助，采取一些被迫的监管措施。在我国，要警惕这种风险。

3. 以稳定公平透明的营商环境推进市场有序竞争

对于当下的一些大科技公司的创新贡献，要充分肯定。垄断在特定历史条件下、特殊行业中也具有一定的积极作用。但我们对风险不能视而不见。从历史的眼光看，竞争仍是市场经济的主流方向。从发展的眼光看，对有些大科技公司产融结合存在的风险也要防范和化解。下一步，我们要认真贯彻中央政治局会议提出的“强化反垄断和防止资本无序扩张”的要求，本着爱护的原则，健全产融结合的监管框架，积极营造稳定公平透明的营商环境，不断推进市场有序竞争。其一，发挥“有效市场”和“有为政府”的积极作用。党的十八届三中全会提出“使市场在资源配置中起决定性作用和更好发挥政府作用”，党的十九届五中全会提出有效市场和有为政府，都是强调市场在资源配置中的决定性作用。这并不意味着任由市场无序扩张，而是需要着力完善土地、劳动力、资本、技术、数据等要素市场化配置的体制机制，更需要发挥政府作用，需要发挥两个比较优势，健全要素市场化交易平台，完善要素交易规则和服务，提升要素交易监管水平，增强要素应急配置能力。其二，加强营商环境立法与产权保护。要系统梳理、清理、修订违反稳定公平透明的营商环境的法律法规，加快统一公平竞争的法律法规，实现竞争主体在法律上平等、政策上一致的公平待遇。同时，要加强产权保护，特别是知识产权保护。在当下，新技术的知识产权也需要高度关注，要提高审查质量和效率，加大对侵权违法行为的惩治力度。其三，坚定实施反垄断。早在2007年我国就制定了《反垄断法》，对遏制垄断发挥着重要的作用。伴随技术进步，一大批新业态、新模式涌现，要择时修订《反垄断法》，适时出台相关的监管条例与措施，把行业自律和监管科技相结合，坚定实施反垄断。这件事情办得好，也有利于构建更高水平的市场经济体制。

第三节
完善要素市场化改革和交易规则

推进要素市场化改革，是建设高标准市场体系的重点和难点。“十四五”时期，要坚持深化市场化改革，破除阻碍要素自由流动的体制机制障碍，扩大要素市场化配置范围，健全要素市场体系，推进要素市场制度建设，实现要素价格市场决定、流动自主有序、配置高效公平。

一、深刻理解推进要素市场化改革的重大意义

改革开放40多年来，我国市场体系建设取得了积极进展。总体上看，我国商品市场发育较为充分，市场决定商品和服务价格已基本实现全覆盖。与此同时，我国要素市场化发育尚不够充分，诸如市场决定要素资源配置的范围有限、要素流动存在体制机制障碍、新型要素市场规则建设滞后等问题仍然比较突出，束缚了市场主体的活力，成为当前我国高标准市场体系建设的突出短板。党的十九大报告提出，经济体制改革必须以完善产权制度和要素市场化配置为重点。党的十九届五中全会提出，要推进土地、劳动力、资本、技术、数据等要素市场化改革。健全要素市场运行机制，完善要素交易规则和服务体系。

1. 要素市场化改革是决定双循环战略能否成功的关键环节

从操作层面来说，要素配置市场化是双循环战略的重要突破口，否则双循环战略极易流于形式主义的口号。受疫情的冲击和国际形势的影响，我国经济增速有所放缓，在这种情况下需求端很难在短时间内形成较强的牵引力；另外，我国的商品市场已经相当成熟，绝大部分商品和服务价格都是由市场决定的，因此商品市场端能够释放的市场潜力也十分有限。而反观供给侧，首先，由于我国长期以来要素市场发展相对滞后，要素市场方面存在较大的提升空间，要素配置市场化改革能够在较长的一段时间内持续释放能量；其次，要素配置市场化可以消除要素流通的障碍，提高要素配置的效率，这有利于降低企业获取生产要素的成本，提高企业的生存能力；最后，要素配置市场化能够畅通要素的流通渠道，有助于实现要素的跨区域、跨行业流动，有助于引进和留住外资，这些对于我国的产业结构的完善和优化都是有利条件。[①] 因此从操作

① 参见王曙光、郭凯：《要素配置市场化与双循环新发展格局——打破区域壁垒和行业壁垒的体制创新》，载《西部论坛》，2021年第1期。

层面来讲,要素配置市场化机制的形成将在较长时期内为双循环战略持续作出贡献,是保障双循环战略实施的重要途径。

2. 要素市场化改革是建设高标准市场体系的关键步骤

党的十九届五中全会提出要建设高标准市场体系。这个高标准不仅体现在商品市场上供求机制、价格机制和竞争机制等市场机制充分发挥作用,更为基础、更为重要的则是在要素市场上体现出市场配置各类要素资源的决定性作用。改革开放以来,我们建立了极为丰富的消费品市场和生产资料市场,同时,土地、劳动力、资本、技术、数据等生产要素市场也得以发育并茁壮成长。但由于种种原因,这些生产要素市场在运行过程中不同程度地存在行政干预过多、市场化运作不畅、资源配置效率不高等问题。尽管中央文件屡有提及,但受思想观念的障碍和利益固化的藩篱的羁绊,这些方面的改革进展缓慢。党的十九届五中全会强调要素市场化改革,不仅再次明确了要素市场化改革的方向,还针对不同的要素提出了具体的市场化改革举措,具有很强的可操作性,有利于加快高标准市场体系的建立。

3. 要素市场化改革是推进高质量发展的重大举措

深化要素市场化改革、构建更加完善的要素市场化配置体制机制,是加快完善社会主义市场经济体制的内在要求。扩大要素市场化配置范围,促进要素自主有序流动,加快要素价格市场化改革,对推动我国经济高质量发展具有十分重大的意义。要素市场化配置是解决我国经济结构性矛盾、推动高质量发展的根本途径。要素配置扭曲具有很强的传导性和扩散性,由此会造成一系列经济结构性矛盾和问题。加快要素市场化改革,是深化供给侧结构性改革、解决制约全局深层次矛盾的重要突破口。从破除无效供给来看,过剩产能特别是“僵尸企业”的存在,就是要素配置扭曲的集中表现。要推动“僵尸企业”出清,就要加快形成市场决定要素配置的机制,释放错配的资源。从培育新动能角度来看,要扩大优质增量供给,就要建立促进要素自由流动的机制,使科技创新、现代金融、人力资源等现代生产要素,能够从低质低效领域向优质高效领域流动，提高要素宏观配置效率，推动经济高质量发展。

4. 要素市场化改革是促进城乡融合发展的重要举措

推进要素市场化改革，能够推动城乡要素平等交换、双向流动，增强农业农村发展的活力。一是在劳动力市场上，应以深化户籍制度改革为突破口，实现劳动力在行业、城乡和地域之间的自由流动，加快农业转移人口市民化。以完善劳动就业法律制度为抓手，依法保障劳动力平等就业，坚持按劳分配和按生产要素分配相结合的收入分配方式，扩大中等收入群体，建立最低工资标准，提高农村劳动力的收入水平，进一步提高其消费能力。二是通过发展职业教育，大力提升农村劳动力的素质，培养和培训数以万计的技术技能型人才，提高劳动力市场的竞争力。三是以城乡融合的方式来推进城乡公共服务一体化，深化政府机构改革，在城乡公共服务供给过程中逐渐形成政府主导、市场和社会组织共同参与的多元治理模式，在部分公共服务中引入市场力量；同时建立促进城乡公共服务均等化的人事制度，建立城乡一体化的教育体制、医疗卫生体制和社会保障体制，提高要素在城乡之间的流动效率。此外，应建立健全农村土地产权制度，以农村土地的所有权、承包权和经营权改革为契机，促进农村土地的流转和增值，完善土地增值利益分配关系，确定各产权主体的合理分配比例，形成有序的收益分配结构，确保农民能够成为土地增值的受益者，提高农村常住人口的收入水平。

5. 要素市场化改革是一国经济竞争力的重要体现

与商品市场中有千千万万的品种、规格、性能的商品不同，要素市场品种相对单一，场所或平台相对集中，一般具有资源优化配置功能、维护市场秩序功能、集中竞价功能、资金枢纽功能和大数据汇集功能。不论是国家级的要素市场，还是区域性要素市场，都要具有三个"集聚"：一是交易量的集聚能力；二是交易会员单位、中介机构等各类企业和品牌的归集和集聚；三是物流通信的枢纽集聚功能。基于此，要素市场的效率往往决定了一个经济体的运行效率，成为国家和国家之间、地区和地区之间竞争的核心能力的体现。相比普通经济体,那些拥有全球要素市场影响力的经济体竞争优势更为突出。[①]

二、要素市场化改革制度保障

完善要素市场化配置是坚持和完善社会主义基本经济制度、加快完善社会主义市场经济体制的重要内容。要素市场化改革需要从制度上进行设计和构建,才能实现各类要素市场机制的优化,为建设高标准市场体系、推动高质量发展、建设现代化经济体系打下坚实基础。

1. 保持竞争中性

近年来,竞争中性原则在我国得到广泛研究,并上升到国家政策层面。2018年12月24日,国务院召开常务会议,要求“按照竞争中性原则,在招投标、用地等方面,对各类所有制企业和大中小企业一视同仁”。2019年政府工作报告中,李克强总理提到要“按照竞争中性原则,在要素获取、准入许可、经营运行、政府采购和招投标等方面,对各类所有制企业平等对待”。保障要素配置市场化成功实施的首要条件是政府需要时刻坚持竞争中性原则,让市场在要素配置中起决定性作用。竞争中性原则指的是政府在处理与市场关系的过程中,要尽量突出市场的决定性作用,避免对市场机制的过度干预,使市场主体能够在公平的环境下进行竞争。要完善公平竞争审查制度,要加强各项政策特别是产业政策与竞争政策的协同。各项政策的出台,都不能忽视和动摇竞争政策的基础地位,产业政策应尽快转型为创新政策,为要素市场化配置提供创新引领和创新驱动的导向。竞争中性原则主要是消除国有企业在市场竞争中的不正当优势,并不限制国有企业因自身发展而获取的竞争优势,也不意味着以“国有企业私有化”方式促进私营经济的发展壮大。竞争中性还应包含“所有制中性”的含义,即国有企业和其他所有制企业是一样的,依法平等使用生产要素、公平参与市场竞争、同等受到法律保护,反对因企业所有制不同而

① 参见黄奇帆:《要素市场化配置是全面深化改革新突破》,载《瞭望》,2020年第16期。

设置不同的规则。[①]

2. 完善交易机制

价格机制是市场机制的核心。健全要素市场化配置体制机制,最重要的是加快要素价格市场化改革,健全要素市场运行机制,推动要素配置依据市场规则、市场价格、市场竞争实现效益最大化和效率最优化。一是加快要素价格市场化改革。改革的方向是,凡是能由市场形成价格的都要交给市场,政府不进行不当干预,通过市场竞争形成价格,进而调节供求关系,优化资源配置。特别需要指出的是,要推动政府定价机制由制定具体价格水平向制定定价规则转变,也就是政府从“定价格”向“定规则”转变,充分体现最大程度发挥市场决定价格的改革方向。二是健全要素市场交易机制。市场交易是市场形成价格的前提。在健全要素市场交易平台方面,要拓展公共资源交易平台功能,完善科技成果交易平台,培育大数据交易市场;在完善要素交易规则和服务方面,要研究制定土地、技术市场交易管理制度;在提升要素交易监管水平方面,要加强反垄断和反不正当竞争执法,完善失信行为认定、失信联合惩戒、信用修复等机制。这些都是我国要素市场运行机制的薄弱环节,需要加强建设。

3. 健全产权制度

保障要素配置市场化成功实施的另一个必要条件是建立全面、完善的产权制度。只有要素的产权足够明晰,才能够确定要素的所有权、交易权和收益权的归属,这样才能够形成要素配置市场化交易的基础。而要想健全产权制度,必须依靠立法,只有通过法律的权威和公信力,才能够确保要素的产权得到保护。社会主义市场经济本质上是法治经济。要素市场是现代化经济体系的核心环节,也是高标准市场体系的基础内核。可以说,要素市场的法律和司法制度是整个现代化经济体系的重要基石。当前和今后一个时期,可以从以下两方面强化要素市场的相关法律制度。一是加快相关法律修订。现有法律

① 参见吴振宇:《竞争中性原则对深化国企改革的启示》,载《山东国资》,2020年3月。

仍有一些不适应改革的地方，应在试点过程中尽快调整和修改。二是补齐相关法律短板。整体来看，我国要素市场化程度依然较低，与之相关的法律法规也不够完善，应根据要素市场化配置改革的要求，尽快在一些关键领域补齐法律法规短板。比如，要尽快健全土地要素领域相关立法，加快补齐资本市场立法缺位，加快数据市场相关法律法规的研究制定与适时出台。

4. 促进行业开放

要素配置市场化机制能在多大程度上发挥作用，还要看有多少行业可以向市场化要素配置方向转型。如果只是在局部范围内进行要素市场化配置，那么要素价格的双轨化问题将无法得到彻底解决，要素价格机制将难以有效引导要素实现高效配置。因此要素配置市场化的成功实施还取决于行业开放程度，能够开放的行业越多，要素的流动越畅通，信息越完备，要素市场就越符合完全竞争市场的特点，就越高效地进行资源配置。具体来讲，对于能够开放的行业应该从国内和国际两个层次深化开放，一方面需要放宽行业准入条件，打破行业垄断，深入挖掘各行业的增长潜力；另一方面要以更加开放的姿态开展国际合作，引导国际要素尤其是科技领域的人才和技术要素的注入，增强行业竞争优势。①

5. 健全配套制度

生产要素是一个国家经济社会运行的重要基础，要素市场化配置改革将有力推动我国其他层面的改革，同时更需要其他配套改革的协同推进。一是加快财税改革。要加快与要素市场化配置改革相关的财税体系改革，重点通过中央与地方财政事权和支出责任划分改革，以及地方税种的培育与征收。要构建促进要素流动交易的税收体系，完善要素交易的税费征收标准，研究探索要素增值部分的税收政策，形成鼓励交易和便利流动的要素税收体系。二

① 参见王曙光、郭凯：《要素配置市场化与双循环新发展格局——打破区域壁垒和行业壁垒的体制创新》，载《西部论坛》，2021年第1期。

是推动国企改革。使各类市场主体平等使用生产要素是要素市场化配置改革的关键环节，而国企改革是这个关键环节的重要抓手。要加快混合所有制改革，推进国有企业监管改革。特别要强化国有企业财务硬约束，削减和规范补贴，明确平等保护各类市场主体，保障各类市场主体依法平等使用各类生产要素和依法平等享受支持政策。

6. 支持生态要素配置

党的十九届五中全会指出，要促进经济社会发展全面绿色转型，建设人与自然和谐共生的现代化。全面绿色转型是将生态环境保护全方位、全地域、全过程地融入经济社会发展之中，要素市场化改革要与提高自然资源和生态要素的配置效率配合。全面绿色转型要以绿色发展观为引领，从政府治理角度来说，应加快制定以绿色GDP考核为主的晋升激励机制，引导地方政府牢固树立“绿水青山就是金山银山”的发展理念。全面绿色转型要积极构建绿色低碳循环产业体系，要在坚持优化存量的同时，加快做大做强绿色生态型产业的增量。积极发挥市场、技术、人才、资金等创新要素的融合优势，谋划智慧型、低碳型经济发展，努力构建新发展格局。

三、要素市场化改革的主要任务

我国不同要素的市场化程度差异较大，推进市场化面临的矛盾和问题也各有不同。按照党的十九届五中全会的要求，坚持问题导向，根据不同要素属性和经济社会发展需要，明确分类推进改革的举措，使要素市场化配置改革更有针对性和可操作性。

1. 加快完善城乡统一的土地市场

改革开放以来，土地作为最为基本的生产生活要素，其市场化程度相对滞后。要积极推进土地管理体制改革，增强土地管理灵活性，为促进城乡融合发展和经济高质量发展提供新的动力源。推进土地制度改革，要加快完善城乡统一的土地市场。城乡二元化的土地制度客观上限制了土地要素自由流动。要加快完善城乡统一的土地市场，推动经营性土地要素市场化配置。在符合规划和用途管制的前提下，健全权利体系、调查评价、用途管制、市场规则、价格体系、收益分配“六个统一”制度，加快构建“保护产权、同权同价、维护契约、平等交易”的城乡统一建设用地市场体系。建设权利平等、规则统一的土地公开交易平台，允许农村集体土地与国有土地平等进入非农用地市场，提高农民土地增值收益分享比例。

推进土地制度改革，要深化产业用地市场化配置改革。在符合国土空间规划和用途管制要求的前提下，调整完善产业用地政策，创新使用方式，推动不同产业用地类型合理转换，探索增加混合产业用地供给。充分运用市场机制盘活存量土地和低效用地，研究完善促进盘活存量建设用地的税费制度。深化农村宅基地制度改革试点，完善城乡建设用地增减挂钩政策，为乡村振兴和城乡融合发展提供土地要素保障。

2. 推进资本要素市场化配置

经过多年的改革发展，我国资本市场在规模、结构、功能、制度规范、法律建设等方面取得了令人瞩目的成就。但是，资本市场仍然是我国金融体系的短板。要进一步发挥资本市场的枢纽功能，完善股票、债券等资本市场制度。主要有以下四个方面：一是完善股票市场基础制度。坚持市场化、法治化改革方向，改革完善股票市场发行、交易、退市等制度。完善投资者保护制度，推动完善具有中国特色的证券民事诉讼制度。二是加快发展债券市场。稳步扩大债券市场规模，丰富债券市场品种，推进债券市场互联互通。统一公司信用类债券信息披露标准，完善债券违约处置机制。三是增加有效金融服务供给。健全多层次资本市场体系，构建多层次、广覆盖、有差异、大中小合理分工的银行机构体系，优化金融资源配置，放宽金融服务业市场准入，推动信用信息深度开发利用，增加服务小微和民营企业的金融服务供给。四是主动有序扩大金融业对外开放。稳步推进人民币国际化和人民币资本项目可兑换。逐步推进证券、基金行业对内对外双向开放，有序推进期货市场对外开放。

3. 建立健全数据、知识、技术要素市场化配置机制

当前全球经济增长乏力,但数据、知识、技术作为生产要素的重要作用日益凸显,以数字经济为代表的新经济成为经济增长新引擎。生产要素是不断演变的历史范畴,土地和劳动力是农业经济时代重要的生产要素。工业革命后,资本成为工业经济时代重要的生产要素,并且衍生出管理、技术等生产要素。随着数字经济时代的到来,数据要素成为经济发展的新引擎。数据是新的生产要素,是基础性资源和战略性资源,也是重要生产力。

在近年来的数字经济浪潮中,数据要素在产业发展中起到了支撑性作用,成为全球新一轮产业竞争的制高点。要着力完善数据要素市场化配置机制,进一步激发数据要素市场活力。完善数据要素相关法律法规建设,明确不同主体的权利义务边界,明确数据的拥有权、使用权和收益权,在此基础上实现数据的市场化定价和合规流动。加强对数据风险的控制和监管,强化对不同类型、不同层次数据的管理,制定数据跨境流动规则和监管制度。加强对消费者数据安全的监管,明确数据企业和企业员工数据安全的法律责任,增加企业及个人违法成本。知识和技术要素是经济长期增长动力所在,要加快发展知识和技术要素市场,具体措施包括创新促进科技成果转化机制、健全职务科技成果产权制度、设立知识产权和科技成果产权交易机构等。

4. 推动劳动力要素有序流动

劳动力在各生产要素中是最活跃的,土地、资本只有通过劳动力才能激活与运转,技术、数据等可以说是复杂劳动的派生产物。因此,提高劳动力市场化配置水平,对经济社会整体发展具有极其重要的意义。要深化劳动力要素市场体制机制改革,引导劳动力要素合理畅通有序流动,进一步激发劳动力要素活力。深化户籍制度改革,放宽放开除个别超大城市外的城市落户限制,探索实行城市群内户口通迁、居住证互认制度。建立城镇教育、就业创业、医疗卫生等基本公共服务与常住人口挂钩机制,推动公共资源由按城市行政等级配置向按实际服务管理人口规模配置转变。健全统一规范的人力资源市场体

系,加快建立协调衔接的劳动力、人才流动政策体系和交流合作机制,畅通劳动力和人才社会性流动渠道。完善技术技能评价制度,创新评价标准,以职业能力为核心制定职业标准。推进社会化职称评审,完善技术工人评价选拔制度。

第四节 提高宏观经济调控的科学性

科学有效的宏观经济调控是实现国家治理体系和治理能力现代化的客观要求,也是构建高水平社会主义市场经济体制的重要组成部分。党的十九届五中全会从全局和战略的高度,对健全宏观经济治理体系、完善宏观经济政策制定和执行机制、提升宏观经济治理能力作出系统安排,明确了完善宏观经济治理的战略方向和重点举措,充分体现了习近平新时代中国特色社会主义经济思想。

一、党的十八大以来宏观调控呈现新特点

世界经济仍未从2008年国际金融危机中完全复苏,当前和未来很长一段时间,全球经济面临极大的下行压力。党的十八大以来,我国不断创新和完善宏观调控,确保经济实现平稳较快发展。与发达国家和中国此前的宏观调控相比,这段时期宏观调控呈现出新特点。

1. 供给与需求管理相结合,更加注重供给侧结构性改革

调控宏观经济通常有两种思路:需求管理和供给管理。需求管理侧重熨

平短期经济波动，比如消费、投资和进出口；供给管理侧重解决长期结构性问题，比如创新和要素配置。[①] 早在2015年，习近平总书记就在多个会议上强调要"在适度扩大总需求的同时，着力加强供给侧结构性改革"，这充分体现了宏观调控要同时结合需求和供给管理，更强调供给侧结构性改革。我们可从三个层面理解供给侧结构性改革：一是供给侧。长期以来，我国经济增长依赖消费、投资、进出口，但是随着需求侧投资收益率下降，世界市场难以消化中国提供的大量外需，而供给侧成本上升，学习型技术进步的空间越来越小[②]，这意味着从供给侧发力更有意义。二是结构性。历经改革开放40多年的发展，我国经济总量已经跃升至世界第二位，但是经济发展面临严重的周期性、结构性问题，需要从经济结构转型发力，在保持总量增长的同时，实现结构优化。三是改革。要通过改革的方式解决供给侧结构性问题，增强供给结构对需求变化的适应性和灵活性，引导新的供给创造新的需求，引导新的需求催生新的供给，在供需互动中实现经济发展。

2. 数量与质量要求相融合，更加注重质量效益提升

历经改革开放40多年的发展，我国从数量上"做大蛋糕"，解决了人民日益增长的物质文化需要同落后的社会生产之间的矛盾。目前我国要从质量上"做好蛋糕"，满足人民日益增长的美好生活需要，更要"分好蛋糕"，解决不平衡不充分发展的问题。"做大蛋糕""做好蛋糕"与"分好蛋糕"是辩证统一的关系[③]，"做大蛋糕"是前提，与发达国家相比，我国的人均收入水平还很低，仍需要继续"做大蛋糕"；"做好蛋糕"是更高要求，"做好蛋糕"与"做大蛋糕"之间存在递进关系，既追求数量，又追求质量，将"做蛋糕"进行了升华；社会主义的本质要求是最终达到共同富裕，"分好蛋糕"是实现共同富裕的必要过程，这始终是我们的出发点和落脚点。必须在"做大蛋糕"的基础上"做好蛋糕"，更要"分

① 刘伟、陈彦斌：《十八大以来宏观调控的六大新思路》，载《人民日报》，2017年3月1日。

② 刘伟、苏剑：《"新常态"下的中国宏观调控》，载《经济科学》，2014年第4期。

③ 卫兴华：《做大蛋糕与分好蛋糕是辩证统一的》，载《人民日报》，2011年10月11日。

好蛋糕”,坚持质量第一、效益优先,推动经济发展质量变革、效率变革、动力变革,提高全要素生产率。

3. 宏观与微观调控相配合,更加注重定向精准施策

经济发展的突出矛盾和结构性问题,既反映在宏观层面,又体现在微观层面,因而,需要宏观与微观调控相配合,更加注重定向精准施策。一方面,宏观层面确立区间管理的思路。过去为了易于量化考核,往往设立较为具体的经济增长、就业创造等数字目标,管理手段相对单一。提出“经济运行合理区间”,是顺应形势变化的重要举措,“区间下限”是稳增长、稳就业,“区间上限”是防通胀,“区间底线”是守住不发生系统性金融风险[①],使得宏观调控的方向、力度、节奏更具弹性。此外,根据经济形势变化,提出“六稳”工作、“六保”任务,“六保”任务是底线,“六稳”工作是高线,二者也构成了区间调控。另一方面,微观层面实施定向调控措施。供给侧结构性改革的五大任务各有明确的指向:去产能旨在化解过剩产能,去库存特指化解房地产库存,去杠杆特别要求地方政府、国有企业降低杠杆率,降成本致力于减税降费、解决企业融资难融资贵问题,补短板则面向民生领域。三大攻坚战定位精准:打好防范化解重大风险攻坚战旨在保稳定,防止金融等领域爆发风险;打好精准脱贫攻坚战助力绝对贫困人口脱贫,全面建成小康社会后继续缓解相对贫困;打好污染防治攻坚战体现新发展理念,为子孙后代留下“绿水青山”“碧海蓝天”。特别是借助“放管服”改革的办法,宏观层面与微观层面相配合,有效地提高了宏观调控政策的时效性和精准性。

4. 财政与货币政策相组合,更加注重逆周期跨周期调节

宏观调控政策内容丰富,财政、货币、产业、区域、投资、消费等多元多样。将财政政策和货币政策确立为宏观调控的主要手段,更符合逆周期跨周期调节,原因在于:一是财政政策和货币政策反应迅速。往往短期波动更需要逆周

---

① 张晓晶:《试论中国宏观调控新常态》,载《经济学动态》,2015年第4期。

期调节，与产业、区域等政策相比，财政政策和货币政策反应更为迅速，当经济下行，实施减税降费、增加财政支出等财政政策，实行降准、降息等货币政策，可以很迅速地传导至市场主体。二是财政政策和货币政策精准量化。产业、区域政策更趋于规划，投资、消费政策受收入、收益率影响大，这几类宏观调控政策的共同点在于无法精准量化，财政政策和货币政策则完全可以做到精准量化，比如针对某个行业、某类企业下调某个税种的税率，比如增加某个领域的财政支出，再比如降低存款准备金率和引导利率至某个具体水平。三是财政政策和货币政策灵活多变。与其他宏观调控政策相比，财政政策和货币政策工具更加灵活多变，既有短期工具，又有长期工具，财政政策工具包括税收改革、财政事权与支出责任划分、政府发债等，货币政策工具包括常备借贷便利、短期抵押贷款、中长期融资债券等新型工具，以及利率市场化改革和存款保险制度等。

5. 时间与空间相联合，更加注重预期引导和内外循环

宏观调控在时间上既要立足当前，更要着眼长远；在空间上既要形成国内大循环，更要推动国内国际双循环。党的十八大以来，宏观调控联合时间与空间，更加注重预期引导和内外循环。时间层面，宏观调控更具前瞻性。[①] 依靠预调微调实现短期调控，使得总供给和总需求基本平衡，保持市场合理适度的流动性，推动经济运行处于合理区间；依靠供给侧结构性改革实现长期调控，从深化改革、调整结构、创新驱动等方面着手，致力于引导经济迈向高质量发展。空间层面，宏观调控更具多维度、立体性。统筹区域发展，形成京津冀协同发展、长江经济带发展、粤港澳大湾区建设、长三角一体化发展、西部大开发、东北全面振兴等全方位的区域发展战略格局；统筹城乡发展，实施乡村振兴战略，促进城乡融合发展；建设"一带一路"，推进"区域全面经济伙伴关系协定"，成立亚洲基础设施投资银行、金砖国家新开发银行，设立丝路基金，积极

---

① 周小川：《宏观调控的经济描述与工程描述——在首届"金融街论坛"上的讲话》，载《金融研究》，2013年第1期。

参与二十国集团会议，开展双边和多边合作，联动国内国际双循环。

二、新发展阶段对宏观调控的新要求

在建设社会主义现代化国家进程中，外部面临保护主义和单边主义、世界经济长期增长乏力和全球产业链供应链面临非经济因素冲击等新挑战，内部面临新的发展机遇。新发展阶段对宏观调控提出了新的要求。

1. 完善社会主义基本经济制度的要求

过去很长一段时间内，社会主义基本经济制度等同于所有制，认为“公有制为主体、多种所有制经济共同发展”就是我国的基本经济制度。党的十九届四中全会丰富了基本经济制度的内涵，首次将分配制度、社会主义市场经济体制一并纳入，这是习近平新时代中国特色社会主义思想对马克思主义政治经济学的突破性创新。[①] 社会主义现代化国家要求完善社会主义基本经济制度，作为社会主义基本经济制度的重要组成部分，囊括宏观调控的社会主义市场经济体制需要作出更大探索。

完善宏观调控制度体系，是完善社会主义基本经济制度的要求。作为政府管理和服务的方式，宏观调控肩负着重要职责，需要加快完善社会主义市场经济体制。总要求方面，构建有力有效的宏观调控新机制，增强宏观调控的前瞻性、针对性和协同性；财政政策方面，建立符合现代化国家要求的现代财税制度，关键要合理划分中央和地方财政事权与支出责任；货币政策方面，强化货币政策、宏观审慎政策和金融监管协调，推动货币政策从数量型调控为主向价格型调控为主转型，建立现代金融监管体系；调控环境方面，持续改善营商环境，构建社会信用体系和新型监管机制；其他政策方面，完善科技创新制度和组织体系，完善产业政策和区域政策体系。

---

① 顾海良：《社会主义市场经济体制是如何上升为基本制度的?》，载《红旗文稿》，2020年第2期。

2. 推进国家治理体系和治理能力现代化的要求

社会主义现代化国家要求国家治理体系和治理能力现代化，后者是前者的必备要素之一。宏观调控体系现代化对应着经济治理体系现代化，宏观调控能力现代化对应着经济治理能力现代化。[①] 我国宏观调控经历了从“国家管制”到“国家管理”再到“国家治理”的演变。在计划经济时期，计划调节作为“国家管制”的方式，发挥了一定的作用，但也阻碍了市场发挥活力；随着社会主义市场经济的不断探索，“国家管理”的思路变为市场调节，特别是党的十五大提出“使市场在国家宏观调控下对资源配置起基础性作用”；党的十八大以来，越发重视“市场在资源配置中起决定性作用”，从制度上发力，注重完善宏观调控体系和提升宏观调控治理能力，逐步演变为“国家治理”。这一系列演变，使得我国宏观调控体系逐步完善，调控能力也有所增强。

完善宏观调控制度体系，是推进国家治理体系和治理能力现代化的要求。从国家治理的理念、制度、组织和方式这四个层次看[②]，我国宏观调控仍存在一些矛盾与问题。一是从宏观调控的理念看，缺乏动态有效的平衡。政府和市场的关系仍未完全理顺，部分地方依然存在全能型政府、管制型政府[③]；宏观与微观的关系仍不紧密，宏观调控常常强调“分类实施、因地制宜”，微观落实则往往搞“一刀切”；长期与短期的关系仍不协调，部分地区的发展仍持短视思维，对长期发展的高质量和可持续性问题重视不足。二是从宏观调控的制度看，缺少完善细致的机制。宏观调控的思路遍布各类文件，宏观调控的指导意见相对宽泛，宏观调控的前瞻性、系统性不足，约束宏观调控的机制尚未成型。三是从宏观调控的组织看，需要政府间关系的协调。中央与地方政府的关系需要协调，中央政府的宏观调控政策设计考虑周全，但我国区域差异较大，地方政府并不一定全部落实，“选择性执行”“上有政策、下有对策”的现象

---

① 李海鹏：《着力健全宏观调控体系 推进国家治理体系和治理能力现代化》，载《中国行政管理》，2015年第10期。

② 许耀桐、刘祺：《当代中国国家治理体系分析》，载《理论探索》，2014年第1期。

③ 魏礼群：《积极推进社会治理体制创新》，载《行政管理改革》，2014年第8期。

难以避免、时有发生;各地资源禀赋不同,发展差异较大,存在合作与竞争的情况,地方政府之间的关系需要协调,避免出现相互之间的不协调。四是从宏观调控的方式看,需要创新调控方法。要进一步划分中央和地方的财政事权和支出责任,完善货币政策和宏观审慎政策双支柱的调控框架,改变行政性调控手段。

3. 实现高质量发展的要求

社会主义现代化国家的目标之一,就是"在质量效益明显提升的基础上实现经济持续健康发展"。我国经济已迈向高质量发展阶段,转变发展方式、优化经济结构、转换增长动力成为新任务,而这些任务的完成,需要构建与高质量发展要求相适应的宏观调控制度体系。从比较政治经济学视角看,高质量发展可以由不同制度模式获得[①],这说明通过创新和完善宏观调控制度体系,完全可以实现高质量发展。

完善宏观调控制度体系,是实现高质量发展的要求。高质量发展对创新和完善宏观调控制度体系的新要求表现在:一是保持经济运行在合理区间。改革开放以来,我国经济保持9.5%的年均增长速度,创造了世界经济"增长奇迹"。但事物发展有其自身规律,高速增长既不可持续,更没有必要,宏观调控应着力保持经济运行在合理区间,可参考稳增长、稳就业、防通胀、防风险等因素界定合理区间。二是调整经济结构。我国面临较为严重的结构性失衡问题,比如经济总量与结构失衡[②]、实体经济供需结构性失衡、金融与实体经济结构性失衡等等,这也是提出供给侧结构性改革的深刻背景[③],宏观调控就是要调整经济结构失衡问题。三是深化各领域改革。宏观调控有两重目标,改革、发展和稳定是第一重目标,促进经济增长、增加就业、稳定物价和保持国际收

① 高培勇、袁富华、胡怀国等:《高质量发展的动力、机制与治理》,载《经济研究》,2020年第4期。

② 刘伟:《经济失衡与深化改革》,载《经济研究》,2014年第1期。

③ 刘伟:《经济新常态与供给侧结构性改革》,载《管理世界》,2016年第7期。

支平衡是第二重目标，在关系上第二重目标应当服从并服务于第一重目标[①]，深化各领域改革应当是宏观调控的首要目标，不仅是经济领域，还包括政治、文化、社会、生态等各领域。

4. 统筹发展与安全的要求

党的十九届五中全会要求"统筹发展和安全，建设更高水平的平安中国"。国家安全和社会稳定是改革发展的前提，经济安全是坚持总体国家安全观的基础。宏观调控肩负着处理好安全和发展关系的重任，不仅要促进经济持续健康发展，更要从全局考虑，促进社会大局稳定。

完善宏观调控制度体系，是统筹发展和安全的要求。目前，有三个领域的安全亟需重视。一是产业链安全。新冠肺炎疫情大暴发，全球经济发展受到巨大冲击，叠加贸易摩擦等非客观因素，国际产业链脆弱性显现无疑。当今世界国与国的竞争中，综合交错、相互关联的产业链的竞争是重点领域，要重视整个产业链的综合竞争力。与一般规模的国家不同，我国是超大规模型的经济体，要建设制造强国、推进国家现代化，必须依靠宏观调控建立维护我国产业链安全的有效机制。二是金融安全。金融安全是国家安全的重要组成部分，既关系经济社会发展大局，又关系老百姓的"钱袋子"。我国金融安全总体可控，但外部面临国际经济政策调整的外溢效应，内部面临金融业转型任务、金融支持实体经济重任，以及金融机构经营不规范、金融监管有真空等挑战，必须依靠宏观调控提高金融领域风险防控能力，守住不发生系统性风险的底线。三是战略资源能源储备安全。包括粮食、能源等在内的战略资源能源，是经济发展、社会稳定的生命线，我们必须依靠宏观调控牢牢守住国家粮食安全、能源安全底线。

---

① 方福前：《大改革视野下中国宏观调控体系的重构》，载《经济理论与经济管理》，2014年第5期。

三、国家宏观调控制度体系的主要内容

社会主义现代化国家的宏观调控制度体系至少应包含目标体系、政策体系、决策协调体系、监督考评体系、保障体系五个方面的内容。

1. 宏观调控制度的目标体系

在经济学理论中,宏观调控目标主要是经济增长、稳定物价、充分就业和国际收支平衡,各国实践也基本遵循这四个目标。我国坚持稳中求进工作总基调,科学确定年度宏观调控目标,逐步确立稳增长、促改革、调结构、惠民生、防风险的宏观调控基本取向,并加强宏观调控目标之间的综合平衡,"稳"主要体现在稳增长、惠民生、防风险,"进"则体现在促改革、调结构,"进"是为了更好地"稳"。一是稳增长。从数量看,稳增长与经济增长有一致性,即要使得经济增速达到某一目标区间,一定的经济增速是必要的,也是宏观调控的最基本目标,但并不一定需要设置明确的经济增速目标;从质量看,稳增长还有经济高质量发展的内涵,即稳定的经济增长不单纯是数量的增加,还需要经济高质量发展,因为只有高质量发展才更有利于长期可持续的经济增长。二是促改革。改革开放是走向现代化国家的必由之路,宏观调控要有利于经济领域改革,宏观调控主要面向经济领域,必须助推经济领域的一切改革;宏观调控不能仅仅局限于经济领域改革,还要以经济领域改革促进其他领域改革,包括行政管理、文化社会和生态环境等领域改革。三是调结构。调整供给结构,从更多依赖土地、劳动力、资本等要素投入,调整为更多依赖技术、数据等要素投入;调整需求结构,从依靠消费、投资、进出口驱动,调整为更多依靠国内高质量消费驱动;调整供需结构,从低质量供需平衡,调整为高质量供需均衡。四是惠民生。宏观调控要坚持发展成果由人民共享,牢牢把握惠民生这一抓手。要稳定就业,同时运用宏观调控解决医疗、教育、养老等诸多问题;要稳定物价,坚持房子是用来住的,不是用来炒的定位,保持居民消费价格指数相对平稳;要在打赢脱贫攻坚战基础上,继续解决相对贫困问题;要打赢污染防治

攻坚战，促进经济社会发展全面绿色转型。五是防风险。宏观调控要始终坚决贯彻总体国家安全观，防范化解经济、科技等领域重大风险，以及由这些领域风险引起的其他领域风险，守住不发生系统性风险的底线。

2. 宏观调控制度的政策体系

宏观调控政策体系应立足国家发展规划，既有主要手段，又能协同发力。一是以国家发展规划为战略导向。宏观调控要以“国民经济和社会发展第十四个五年规划”和“二〇三五年基本实现社会主义现代化远景目标”为战略导向，必须坚持以发展为第一要务，围绕经济社会发展目标，紧扣推动经济发展、增进人民福祉、防范化解风险等问题，推动中国经济向高质量发展。二是以财政政策和货币政策为主要手段。平衡性的财政政策和中性偏紧的货币政策是日本和韩国在转型时期的政策取向①，充分说明了财政政策和货币政策的重要性。中国当前面对的国际环境和日本、韩国转型时期不同，国内政策环境也有差异，将平衡性财政政策转向功能性财政政策，更好发挥财政政策作用，将中性偏紧货币政策转向稳健弹性货币政策，健全货币政策和宏观审慎政策双支柱调控框架，并根据内外部环境变化、经济发展情况进行微调。三是其他政策协同发力。包含就业、产业、投资、消费、区域等在内的政策，各自发挥积极作用：实施就业优先政策，产业政策围绕构建现代产业体系，特别是增强产业政策对技术创新和结构升级的作用，投资政策发挥政银企社合力，消费政策致力消费转型升级，城乡和区域政策需要因地制宜、分类指导，民生政策要有尽力而为、量力而行的兜底功能，内外安全政策以总体国家安全观为指导，各类政策注重配合战略导向和主要手段。

3. 宏观调控制度的决策协调体系

宏观调控是由多层级、多部门、多视角形成的综合体系，需要提升经济监

---

① 余斌、张俊伟等：《新时期我国财政、货币政策面临的挑战与对策》，载《管理世界》，2014年第6期。

测预测预警能力，建立健全宏观调控政策预研储备机制，提升宏观调控预期引导和管理能力，完善宏观调控决策协调体系。[①] 一是中央和地方层面的纵向协调联动。中央层面负责宏观调控的顶层设计，指明政策目标和方向，地方层面做好传达和执行，中央和地方共同引导市场主体积极响应宏观政策意图；中央综合考虑地方实际情况，在宏观政策落地时允许存在区域差异性，尊重基层的首创精神，激发地方积极性和创造性。二是部门层面的横向协调联动。统筹宏观经济政策，优化政策目标、边界的协调，实现财政、货币、就业、产业、投资、消费、区域等政策的优化组合；完善部际协调机制，以国务院金融稳定发展委员会为重要依托，建立覆盖金融、财政、贸易等多元化的部际协调机制。三是国内国际层面的决策协调。积极参与国际宏观政策沟通，借助国际货币基金组织等各类国际组织活动，加强国内国际政策一致性、协调性；积极参与国际规则调整和制定，贡献规则重塑上的中国智慧、中国方案。四是跨周期层面的决策协调。既要注重短期逆周期调节，又要注重中长期结构调整转型，从持久战的角度认识短期和中长期问题，完善宏观调控跨周期设计和调节。

4. 宏观调控制度的监督考评体系

宏观调控不能“一调了之、一控了之”，应健全各司其职、相互配合的宏观调控落实机制，对宏观调控政策的制定过程、执行方式和政策效果等进行监督考评，建立监督考评体系。一是宏观调控政策制定的监督考评。要科学设置政策界限，积极的财政政策要以债务风险、财政可持续性为界限，稳健的货币政策要以货币供应量、利率、通货膨胀率等目标为界限，对金融、资本市场实行预期管理，对微观主体数据进行数字化和具象化处理[②]，其他宏观调控政策也需设定相应的量化界限；要建立外部专家评估机制，根据宏观调控政策方案，引入外部专家，由其出具宏观调控政策潜力、风险等压力测试评估报告。二是

① 徐绍史：《创新和完善宏观调控》，载《人民日报》，2017年12月19日。

② 林木西：《健全宏观调控制度体系 推进国民经济治理体系和治理能力现代化》，载《政治经济学评论》，2020年第2期。

宏观调控政策执行的监督考评。加强宏观调控政策执行过程中的检查力度，综合采取现场检查和非现场检查方式，敦促各部门、各级地方政府落实到位；建立和完善宏观调控政策反馈机制，宏观调控政策方案与执行存在差异，各部门、各级地方政府在落实宏观调控政策过程中，应及时反馈并协调解决发现的问题。三是宏观调控政策效果的监督考评。多角度监督考评宏观调控政策效果，加强高质量发展综合绩效评价结果应用，从数量、质量、时效等多个角度建立产出、效益、满意度等指标体系，科学做出监督考评；建立政策修正机制，根据宏观调控政策效果，适时适度作出修正，确保宏观调控政策达到预期目标。

5. 宏观调控制度的保障体系

必要的保障体系有助于宏观调控得以制定实施，并取得预期效果。一是组织保障。坚定维护党的集中统一领导，切实把思想和行动统一到党中央、国务院决策部署上来，充分认识宏观调控制度体系的重要性，各部门、各地区明确职责分工、完善工作机制、落实工作责任。二是法律保障。树立法治思维，通过法治方式，让宏观调控制度体系更成熟定型；完善法律法规，加强宏观调控相关的发展规划、财税金融、经济安全等重点领域立法工作。三是环境保障。宏观调控传导不畅、效率不高是长期存在的问题，往往需要伴随改革加以改进，应深化基础性改革，进一步营造有利于宏观调控的良好环境。四是人才与理论研究保障。完善宏观调控专业人才培养机制，推动人才跨部门交流任职，充实各类研究部门的理论研究力量，推动国际宏观调控理论与实践的前沿跟踪研究。

第六章
绿色发展：构建生态文明体系

第一节
“绿水青山就是金山银山”

2005年8月，时任浙江省委书记习近平同志在湖州市安吉县余村考察，得知村里关闭矿区、走绿色发展之路的做法后给予了高度评价，并在余村首次提出了“绿水青山就是金山银山”的重要理念。之后，习近平总书记在多个不同场合进一步深化了“绿水青山就是金山银山”理念，并以此为核心形成了习近平生态文明思想。“绿水青山就是金山银山”理念是对工业文明发展范式下的西方经济学的价值理论体系、财富核算方法和收入分配理论的批判、修正和改进，也是对马克思主义劳动价值理论、财富测度指标和社会主义按劳分配理论的深化和拓展。[①] “绿水青山就是金山银山”理念深刻揭示了生态环境保护与经济社会发展之间的辩证统一关系，对于“十四五”时期我国经济高质量发展有着重大指导意义。

一、深刻把握“绿水青山就是金山银山”理念的丰富内涵

“绿水青山就是金山银山”理念具有丰富的内涵。“绿水青山”并不单纯是指山水资源，还包括冰天雪地、海浪沙滩、蓝天白云、清新空气等自然生态范畴，是对优良自然生态资源的形象概括。“金山银山”不仅是指“绿水青山”本身的价值，更指“绿水青山”转化成经济价值与社会价值。习近平总书记指出：“绿水青山就是金山银山，阐述了经济发展和生态环境保护的关系，揭示了保护生态环境就是保护生产力、改善生态环境就是发展生产力的道理，指明了实现发展和保护协同共生的新路径。绿水青山既是自然财富、生态财富，又是社

① 参见潘家华：《构建生态文明范式下的新经济学》，载《浙江日报》，2020年8月17日。

会财富、经济财富。保护生态环境就是保护自然价值和增值自然资本,就是保护经济社会发展潜力和后劲,使绿水青山持续发挥生态效益和经济社会效益。"[①]2021年2月,习近平总书记在贵州考察调研听取省委、省政府工作汇报时,希望贵州努力开创百姓富、生态美的多彩贵州新未来。贵州既被誉为"公园省",也存在石漠化治理难题。习近平总书记十分关心贵州生态环境保护问题。2014年3月习近平总书记在参加十二届全国人大二次会议贵州代表团审议时,就重点谈到发展与生态的辩证法。他指出,绿水青山和金山银山决不是对立的,关键在人,关键在思路。保护生态环境就是保护生产力,改善生态环境就是发展生产力。这次贵州之行,总书记远眺乌江山水,步行察看乌江生态环境和水质情况。他说,优良生态环境是贵州最大的发展优势和竞争优势,要不断做好绿水青山就是金山银山这篇大文章。"绿水青山就是金山银山"的重要论述,深刻揭示了生态环境保护与经济社会发展之间的关系。多年来,习近平总书记反复强调要牢固树立"绿水青山就是金山银山"的理念。作为习近平生态文明思想的标志性观点和代表性论断,"绿水青山就是金山银山"理念从根本上改变了人们对生态环境的传统认识,丰富和拓展了马克思主义生产力基本原理的内涵。

"绿水青山"与"金山银山"这个看似矛盾的两个方面,内含于国家建设之中。"绿水青山就是金山银山"理念反对两种极端化的倾向:一种是以牺牲经济发展为代价来保护生态环境;一种是以舍弃环境为代价来发展经济。在"绿水青山就是金山银山"理念构想的图景中,"绿水青山"与"金山银山"都是人类社会发展的客观需要,二者不是对立物,而是能够共存的对立统一体。

"绿水青山就是金山银山",这是经济发展与生态环境保护之间矛盾的最高阶段,即矛盾双方由对立走向统一。将"绿水青山"等同于"金山银山"是一个具有战略意义的判断。经济生态化与生态经济化的转换思维,触发了矛盾双方由对立走向统一的条件,使矛盾双方在朝向对立面的转换进程中达成了

① 参见习近平:《推动我国生态文明建设迈上新台阶》,载《求是》,2019年第3期。

统一。建设社会主义生态文明，开创新时代中国特色社会主义事业新局面。[①]"绿水青山就是金山银山"理念是重要的发展理念，也是推进现代化建设的重大原则。认真贯彻践行这一理念，不仅有助于创造良好的生产、生活环境，更能以绿色生产生活方式突破制约经济社会发展和人民生活水平提高的环保瓶颈，助推经济结构优化转型。

生态环境问题归根结底是发展方式和生活方式问题，要从根本上解决生态环境问题，必须全面贯彻新发展理念，加快形成节约资源和保护环境的空间格局，把生产方式、生活方式、人的行为限制在自然资源和生态环境能够承受的限度内。在资源利用上线方面，不仅要考虑人类和当代的需要，也要考虑大自然和后人的需要，把握好自然资源开发利用的度，不要突破自然资源承载能力。

二、大力推进绿色发展

绿色是永续发展的必要条件和人民对美好生活追求的重要体现。绿色发展，就是要解决好人与自然和谐共生的问题。树立绿色发展理念，就必须坚持节约资源和保护环境的基本国策，坚持可持续发展，坚定走生产发展、生活富裕、生态良好的文明发展道路，加快建设资源节约型、环境友好型社会，形成人与自然和谐发展的现代化建设新格局。

新时代推进生态文明建设，必须坚持以下原则：一是坚持人与自然和谐共生，坚持节约优先、保护优先、自然恢复为主的方针；二是绿水青山就是金山银山，加快形成节约资源和保护环境的空间格局、产业结构、生产方式、生活方式；三是良好生态环境是最普惠的民生福祉，坚持生态惠民、生态利民、生态为民；四是山水林田湖草是生命共同体，要全方位、全地域、全过程开展生态文明建设；五是用最严格制度、最严密法治保护生态环境，让制度成为刚性的约束

① 参见刘同舫：《"绿水青山就是金山银山"理念的科学内涵与深远意义》，载《光明日报》，2020年8月14日。

和不可触碰的高压线；六是共谋全球生态文明建设，深度参与全球环境治理。[①]

有关“绿水青山就是金山银山”理念的内容被写进了十九大报告，《中国共产党章程》增加了“绿水青山就是金山银山”理念的表述，落实到政策中就是大力推进绿色发展。绿色发展是高质量发展的基本内涵，也是解决突出环境问题的根本之策。推进产业结构绿色转型，推进生产方式绿色转型，加快形成绿色生活方式，是绿色发展的重要方面。

1. 推进产业结构绿色转型

党的十九大报告把深化供给侧结构性改革摆在贯彻新发展理念、建设现代化经济体系这一重大战略部署的第一位，符合国际发展大势和我国发展阶段性要求。坚持去产能、去库存、去杠杆、降成本、补短板是深化供给侧结构性改革的重点任务，也是推进绿色发展的重点任务，对推动绿色发展、提高生态环境质量意义重大。

第一，推进产业体系绿色升级。坚持化解产能与产业升级相结合，充分发挥生态环境保护的倒逼作用，以新技术、新产业、新业态、新模式为核心，在农业、制造业、服务业领域中激发生态资源禀赋产业化的新功能，强化知识、技术、信息、数据等新生产要素的支撑作用，持续推动传统产业的改造升级，提高发展质量和效率。深入推进农业绿色化、优质化、特色化、品牌化，推动农业由增产导向转向提质导向，实施产业兴村强县行动，培育农产品品牌，保护地理标志农产品。先进制造业既包括新技术催生的新产业、新业态、新模式，也包括利用先进适用技术、工艺、流程、材料、管理等改造提升落后的传统产业，要坚持做强增量和调优存量两手抓。

第二，加快发展节能环保产业。当前推动供给侧结构性改革，尤其需要加快培育壮大新动能，加快新旧动能转换。美国、德国、日本等发达国家，在环境治理过程中，持续培育环保装备、环保技术与环保服务业，不仅有效推进了本国的环境治理，还引领了世界环保产业发展。党的十九大报告提出，壮大节能

---

① 参见习近平：《推动我国生态文明建设迈上新台阶》，载《求是》，2019年第3期。

环保产业、清洁生产产业、清洁能源产业，这既是支撑生态环境治理的产业基础，也是国家大力发展战略性新兴产业、建设绿色低碳循环发展产业体系的重要领域。

2. 推进生产方式绿色转型

坚持以技术创新为先导，以资源能源节约和高效利用为抓手，全方位、全过程推进生产方式的绿色低碳循环化改造，在生产的全过程中提高绿色发展水平。

第一，构建绿色技术创新体系。习近平总书记指出，"要发挥市场对技术研发方向、路线选择、要素价格、各类创新要素配置的导向作用"，这为充分发挥市场导向作用，构建要素完备、目标明确、功能齐全、运行有效的绿色技术创新体系指明了方向，提供了基本遵循原则。一是利用市场机制高效集聚绿色技术创新资源，探索建立政府公共引导基金，健全多层次财政补贴体系，提高税收绿色化程度，征收环境税，推动企业积极研发绿色技术。二是加强绿色制造技术研发。绿色制造技术是以绿色理念为指导，综合运用以绿色设计、绿色工艺、绿色包装、绿色生产等为一体的科学技术。三是加强绿色技术的成果转化。通过产学研用合作和产业创新联盟形式，鼓励以企业为主体开展技术创新，争取重大关键技术突破。建立绿色技术推广应用平台，积极推进节能环保、清洁生产、清洁能源等重点领域的技术试点工程，促进先进技术装备的应用推广。

第二，全面节约和高效利用资源。科学把握我国资源国情，牢固树立节约集约循环利用的资源观，加大改革创新力度，推动全面节约和高效利用资源。一是实行资源总量和强度双控。我国自然资源稀缺，开发强度大，资源利用效率较低，要实施严格的自然资源开发管控制度，对水资源、土地资源、能源等实施资源开发总量和强度的双管控，既要控制总量，也要控制单位生产总值能耗、水耗、建设用地强度等。二是高效利用和节约水资源。解决中国水短缺、水污染问题，节水是根本出路。到目前为止，我国基本上以农业用水的零增长保障了粮食连年丰收，以用水总量的微增长保障了经济的高速增长。但我国水资源开发强度依然处于较高水平，海河、黄河、辽河流域水资源过度开发，利用率超过水资源可再生能力分别高达106%、82%、76%，远远超过国际公认的40%的水资源开发生态警戒线，高效利用和节约水资源任重道远。三是坚持最严格的节约用地制度。从人均占有土地尤其是人均占有耕地的角度看，我国是土地资源相当贫乏的国家。要保障城镇化持续快速健康发展，建设完备的城乡基础设施和优美城市，保障粮食安全，必须实施最严格的土地管理制度，强化土地资源总量与开发强度管控。严格控制新增建设用地规模，实施建设用地总量控制和减量化管理，强化对新增建设用地规模、结构、时序安排的调控，推进城镇低效用地再开发和工矿废弃地复垦，严格控制农村集体建设用地规模。

3. 加快形成绿色生活方式

面向未来，世界现代化人口仍将快速增长，如果依照现存资源消耗模式生活的话，那是不可想象的。生活涉及老百姓的衣食住行各个方面，每个人每天每一个生活细节几乎都会涉及绿色或不绿色的选择问题。加快推动生活方式绿色化，就是要倡导简约适度、绿色低碳的生活方式，反对奢侈浪费和不合理消费，努力实现生活方式和消费模式向绿色低碳、文明健康的方向转变。

近年来，全国各地、各行业在推广绿色生活方式的实践中，取得了积极进展。但是，公众绿色生活的意识和理念仍不够强，绿色产品和服务的供给还不能有效匹配相应需求。一方面，要通过大力推动绿色示范创建，以点带面，在全社会营造良好的绿色生活氛围；另一方面，要增加绿色产品和服务供给，以生活方式的绿色革命，倒逼生产方式绿色转型。

三、把握“绿水青山就是金山银山”理念需要落实好的两个方面

近年来，各地在推进绿色发展方面进行了很多积极探索，取得了丰富成果和经验。但现实中也出现了保障手段不够、机制不健全等问题。重点要在两

个方面下功夫。

1. 绿色转型要提高生态要素配置效率

党的十九届五中全会指出，要促进经济社会发展全面绿色转型，建设人与自然和谐共生的现代化。绿色转型要提高生态要素配置效率。一是全面绿色转型要积极构建绿色低碳循环产业体系。在坚持优化存量的同时，要加快做大做强绿色生态型产业的增量。积极发挥市场、技术、人才、资金等创新要素的融合优势，谋划智慧型、低碳型经济发展，努力构建新发展格局。二是全面绿色转型要坚持改革创新。从政府治理层面来说，应加快制定以绿色GDP考核为主的晋升激励机制，引导地方政府牢固树立“绿水青山就是金山银山”的发展理念，在全社会形成生态保护的文化氛围。

2. 将生态环境成本纳入经济运行成本

2018年，国家发改委发布《关于创新和完善促进绿色发展价格机制的意见》，这一意见明确提出，要加快建立健全能够充分反映市场供求和资源稀缺程度、体现生态价值和环境损害成本的资源环境价格机制，完善有利于促进绿色发展的价格政策，将生态环境成本纳入经济运行成本，撬动更多社会资本进入生态环境保护领域，促进资源节约、生态环境保护和污染防治，推动形成绿色发展空间格局、产业结构、生产方式和生活方式。但这项工作在实际推进中存在不少困难。要在实践中探索经验，形成可复制、可推广的做法。资源环境价格机制改革要聚焦污水处理、垃圾处理、节水、节能环保四个方面，有针对性地提出一揽子的政策措施，如建立企业污水排放差别化收费机制、完善城镇生活垃圾分类和减量化激励机制、完善部分环保行业用电支持政策等。

第二节
做好碳达峰、碳中和工作

2020年9月，习近平主席在第七十五届联合国大会一般性辩论上的讲话中表示，中国将提高国家自主贡献力度，采取更加有力的政策和措施，二氧化碳排放力争于2030年前达到峰值，努力争取2060年前实现碳中和。这是我们主动向国际社会作出的郑重承诺。党的十九届五中全会通过的《建议》提出，要加快推动绿色低碳发展，广泛形成绿色生产生活方式，碳排放达峰后稳中有降。在2020年12月召开的中央经济工作会议上，做好碳达峰、碳中和工作被列为2021年的重点任务之一。中国提出的碳达峰、碳中和目标，既是对世界的庄严承诺，也是自身发展大势使然，是统筹国内国际两个大局的战略决策。在"十四五"乃至未来的很长一段时间，碳达峰、碳中和建设都将是我国生态环境建设的重要主题。

一、碳达峰、碳中和两个阶段的目标

碳达峰是指某个地区或行业年度二氧化碳排放量达到历史最高值，然后经历平台期进入持续下降的过程，是二氧化碳排放量由增转降的历史拐点，标志着碳排放与经济发展实现脱钩，达峰目标包括达峰年份和峰值。碳中和是指某个地区在一定时间内（一般指一年）人为活动直接和间接排放的二氧化碳，与其通过植树造林等吸收的二氧化碳相互抵消，实现二氧化碳"净零排放"。碳达峰与碳中和紧密相连，前者是后者的基础和前提，达峰时间的早晚和峰值的高低直接影响碳中和实现的时长和实现的难度；而后者是对前者的紧约束，要求达峰行动方案必须要在实现碳中和的引领下制定。[①] 碳达峰、碳中和分为两个阶段的奋斗目标——碳达峰目标和碳中和愿景，有效衔接了两阶段战略安排，是对我国经济高质量发展和生态文明建设的明确要求。

1. 第一个阶段，在2030年前碳排放达到峰值

我国目前还处在工业化和城镇化进程中，经济中高速发展，能源需求仍然在增长。在能源需求持续增长的情况下，实现2030年前碳排放达峰，难度很大。必须大力改善能源结构。新增长的能源需求主要由新增的非化石能源供应来满足，保证煤炭、石油等化石能源基本不再增加，这样才有可能尽快实现碳排放达峰。

我们要研究跨越“十四五”“十五五”的二氧化碳排放达峰行动计划，在两个五年规划里面持续实施，这个工作既必要，也有一定的难度，需要在持续十年左右时间进行规划。要向地方、行业明确传导压力、传导任务，要明确地方和重点行业的达峰目标、路线图、行动方案和配套措施，相关部门也要形成合力来推动和支持这项工作。同时，我们要强化监督考核，在“十四五”末要进行评估，进一步强化相应的措施，支持国家自主贡献重点项目建设，确保2030年前达峰目标能够实现。

2. 第二个阶段，努力在2060年之前实现碳中和

碳达峰时间越早，峰值排放量越低，对实现碳中和的长期目标就越有利。“十四五”要为实现碳排放在2030年前达峰奠定好基础。除了控制二氧化碳排放，也要控制其他非二氧化碳温室气体的排放，争取实现全部温室气体同步达峰。此外，还要提高非化石能源消费占比，严格控制煤电产能的扩张和煤炭消费量的反弹，加强碳市场建设，用市场手段促进节能和减排。

按照欧盟本世纪中叶实现碳中和的目标，其碳达峰至碳中和历经60年，而

---

① 参见王金南、严刚：《加快实现碳排放达峰　推动经济高质量发展》，载《经济日报》，2021年1月4日。

我国从碳达峰到碳中和仅有30年。我国面临着比发达国家时间更紧、幅度更大的减排要求。尽早达峰、尽早进入排放的下行通道,下一代人实现碳中和目标会更容易,经济将避免巨大的浪费,同时会创造出更多商机和增长动力。为实现碳中和,工业、建筑、交通、电力等国民经济主要部门,要树立起本部门碳达峰与碳中和的长远愿景、目标和路径。

低碳和发展对立的观点已不合时宜,旧的发展方式在中国正在走向终结,新的发展将使中国更具竞争力。"十四五"期间,中国要促进电力行业改革,通过财政、货币政策和可持续金融调动对清洁能源行业的投资,明确新基建计划对绿色技术和绿色基础设施的支持程度等。

发达国家碳达峰、碳中和的做法或许对我们有一些启发。自英国首先提出"低碳经济"发展目标以来,美国、日本等发达国家纷纷响应,积极制定本国"低碳化"发展目标和政策措施,抢占低碳经济发展先机。一些做法值得我们学习和借鉴。

二、抓好碳达峰工作的重点领域

国际上积累了有关大气污染物减排、二氧化碳减排、能源低碳发展的诸多经验,包括政策工具、技术创新、管理经验等,我们要加强研究、合理借鉴,以能源结构调整、产业结构调整、增加碳汇为关键抓手,提高碳达峰、碳中和工作的科学性、前瞻性和战略性。

1. 能源结构调整

要合理控制能源消费总量,重点控制化石能源消费,深入推进工业、建筑、交通、公共机构等重点领域节能。"十四五"末期中国非化石能源消费占比要达到20%左右,能源消费总量要控制在55亿吨标准煤以内,二氧化碳排放总量要低于150亿吨。要不断提高能源使用效率,必须降低单位GDP的碳强度,努力用碳强度的降低来抵消能源消费增长带来的二氧化碳排放的增量。

"十三五"期间,中国提出非化石能源消费占比达到15%的目标,2019年已经超过了这个指标。从现在来看，要实现二氧化碳排放在2030年前达峰，“十四五”非化石能源消费占比要达到20%左右，到2030年要达到25%左右，这远高于《巴黎协定》里中国对国际承诺20%左右的NDC（各国自主决定贡献）目标。中国目前是全球最大的太阳能和风能制造国和使用国，先后投入巨资补贴支持太阳能和风能绿色产业高速发展。经过10多年高速发展，太阳能技术已非常成熟，所转换电能接入电网后，价格已同煤电价格趋同，可以部分替代煤电。未来10年内，我国新增风电和太阳能发电装机量要超过10亿千瓦，这相当于美国现有全部发电装机总量。这样，到2030年，非化石能源发展才能满足经济发展带来的新增的能源需求。

煤炭是二氧化碳排放强度最高的一种能源载体，对于我国而言，煤炭是化石能源消费的主体，煤炭燃烧产生的二氧化碳占我国二氧化碳排放总量的70%以上，近期能源结构转型的重点在于严格控制煤炭消费。“十四五”期间要尽量做到煤炭消费零增长，才能保证“十五五”期间实现碳达峰。以新能源和可再生能源发电来代替煤电以及减少散煤的终端利用，使天然气消费的二氧化碳排放增长由煤炭消费量下降减少的二氧化碳排放来抵消，如此整个能源消费排放的二氧化碳才能达到峰值，不再增长并开始下降。各地应制定“十四五”及中长期煤炭消费总量控制目标，确定减煤路线图，保持全国煤炭消费占比持续快速降低，大气污染防治重点区域要继续加大降低煤炭消费总量的力度。

2. 产业结构调整

实现产业体系低碳化发展，不能仅仅依靠能源结构的变化，需要通过技术水平提升和固定资本升级促进产业体系升级来实现。产业结构是决定能源消费和碳排放的主要因素之一。与第三产业高度发达的发达国家相比，我国经济更依赖于能源密集型和碳密集型的第二产业。回顾“十三五”，产业转型和第二产业节能减排是实现碳排放目标的主要措施。要建立绿色低碳循环发展的产业体系。要实现产业结构数字化、绿色化、低碳化，发展高附加值、低能耗的产业和产品来取代传统的能耗高、附加值低的产业和产品。

要推动钢铁、建材、有色金属、化工、石化、电力、煤炭等重点行业提出明确的达峰目标并制订达峰行动方案,率先实现二氧化碳排放达峰目标,不能再盲目扩充产能。要探索建立绿色工业低碳报告制度,协同推进汽车与能源、交通、信息通信等产业的深度融合,完善绿色产品的标准体系,培育一批骨干企业,加大绿色产品的供应保障。高耗能、高碳排放的产业唯有诉诸技术创新,实现低碳转型和技术升级,未来才会有发展潜力和竞争力。

3. 交通结构调整

交通同样是未来实现碳达峰需要重点突破的领域。公开数据显示,2013—2019年,我国交通运输领域碳排放年均增速保持在5%以上,成为温室气体排放增长最快的领域。初步测算,交通运输领域碳排放占全国终端碳排放15%左右。交通运输行业处于能源消费的末端,尽早达峰的关键取决于电、氢等新能源装备的发展,完成传统燃油装备的替代任务。

初步估算,相比于2019年,铁路、水路货运量要提升15亿吨以上,货运车辆能效提高30%,新能源货车保有量从目前的33万辆、占比1.6%提高到300万辆、占比10%。综合运用新能源运输装备替代,提升燃油效率以及落实运输结构调整措施,才有可能达峰。要加大对新能源交通工具的政策支持力度,推动公共交通领域的绿色出行。优化交通运输结构,对交通碳排放量提出红线约束,倒逼减排。

4. 着力增加碳汇

碳增汇是应对全球气候变化的重要手段,要提高对碳增汇的重视,提高森林对碳的吸收能力,使碳减排和碳增汇达到双赢。增汇型的气候保护政策一方面可以扩大森林面积,提高森林的质量,达到碳排放达峰的目的,另一方面不仅不会影响中国宏观经济的发展和产业产出的增长,还会增加居民收入,促进居民消费的增长。

按照党的十九大的总体部署,我国将启动大规模国土绿化行动,力争到2035年全国森林覆盖率达到26%,到本世纪中叶达到世界平均水平。开展国土绿化行动,要继续实施国家重点林业工程。抓好三北防护林体系建设、京津风沙源治理和退耕还林、天然林保护等国家重点林业生态工程建设;加大黄土丘陵地区、土地荒漠化地区退耕还林力度;尽快启动实施绿洲地区、高原地区特色林果建设工程,为富民强林增添活力。

要将国土绿化作为重要的民生工程和公益事业,加大中央财政对国土绿化支持力度,对营造国家重点生态林建议实行全额预算并纳入国家生态补贴范围。全面实施中央财政造林补贴制度,建立国家国土绿化差别化投入标准制度,改变全国"一刀切"的现状。加大对国土绿化节水灌溉的支持力度,大力加强国土绿化节水灌溉工程建设,将国土绿化灌溉设施纳入农机具补贴范围。积极推进集体林权制度改革,对国有荒山、荒沙、荒地进行拍卖,在土地利用规划中允许一定比例用于其他建设,鼓励多种经济成分投资国土绿化。

三、加快实现碳达峰的政策措施

"十四五"时期国家要支持有条件的地方率先达峰,鼓励一些重点行业率先达峰,加快建立全国碳市场,同时鼓励地方开展试点示范。

1. 利用各种"规划"推动实现碳达峰、碳中和目标

我国具有制定长期规划、中期规划和短期规划的传统,在经济社会发展中发挥了重要作用。要将降碳减排工作全面纳入规划体系和治理体系。一是在各类各级规划中全面贯穿低碳发展要求,特别在产业结构、能源结构以及生态环境治理等方面把碳减排作为规划编制的重要内容和目标之一;二是需要将各级低碳发展规划或碳减排、气候变化应对等内容纳入整个规划体系,并有效衔接其他各类各级规划。通过发展规划这一经济社会发展的总纲领,将国家低碳发展战略及相关要求有效传递传导到地方的不同层级和社会经济发展各方面、全过程。加快形成有利于低碳目标实现的空间结构、产业结构、生产方式、生活方式,将低碳发展作为推动实现高质量发展的重要抓手。

2. 建设全国统一碳排放权交易市场

建设全国统一碳排放权交易市场是利用市场机制控制和减少碳排放、推动经济发展方式绿色低碳转型的一项重要制度创新,是实现二氧化碳达峰目标和碳中和愿景的重要抓手。自2017年底实施以来,该举措产生了广泛的影响。在积累经验的同时,碳市场建设将是一个非常复杂的系统工程。过去利用行政手段减排比较多,未来行政手段仍然需要,但要进一步拓展和利用市场手段。要充分发挥市场配置资源的决定性作用,通过价格、财税、交易等手段,引导低碳生产生活行为。开展全国碳市场建设和配额有偿分配制度建设,将国家核证自愿减排量纳入全国碳市场。改革环境保护税,研究制定碳税融入环境保护税方案。

3. 发展绿色金融

随着碳达峰、碳中和目标的提出,我国在加快绿色发展、改善环境质量、提升生态系统质量和稳定性、提高资源利用效率等方面也将不断细化措施,这为绿色金融发展带来了新的机遇。绿色金融的激励手段可以概括为三种:一是在拥有健全的碳排放权交易市场的前提下,对全社会的可交易的碳排放总量及减排路径拟定一个长期目标,并为社会提供合理的碳交易市场的均衡价格预期。二是体现政府实现"碳中和"的决心以及减排政策的持续性,为绿色低碳产业的投资者带来足够的信心。三是通过政府政策对金融市场进行干预,对绿色金融的相关行业进行补贴,以求矫正因绿色金融的正外部性带来的投资不足的问题。

第三节
加强农村生态文明建设

2020年12月召开的中央农村工作会议提出，要加强农村生态文明建设，保持战略定力。这次中央农村工作会议是在党的十九届五中全会结束后不久召开的，对全面实施“十四五”规划，意义重大深远。会议提出的加强农村生态文明建设，指明了“十四五”时期农村生态文明建设的方向。

一、农村生态环境存在的问题及改革思路

绿色是农业的本色。改革开放以来，中国在促进农业发展方面迈出了历史性的步伐，在增进农民增收方面实现了突破性进展。同时，必须清醒地看到，包括农业农村经济发展在内的中国经济发展，采取的是一种依靠拼资源、拼投入、高消耗、高污染、低效益的增长方式，这给农业农村发展带来了前所未有的生态压力和环境约束。① 从中华民族永续发展的角度来说，推动乡村生态振兴，坚持绿色发展，是我们必须做好的工作。

长期以来，农村生态文明建设不仅是我国生态文明建设的短板，也是我国农业现代化的短板。存在的主要问题有：一是乡村生产活动还比较粗放。无论是粮食还是主要农副产品，其生产和经营方式都比较粗放，以追求经济效益为主要目标，对生态环境的保护措施不强，造成的环境污染和破坏比较严重。二是农村环境保护基础设施比较薄弱。农村一直是环境保护的薄弱环节，一部分农村根本没有环境处理设施，污水、垃圾任意排放与处理，缺乏环境保护

① 参见陈锡文主编：《走中国特色社会主义乡村振兴道路》，中国社会科学出版社2019年版，第166页。

基础设施和有效的监测。①

为此,2013年,习近平总书记在中央农村工作会议上指出,搞新农村建设要注意生态环境保护,注意乡土味道,体现农村特点,保留乡村风貌。随后的中央一号文件提出了建设美丽乡村的奋斗目标,这是党中央站在新的历史起点上谋划乡村振兴布局和农村生态文明建设。2014年中央一号文件提出,生态功能和农业地位重要的地区,要着力保护好生态,增强农业综合生产能力,因地制宜发展优势特色产业。2015年,习近平总书记在关于"十三五"规划建议的说明中指出,实行耕地轮作休耕制度,国家可以根据财力和粮食供求情况,重点在地下水漏斗区、重金属污染区、生态严重退化地区开展试点,安排一定面积的耕地用于休耕,对休耕农民给予必要的粮食或现金补助。2016年,习近平总书记在青海省考察工作时指出,过去由于生产力水平低,为了多产粮食不得不毁林开荒、毁草开荒、填湖造地,现在温饱问题稳定解决了,保护生态环境就应该而且必须成为发展的题中应有之义。2017年,习近平总书记在中央农村工作会议上指出,实施乡村振兴战略,一个重要任务就是推行绿色发展方式和生活方式,让生态美起来、环境靓起来,再现山清水秀、天蓝地绿、春美人和的美丽画卷。

可见,党中央将美丽乡村建设、乡村振兴的根本落脚点放在绿色发展上,强调农村生态文明建设。党的十九大报告和2018年中央农村工作会议明确指出,坚持人与自然和谐共生。走向生态文明建设的新时代,在美丽中国构想下开展乡村振兴的首要目标就是保护好我们的生态环境。在实现这一目标过程中,我们要牢固树立和践行"绿水青山就是金山银山"理念。总的来说,就是以生态文明价值观为指导,使乡村振兴战略真正走上生产发展、生活富裕、生态良好的文明发展道路。

---

① 参见姜文来:《加快构建农村生态文明建设新格局》,载《中国环境报》,2021年1月6日。

二、扎实推动农村生态文明新格局形成

长期以来，我国生态保护科技偏重城市，农村环境保护科技投入较少，而且有些方面完全仿照城市做法，加之农村生态文明建设历史欠账较多，经济发展过程中新问题不断出现，还没有从根本上改变农村生态文明建设落后的状况。因此，“十三五”时期以来，我国加大农业面源污染防治力度，持续推进化肥农药减量增效，发展节水农业，提升农膜回收、秸秆综合利用和畜禽粪污资源化利用率。当前，加强耕地土壤污染管控和修复，健全耕地轮作休耕制度，像保护大熊猫一样保护好东北黑土地，是农业农村绿色发展的重点。

1. 扎实推进净土行动

土壤是人类生存的战略资源，保护好土壤，人类才能生存得好。土壤污染是在经济社会发展过程中长期积累形成的，当前我国土壤总体状况堪忧，部分地区污染较为严重。土壤污染不同于水和大气污染，具有积累性、不均性和长期存在性等特点，应实施基于风险的土壤环境管理。一是实施农用地分类管理。对于优先保护类耕地，划为永久基本农田，实行严格保护，确保其面积不减少、土壤环境质量不下降。严格控制在优先保护耕地集中区域新建有色金属冶炼、石油加工、化工、焦化、电镀、制革等行业企业。对于安全利用类耕地，根据土壤污染状况和农产品超标情况，制定实施受污染耕地安全利用方案，降低农产品超标风险。对于严格管控类耕地，严格管理其用途，依法划定特定农产品禁止生产区域，严禁种植食用农产品。二是加强土地污染源监控。土地作为大部分污染物的最终受纳体，其污染来源复杂，与生产生活密切相关。为根治我国土壤污染问题，必须切断污染来源，推进工业、农业、生活源全防全控。

2. 推进农村人居环境整治

改善农村人居环境，是实施乡村振兴战略的一项重要任务。截至2017年

底,我国已经完成13.8万个村庄环境综合整治,约2亿农村人口直接受益,农村环境建设取得明显成效。“十四五”时期,农村人居环境整治行动,重点是抓好生活垃圾治理、污水治理、“厕所革命”等方面。一是推进农村生活垃圾治理。统筹考虑生活垃圾和农业生产废弃物利用、处理问题,建立符合农村实际、方式多样的生活垃圾收运处置体系,建立农村保洁制度,推行垃圾源头减量。二是推进农村污水治理。要因地制宜采用污染治理与资源利用相结合、工程措施与生态措施相结合、集中与分散相结合的建设模式和处理工艺。有条件的地方,要推动城镇污水处理设施和服务向周边农村延伸覆盖。鼓励采用生态治理工艺,采取综合措施恢复水生态。三是推进农村“厕所革命”。厕所问题不是小事,是城乡文明建设的重要方面。要把这项工作作为乡村振兴战略中的一项具体工作来推进,努力补齐这块日益影响人民群众生活品质的短板。要结合南北方气候特点,合理选择改厕模式;要引导农村新建住房配套建设无害化卫生厕所;鼓励各地将厕所粪污、畜禽养殖废弃物一并资源化处理。

3. 加强农业生产面源污染防治

化肥、农药、农膜等农业投入品长期不合理使用,农作物秸秆不合理处置,造成我国种植业面源污染日益严重,加剧了土壤和水体污染,增加了农产品质量安全风险。“十四五”时期,加强农业生产面源污染防治,主要从以下几方面入手:一是实施化肥、农药零增长行动。减少化肥、农药使用,主要手段是实现扩大测土配方施肥,推进新型化肥产品研发与推广,鼓励开展秸秆还田、增施有机肥等;减少农药使用,要构建病虫检测预警体系,加快绿色防控体系推广,鼓励使用低毒生物农药。二是解决农田残膜污染。主要是加快地膜标准修订,从源头上保证农田残膜可降解回收。三是开展秸秆资源化利用。要进一步加大示范和政策引领力度,大力开展秸秆还田和秸秆肥料化、饲料化和能源化利用。四是推进养殖业污染防治。要统筹考虑环境承载能力及畜禽养殖污染防治要求,按照农牧结合、种养平衡的原则,科学规划布局畜禽养殖。

第四节 统筹区域发展与生态环境保护

党的十九届五中全会提出，要推动西部大开发形成新格局，推动东北振兴取得新突破，促进中部地区加快崛起，鼓励东部地区加快推进现代化。推进京津冀协同发展、长江经济带发展、粤港澳大湾区建设、长三角一体化发展，打造创新平台和新增长极。这些区域发展战略和重大区域战略，对国家经济的长远发展有极其重大的推动和引领作用。在实施区域重大战略的同时，要特别注重区域生态环境的保护，把区域的发展和生态环境保护统筹起来。

一、深入实施区域协调发展战略

党的十九届五中全会提出，要推动西部大开发形成新格局，推动东北振兴取得新突破，促进中部地区加快崛起，鼓励东部地区加快推进现代化。

1. 西部大开发

根据党的十九届五中全会要求，“十四五”时期，西部地区要区分不同自然条件和经济发展状况，细化区域发展政策，促进产业和人口向优势区域集中，形成优势区域重点发展、生态功能区重点保护的新格局。西部大开发战略的实施要点和关键点：一是西部地区既是全面建成小康社会的重点难点，也是我国经济发展重要的回旋余地；二是西部开发在加大中央和东中部支持力度的同时，根本上要依靠改革、开放和创新增强内生动力；三是西部开发要增强可持续发展支撑能力，必须紧紧抓住基础设施和生态环保两大关键；四是西部开发要注意统筹推进新型城镇化与新型工业化、信息化、农业现代化协调发展。

2. 东北振兴

根据党的十九届五中全会要求,“十四五”时期,东北地区要加快现代化经济体系建设,有效整合资源,主动调整经济结构,加快发展新技术、新业态、新模式,培育新增长点,加快培育资源枯竭地区接续替代产业,发展壮大优质农业、装备制造业。东北振兴战略的实施要点和关键点:一是把全面深化改革、扩大开放作为治本之策,加快形成充满内在活力的新体制、新机制;二是积极推进结构调整,切实增强产业竞争力,这是全面振兴老工业基地的关键之举;三是提高科技创新能力,着力鼓励创新创业,加快形成以创新为主要引领和支撑的经济体系和发展模式,这是全面振兴老工业基地的决胜之要;四是着力保障和改善民生,坚持发展成果更多更公平惠及全体人民,使人民群众有更多获得感,这是全面振兴老工业基地的稳定之基。

3. 中部崛起

根据党的十九届五中全会要求,“十四五”时期,中部地区作为未来新型城镇化、新型工业化的主战场,要打造成为国家现代化经济增长的新动能区域。中部地区崛起战略的实施要点和关键点:一是全面落实主体功能区战略,以资源环境承载力为基础,科学划定城镇、农业、生态三类空间,合理优化国土空间开发保护格局,推进区域良性互动、协调发展,优化空间,构建区域协调发展新格局;二是坚持把改革创新摆在突出位置,优化市场发展环境,激发市场主体活力和社会创造力,加快实现新旧动能转换,为经济社会发展提供持续动力;三是围绕建设新型工业化基地,深入实施《中国制造 2025》,促进制造业向高端、智能、绿色、服务、集群方向发展,大力发展战略性新兴产业,加快形成中部地区特色产业体系;四是创新农业生产方式、经营方式和资源利用方式,走产出高效、产品安全、资源节约、环境友好的农业现代化道路,推进多种形式的适度规模经营,形成可推广、可复制的经验,提高农业质量、效益和竞争力;五是坚持“以人的城镇化为核心”,以城市群为主体形态,以城市综合承载能力为支撑,以体制机制创新为保障,加快新型城镇化步伐,提高社会主义新农村建设水平，形成城乡共同发展新格局；六是加大生态建设和环境保护力度，逐步恢复生态系统和生态服务功能，提高资源利用效率，构建人和山水林田湖和谐共生的美好家园。

4. 东部地区率先发展

根据党的十九届五中全会要求，“十四五”时期，东部地区要继续发挥改革开放先行、综合创新能力强、现代制造领先、服务业高端等优势，率先带动全国经济现代化，引领我国参与国际经济竞争。有序推进东部沿海产业向中西部地区转移，促进东中西、南北方经济协调高质量发展。东部地区率先发展战略的实施要点和关键点：一是优化提升东部地区城市群整体功能，增强核心城市竞争力，加强城市群内部合作，加快推进城市群一体化发展；二是提升东部地区自主创新能力，搭建创新平台，深化科技体制改革，加强人才队伍建设；三是不断深化东部地区改革开放，提升对外开放水平，不断推进行政管理体制改革，以建设海洋强国为契机，鼓励和支持东部沿海地区统筹利用陆海两种资源，推进陆海统筹发展；四是完善生态环境保护机制，建立区域碳汇林建设融资机制，合力实施跨界污染联防联控机制。

要把革命老区、民族地区振兴发展放在更加重要的位置，推动革命老区、民族地区依托特色优势资源，补齐区域协调发展的短板。建立健全长效普惠性的扶持机制和精准有效的差别化支持机制。支持革命老区利用好特色资源，在保护好生态的前提下发展特色优势产业。

二、大力实施区域发展重大战略

党的十九届五中全会提出，要推进京津冀协同发展、长江经济带发展、粤港澳大湾区建设、长三角一体化发展，打造创新平台和新增长极。

1. 京津冀协同发展

根据党的十九届五中全会要求，“十四五”时期，京津冀协同发展要始终把疏解北京非首都功能作为关键,优化区域经济结构和空间结构,高标准、高质量建设雄安新区和北京城市副中心,进一步提高为中央政务功能服务保障水平。京津冀协同发展战略的实施重点:一是抓住“有序疏解北京非首都功能”这个关键环节,有序控制人口规模,引导部分功能、产业和人口等向外疏解,进一步优化城市功能和空间结构布局;二是规划建设北京城市副中心和河北雄安新区,集中疏解北京非首都功能,优化京津冀空间格局,共同形成北京新的“两翼”,拓展区域发展新空间,构建“一核两翼”空间格局;三是以疏解北京非首都功能为核心,以协同发展为主线,以交通一体化、生态环境保护、产业升级转移三大重点领域为突破口,逐步带动京津冀区域经济、社会实现全方位、多层次一体化协同发展;四是注重区域治理与体制机制创新,突出跨区域协同治理、利益共享的思想,坚持以改革为动力、以试点示范为引领,深化体制机制创新,充分发挥政府引导与市场主导作用,引入多元主体共同参与区域治理的新模式。

2. 长江经济带发展

根据党的十九届五中全会要求,“十四五”时期,长江经济带要坚持共抓大保护、不搞大开发,协同推进生态保护、促进经济高质量发展,深入推进长江流域生态环境系统治理和保护修复,加快建设生态优先、绿色发展先行示范区。长江经济带发展战略的实施重点:一是坚持生态优先、绿色发展,把保护和修复长江生态环境摆在首要位置,共抓大保护,不搞大开发,全面落实主体功能区规划,明确生态功能分区,划定生态保护红线、水资源开发利用红线和水功能区限制纳污红线,严格保护一江清水,努力建成上中下游相协调、人与自然相和谐的绿色生态廊道;二是推进一体化市场体系建设,实行统一的市场准入制度和标准,推动劳动力、资本、技术等要素跨区域流动和优化配置,统筹基础设施规划建设,加强省际沟通协调,构建统一、开放、有序的运输市场;三是牢牢把握全球新一轮科技革命和产业变革机遇,大力实施创新驱动发展战略,在改革创新和发展新动能上做“加法”,在淘汰落后过剩产能上做“减法”,加快推进产业转型升级,形成集聚度高、国际竞争力强的现代产业走廊;四是发挥上海及长江三角洲地区的引领作用，将云南建设成为面向南亚、东南亚的辐射中心，加快内陆开放型经济高地建设，构建东西双向、陆海统筹的对外开放新格局。

3. 粤港澳大湾区建设

根据党的十九届五中全会要求，“十四五”时期，粤港澳大湾区建设要着眼于高质量发展和促进香港、澳门融入国家发展大局，着力破除粤港澳三地体制障碍，有序推动三地规则相互衔接和互利合作，推进生产要素流动和人员往来便利化，加快建设深圳中国特色社会主义先行示范区，构建与国际接轨的开放型经济新体制。粤港澳大湾区建设实施重点：一是建设世界级城市群，丰富“一国两制”实践内涵，进一步密切内地与港澳交流合作，为港澳经济社会发展以及港澳同胞到内地发展提供更多机会，保持港澳长期繁荣稳定；二是依托香港、澳门作为自由开放经济体和广东作为改革开放排头兵的优势，加快制度创新和先行先试，建设现代化经济体系，更好融入全球市场体系，建成世界新兴产业、先进制造业和现代服务业基地，建设世界级城市群；三是深入实施创新驱动发展战略，深化粤港澳创新合作，构建开放型融合发展的区域协同创新共同体，集聚国际创新资源，优化创新制度和政策环境，着力提升科技成果转化能力，建设全球科技创新高地和新兴产业重要策源地；四是加强基础设施建设，畅通对外联系通道，提升内部联通水平，推动形成布局合理、功能完善、衔接顺畅、运作高效的基础设施网络，为粤港澳大湾区经济社会发展提供有力支撑。

4. 长三角一体化发展

根据党的十九届五中全会要求，“十四五”时期，实施长三角一体化发展战略，要以一体化的思路和举措打破行政壁垒，提高政策协同，加强产业合作、设施共建、服务共享，实现更合理分工，凝聚更强大合力，加大科技攻关力度，狠抓生态环境突出问题整改，着力打造高质量发展样板区、科技创新和制造业研发高地、高水平开放平台。长三角一体化发展战略的实施重点：一是实施长三角一体化发展战略,是引领全国高质量发展、完善我国改革开放空间布局、打造我国发展强劲活跃增长极的重大战略举措,有利于提升长三角在世界经济格局中的能级和水平,引领我国参与全球合作和竞争;二是到2025年,长三角一体化发展取得实质性进展。跨界区域、城市乡村等区域板块一体化发展达到较高水平,在科创产业、基础设施、生态环境、公共服务等领域基本实现一体化发展,全面建立一体化发展的体制机制;三是发挥上海龙头带动作用,苏浙皖各扬所长,加强跨区域协调互动,提升都市圈一体化水平,推动城乡融合发展,构建区域联动协作、城乡融合发展、优势充分发挥的协调发展新格局;四是深入实施创新驱动发展战略,走"科创+产业"道路,促进创新链与产业链深度融合,以科创中心建设为引领,打造产业升级版和实体经济发展高地,不断提升在全球价值链中的位势,为高质量一体化发展注入强劲动能;五是坚持优化提升、适度超前的原则,统筹推进跨区域基础设施建设,形成互联互通、分工合作、管理协同的基础设施体系,增强一体化发展的支撑保障;六是坚持以人民为中心,加强政策协同,提升公共服务水平,促进社会公平正义,不断满足人民群众日益增长的美好生活需要,使一体化发展成果更多更公平惠及全体人民。

5. 黄河流域生态保护和高质量发展

黄河流域在我国经济社会发展和生态安全方面具有十分重要的地位。黄河流经9个省区,是我国仅次于长江的第二大河。黄河流域构成我国重要的生态屏障,是连接青藏高原、黄土高原、华北平原的生态廊道,拥有三江源、祁连山等多个国家公园和国家重点生态功能区。黄河流域是我国重要的经济地带,黄淮海平原、汾渭平原、河套灌区是农产品主产区,粮食和肉类产量占全国三分之一左右。黄河流域又被称为"能源流域",煤炭、石油、天然气和有色金属资源丰富,煤炭储量占全国一半以上,是我国重要的能源、化工、原材料和基础工业基地。

积极推进黄河流域生态保护和高质量发展,是关乎中华民族伟大复兴的千秋大计。根据党的十九届五中全会要求,"十四五"时期,要坚持生态优先、绿色发展,加大上游水源涵养、中游水土保持、下游黄河三角洲湿地保护力度,推进建设沿黄生态带。加大对黄河流域水、大气、土壤污染的治理力度，推动高耗水、高污染、高风险产业布局优化和结构调整。坚持节水优先，还水于河，先上游后下游，先支流后干流，推进水资源节约集约利用。推进兰州—西宁城市群、黄河“几”字湾都市圈协同发展，强化西安、郑州国家中心城市带动作用，发挥山东半岛城市群龙头作用，推动沿黄地区形成特色鲜明的高质量发展区域布局。

6. 推进海洋强国建设

我国是一个海洋大国，海洋面积相当于陆地面积的三分之一，具有大量可开发利用的生态及经济价值。习近平总书记强调：“要进一步关心海洋、认识海洋、经略海洋，推动我国海洋强国建设不断取得新成就。”自党的十八大作出建设海洋强国的重大部署以来，我国积极开发海洋、经略海洋，拓展蓝色经济空间，取得显著成效。

海洋是高质量发展的战略要地。根据党的十九届五中全会要求，“十四五”时期，要坚持陆海统筹，发展海洋经济，加快建设世界一流的海洋港口，推进沿海开放城市、沿海港口群、海洋经济示范区等重点开发开放区域建设。要发挥海洋优势，提升海洋价值，合理开发利用海洋资源，构建完善的现代海洋产业体系。加快海洋科技创新步伐，提高海洋开发能力，培育壮大海洋战略性新兴产业。要统筹陆海生态环境保护，促进海洋资源有序开发利用，加大对海岸带、沿海滩涂保护和开发管理力度，加强海洋环境污染防治，保护海洋生物多样性，加快建设绿色可持续的海洋生态环境。

三、建立更加有效的区域协调发展新机制

党的十九届五中全会提出，健全区域战略统筹、市场一体化发展、区域合作互助、区际利益补偿等机制，更好促进发达地区和欠发达地区、东中西部和东北地区共同发展。

一是健全区域战略统筹机制。要充分发挥好现有区域协调机制的作用，

加强重大战略的协调对接,推动国家重大战略之间融合发展,统筹解决区域发展重大问题。要提高财政、产业、土地、环保、人才等政策的区域精准性和有效性,加强政策之间的统筹联动。

二是充分发挥市场机制作用。要清理废除妨碍统一市场和公平竞争的各种规定和做法,清除各种显性和隐性的市场壁垒,促进生产要素跨区域有序自由流动,提高资源配置效率和公平性,加快建立全国统一开放、竞争有序的市场体系。

三是创新区域合作机制。要按照优势互补、互利共赢的原则,支持开展多层次、多形式、多领域的区域合作,支持产业跨区域转移和共建产业园区等合作平台,鼓励创新区域合作的组织保障、规划衔接、利益协调、激励约束、资金分担、信息共享、政策协调和争议解决等机制。

四是完善区域互助机制。要完善发达地区对欠发达地区的对口支援制度,创新帮扶方式,加强对教育、科技、人才等的帮扶力度,增强欠发达地区的自身发展能力,促进对口支援从单方受益为主向双方受益深化。

五是建立健全区际补偿机制。要建立健全流域上中下游生态保护补偿机制,依托重点生态功能区开展生态补偿示范区建设,健全资源开采地区与资源利用地区之间的利益补偿机制,加大对农产品主产区和重点生态功能区的转移支付力度,促进区际利益协调平衡。

第七章

开放发展：实行高水平对外开放

第一节
对外开放面临的新形势

党的十八大以来，我国对外开放取得巨大成绩，在全球治理中发挥了建设性作用。“十四五”时期，我国仍将处于重要战略机遇期，但新冠肺炎疫情后全球化阶段性调整加速，美国等西方国家对我国的遏制增强，国际上对我国应承担更多责任的期待将不断增加，在开放中更好保障国家安全的任务也将更加艰巨。“当今世界正经历百年未有之大变局”——这是习近平总书记立足我国发展新的历史方位，纵观世界发展大势作出的重要论断，科学指出了世界发展变化的动因、趋势和规律，对于我们准确把握“十四五”时期对外开放，推进社会主义现代化强国建设，具有重大指导意义。

一、“十三五”时期我国对外开放取得巨大成就

“十三五”时期，我国扎实推进经贸强国建设，中国商品、中国投资、中国服务的全球影响力持续提升。我国在全球经济中的推动作用越来越大，为全球经济增长作出了显著贡献。这些成绩的取得，为“十四五”时期进一步对外开放奠定了坚实的基础。

第一，开放大国地位日益彰显。一是贸易大国地位更加巩固。我国对外贸易加快优化升级，实现稳中提质。货物贸易进出口额从2015年的3.95万亿美元增加至2019年的4.58万亿美元，连续3年保持全球货物贸易第一大国地位，连续11年保持第一出口大国地位。服务贸易进出口额从2015年的6542亿美元增加至2019年的7850亿美元，稳居世界第二。[①] 二是利用外资大国地位

① 参见钟山：《我国开放型经济发展取得历史性成就》，载《人民日报》，2020年9月29日。

提升。我国利用外资水平不断提高,保持稳中向好的发展势头。在全球跨境投资持续低迷的背景下,我国利用外资逆势增长,2017年成为全球第二大外资流入国,2016—2019年吸收外资合计达5496亿美元。三是对外投资大国地位稳定。我国对外投资有序发展,在全球配置资源的能力不断增强。2016—2019年,我国对外直接投资规模合计达6344亿美元,稳居世界前列。投资结构更加均衡,主要投向租赁和商务服务业、制造业、批发和零售业等领域。

第二,开放战略举措成效显著。一是共建"一带一路"造福各国人民。2013—2019年,我国与沿线国家货物贸易累计总额超过了7.8万亿美元,直接投资超过了1100亿美元,有力促进了互利共赢、共同发展。二是自贸区港建设取得积极成效。2019年,18个自贸试验区以不到千分之四的国土面积,实现全国14.5%的外商投资和12.2%的进出口。自由贸易港是当今世界最高水平的开放形态,建设中国特色自由贸易港体现了"四个自信"和扩大开放的决心。三是中国国际进口博览会成功举办。进博会是中国着眼于推动新一轮高水平对外开放作出的重大决策,是中国主动向世界开放市场的重大举措,是新时代高水平对外开放的里程碑。进博会越办越好,成为国际采购平台、投资带动平台、人文交流平台、开放合作平台。[①]

第三,开放带动作用持续增强。一是推动高质量发展。我们发挥开放的引领作用,利用两个市场、两种资源,不断推动转方式、调结构、增效益。比如,2019年我国机电产品出口比重为58.4%,高新技术产品为29.2%。二是推动全面深化改革。开放和改革相辅相成,相互促进。比如,引入准入前国民待遇加负面清单外资管理制度,促进了国内相关法律修订;自贸试验区形成制度创新成果,推动了国内相关领域改革。

我国已转向高质量发展阶段,继续发展具有多方面优势和条件,这为民族复兴奠定了更加坚实的基础,为我们引领世界大变局、塑造外部环境提供了重要保障。

---

① 参见钟山:《推进更高水平对外开放——深入学习贯彻习近平总书记关于对外开放的重要论述》,载《旗帜》,2020年第9期。

二、对外开放面临的挑战和机遇

党的十九届五中全会指出:"当前和今后一个时期,我国发展仍然处于重要战略机遇期,但机遇和挑战都有新的发展变化。"国内外环境的深刻变化既带来一系列新机遇,也带来一系列新挑战。一方面,世界进入动荡变革期,单边主义、霸权主义大行其道,国际关系中不公正、不平等现象依然突出。另一方面,和平与发展仍然是时代主题,世界大变局的趋势和方向并未因疫情冲击而改变,国际体系变革在困难挑战中持续深化,多边主义仍是国际关系主流。

1. 全球化阶段性调整加速

经济全球化是人类社会生产力发展的客观要求和科技进步的必然结果。世界各国要素禀赋不平衡和国际分工深化,是经济全球化的重要动力。各国都不同程度地存在着自然资源、资本、劳动力、技术、市场等不足的矛盾,面临"分工受市场规模限制"等难题,15世纪的地理大发现,推动了世界市场形成。科技革命和产业革命,为经济全球化提供了深厚的物质技术基础。几次工业革命大大降低了货物运输、信息传播和人员流动的成本,特别是互联网等新科技革命推动世界扁平化,各国经济相互依赖程度前所未有。国际经济治理体系和冷战后市场化改革,为经济全球化提供了经济制度保障。因此,从人类社会发展来看,全球化是历史趋势。

但是,美国等西方国家对全球化带来的利益分配格局极为不满。随着全球产业分工和产业链向发展中国家延伸,发达国家产业空心化、经济结构失衡等问题日趋严重。这一方面导致发达国家跨国公司靠占据产业高端和金融资本优势,坐享全球化巨额红利,另一方面造成发达国家的产业工人和中产阶级收入不断下降,贫富差距扩大,引发社会大众不满。美国等西方国家企图使用强权政治,把新一轮全球化引导到仅仅符合他们利益的方向。

改革开放40多年来,我国始终坚持对外开放基本国策,不断扩大对外开放,实现了从封闭半封闭到全方位开放的伟大历史转折,成为经济全球化的受益者和主要贡献者。经济全球化同时存在“向前的动力、向后的阻力”:动力是新一轮科技革命和产业变革;阻力是单边主义、保护主义、霸凌主义。总体上看,动力仍大于阻力,开放合作仍是发展大势。经济全球化更多是增量放缓而非存量下降。

展望中长期,全球经济仍将面临增长迟缓、发展动力不足、不确定性不稳定性因素增多、经济下行风险加大、多边主义与单边主义的较量趋于激烈等问题,传统的经济全球化亟需在理念、模式和合作机制等方面推进创新。作为世界第二大经济体和第一贸易国,中国在注重维护并增进自身利益的同时,也将在自身国力不断发展基础上承担相应的国际责任,继续为世界提供新的发展理念和发展机会,成为推动新型经济全球化的倡导者、实践者、先行者,体现国家利益与国际责任的有机统一,将为处在十字路口的经济全球化指明新的发展方向,为世界经济实现更加包容和更加开放的发展目标提供动力。①

2. 我国仍处于重要战略机遇期

“十四五”时期,我国已转向高质量发展阶段,将由全面建成小康社会转向全面建设社会主义现代化国家,处于转变发展方式、优化经济结构、转换增长动力的攻坚期。综合判断,我国经济潜力足、发展韧性强、回旋空间大、社会大局稳定,推动发展具有多方面优势:一是物质基础雄厚。我国具有全球最完整、规模最大的工业体系以及强大的生产能力、完善的配套能力,拥有1亿多市场主体。雄厚的物质实力是我国继续发展的坚实基础,也是我们应对风险挑战的底气所在。二是人力资源丰富。我国拥有庞大的人力资本和人才资源,人口红利仍然存在,人才红利日益显现。三是市场空间广阔。2019年我国人均GDP超过1万美元,住户人民币存款81.3万亿元。面向未来,一个14亿人口的高收入国家必将成为全球最大的消费市场。

我国发展仍然处于重要战略机遇期,但机遇和挑战都有新的发展变化。

① 参见谢伏瞻主编:《迈上新征程的中国经济社会发展》,中国社会科学出版社2020年版,第342页。

比如,新一轮科技革命和产业变革加速演进为我国实现创新发展、"弯道超车"提供了机遇,但也存在现有差距继续拉大的风险;国际力量对比深刻调整为我国实现民族复兴提供了推力,但也存在美国一些政客对我国加紧遏制的风险挑战;全球治理体系调整为我国在国际上发挥更大作用提供了条件,但也存在世界陷入新旧治理体系碰撞对抗的风险;抗击新冠肺炎疫情增强了世界对我国制度、文化和治理的认同,但也存在某些西方政客抹黑甩锅我国的风险;社会主要矛盾变化给我国实现新发展创造了新动力,但也存在发展不平衡不充分衍生的系列风险;高质量发展有多方面的优势和条件,但也存在转型不畅、经济失速的风险。[①]

中国近年来经济发展势头强劲,经济实力与地位迅速提升,不可避免地引起美国等西方国家的戒备,对我国采取排他性政策,经济孤立的风险上升,我国对外开放可能受到经贸摩擦、技术封锁、金融制裁以及难以达成双边及区域协定等多种形式的干扰。美国等西方国家普遍认为,中国长期利用西方国家构建的世界经济体系等推进自身的战略目标,而且力图增强政府主导的经济发展模式。美方一些人对中国快速发展心存焦虑,但最可持续的领先是不断提升自我,而不是阻挡别国的发展。未来的世界不应当也不可能让中国变成美国,而应是美国使自己成为更好的美国,中国则必将成为更好的中国。

三、推动形成全面开放新格局

经济全球化遭遇逆流,世界进入动荡变革期。我们将逐步形成以国内大循环为主体、国内国际双循环相互促进的新发展格局,为中国经济发展开辟空间,为世界经济复苏和增长增添动力。

第一,营造高水平的开放型经济。面对国内外环境的重大变化,我们要把握我国进入新发展阶段的新特征,坚持新发展理念,坚持高质量发展,加快构建新发展格局。一是建设全球共享的统一大市场。以高水平开放促深层次改

① 参见何毅亭:《我国发展环境面临深刻复杂变化》,载《人民日报》,2020年12月8日。

革，完善城乡流通网络，大力发展城市、农村服务消费，促进内外贸一体化，举办进博会积极扩大进口。要全面促进消费，完善现代商贸流通体系，扩大高质量商品和服务进口，让中国市场成为世界的市场、共享的市场、大家的市场。二是打造对外开放新高地。要把构建新发展格局同实施国家区域协调发展战略、建设自贸试验区等衔接起来，鼓励自贸试验区大胆试、大胆闯、自主改。我们要推动自贸试验区、自贸港高质量发展，打造新发展格局的重要战略支点。三是推动规则等制度型开放。要积极同国际经贸规则对接，增强透明度，强化产权保护，鼓励竞争、反对垄断，营商环境持续优化。完善外资管理体制，全面实施准入前国民待遇加负面清单管理制度。深入推进开放领域“放管服”改革，深化内陆和沿边开放。未来，我们将更加注重规则、规制、管理、标准等制度型开放，形成更高水平开放型经济新体制。

第二，提升参与和引领经济全球化能力。面对新形势、新问题、新挑战，我们要坚决贯彻新发展理念和总体国家安全观，树立开放的经济安全观，在开放条件下更好维护国家经济安全，提升参与和引领经济全球化能力。一是统筹好开放与安全。既要打开窗户，也要装好纱窗，更好地维护经济安全。在新发展阶段，要把国内发展置于经济全球化的背景中来谋划，充分利用两个市场两种资源，以全面扩大开放促进市场化改革，促进高质量发展，以更强的产业竞争力、更强的经济实力、更强的综合国力来保障经济安全，以更加安全的经济体制参与更高水平的经济全球化。二是提升参与和引领经济全球化能力。要提升规则制定能力，多边、区域与双边并举，积极参与新一轮规则制定，有效反对贸易保护主义，有效维护自由贸易和多边主义。提升安全维护能力，运用国际通行规则，健全产业安全机制，完善经济安全风险预警，健全外资安全审查、产业损害预警、贸易救济等机制，维护我国发展利益。提升人才保障能力，积极培育经济、法律、管理、谈判等方面的国际化人才，增加我国在国际组织的代表性，改善引进国际化人才的环境，营造于我有利的国际环境，维护和延长我国战略机遇期。

第二节 全面提升对外开放新水平

扩大高水平开放是建设高标准市场体系的重要任务。"十四五"时期,要实行更加积极主动的开放战略,全面对接国际高标准市场规则体系,实施更大范围、更宽领域、更深层次的对外开放,建设更高水平开放型经济新体制,形成国际合作和竞争新优势。

一、更加注重制度型开放

党的十九届四中全会审议通过的《中共中央关于坚持和完善中国特色社会主义制度、推进国家治理体系和治理能力现代化若干重大问题的决定》,对"建设更高水平开放型经济新体制"作了重要部署,强调要"健全外商投资准入前国民待遇加负面清单管理制度,推动规则、规制、管理、标准等制度型开放"。党的十九届五中全会强调,要"坚持实施更大范围、更宽领域、更深层次对外开放,依托我国大市场优势,促进国际合作,实现互利共赢"。制度型开放的范畴体现了开放内容和开放实践的新高度,标志着我国对外开放由商品和要素流动型开放向规则等制度型开放转变。

1. 进行制度型开放的重要意义

习近平总书记在浦东开发开放30周年庆祝大会上的讲话,将浦东新的历史方位放在构建新发展格局中加以谋划,要求其深入推进高水平制度型开放。在深圳经济特区建立40周年庆祝大会上,习近平总书记同样明确要求,加快推进规则标准等制度型开放。总书记在两个重要场合提到"制度型开放",这是我国"十四五"时期,实施高水平市场开放的风向标。

改革开放之初，尽管我国在形式上表现为主动式对外开放，但实质上是被动式对外开放，即主要表现为融入现行国际经济关系，接受和遵守现行国际经济秩序。经过40多年的开放发展，中国已然成为世界经济发展中不可或缺的巨大经济力量。与此同时，我们也清醒认识到中国正处于由以开放促进经济发展转向促进新型国际经济关系构建的阶段。[①] 过去，我国开放的着力点主要是通过关税减让和一系列优惠措施，促进商品和要素自由流动。随着越来越深入融入全球化、参与国际竞争，面对复杂严峻的国内外环境，我国无疑需要用市场化和法治化手段推进对外开放，以规则标准等制度型开放为基础，持续改善国内营商环境，让外资更加放心、更有信心。

第一，制度型开放是我国构建新发展格局的需要。 加快构建以国内大循环为主体、国内国际双循环相互促进的新发展格局，推进国家治理体系和治理能力现代化，是建设社会主义现代化国家的需要。实践证明，制度型开放往往可以为改革带来新的动力，从而变被动改革为主动改革。顺应经济全球化发展的趋势，进行制度型开放，是我国主动应对国际经贸规则挑战、自觉运用对外开放的内在逻辑的实际行动。从我国改革开放的历程看，开放型经济发展大致经历了以下几个阶段。第一个阶段，主动加入国际经济分工，引进国际资本和先进技术、管理要素，接受、学习、熟悉、运用国际经济贸易规则。第二个阶段，对接世界贸易组织（WTO）国际贸易规则框架体系，以开放促改革，统筹用好国内国外两个市场，深度参与全球产业链价值链分工。第三个阶段，探索全面实现与国际经济贸易制度规则和管理标准的对接相融，通过自贸试验区制度创新引领构建开放型经济新体制，以对外商投资实行准入前国民待遇加负面清单管理制度为重点突破，在更大范围、更宽领域、更深层次上提高开放型经济水平。中国作为世界第二大经济体，无论是从自身发展角度营造更加有利的外部环境，还是从负责任大国的角度推进全球经济治理体系变革，都决定了中国要努力推进制度型开放，化被动为主动，以积极的国内改革缓和紧张

① 参见王宝珠等：《构建新型国际经济关系：理论与实践——兼析“制度型开放”》，载《上海对外经贸大学学报》，2020年第6期。

的外部压力,同时,也以自身改革示范推进全球经济规则更加完善。

第二,制度型开放是用好我国发展重要战略机遇期的需要。当前和今后一个时期,我国发展仍然处于重要战略机遇期,但机遇和挑战都有新的发展变化。一方面,世界经济进入深度调整期,经济全球化在曲折中前行,一些国家单边主义、保护主义和内顾倾向愈演愈烈,多边主义和自由贸易体制受到严重冲击,各国抢占科技制高点、整合全球价值链的竞争日趋激烈,全球化动力系统面临转换,国际经贸规则体系面临重构。另一方面,我国已成为世界第二大经济体和世界经济增长的重要引擎,与我国在世界经济中扮演的新角色相比,我国对外开放水平总体不够高、国际制度性话语权不强的问题比较突出,不利于我们抓住和用好重要战略机遇期。面对外部环境新形势,我们必须主动把握好我国发展的重要战略机遇期,加快发展制度型开放,为推动建设开放型世界经济体系贡献我们的智慧和力量。这既是顺应大势拓展我国自身发展空间的需要,也是主动作为彰显我国大国担当、为全球经济治理作出贡献的需要。

第三,制度型开放具有"境内开放"的典型特征。商品和要素流动型为主的开放,在内容上侧重表现为商品、资本、人员、技术等方面的跨境流动,而为了促使上述"内容"的跨境流动,所采取的开放举措主要在于降低关税和非关税壁垒,即通过所谓的"边境开放"实现贸易和投资自由化发展。制度型开放由于本质上是规则等制度的输入和输出,因而从开放举措上看实际上属于"境内开放"。因为无论是制度的输出还是输入,都意味着国内制度安排要能够实现与国际通行规则相协调、相一致,从而将开放边界从简单的降低关税和非关税壁垒的边境措施,拓展到国内规则体系等制度的"开放"。比如,制度输出实际上就是将国内已经制度化的规则体系,通过输出的方式将其变为国际通行规则;而制度输入实际上就是要通过"开放倒逼改革",形成与国际经贸活动中通行规则相衔接的基本规则和制度体系。可见,无论是制度的输入还是输出,本质上都是管理和规制境内经济活动的政策举措与国际标准的对接,开放的政策举措已经从"边境"拓展延伸到了"境内"。[1]

① 参见戴翔、张二震:《"一带一路"建设与中国制度型开放》,载《国际经贸探索》,2019年第10期。

2. 制度型开放是自贸试验区的最大特征

建设自贸试验区是中央在新时代推进改革开放的一项战略举措，是为全面深化改革和扩大开放探索新途径、积累新经验。自贸试验区从2013年工作启动以来，紧紧围绕国家战略，以制度创新为核心，在投资贸易自由化便利化、金融服务实体经济、政府职能转变等领域进行了大胆探索，具有制度型开放的时代特征，取得了显著成效。

2013年9月，上海自贸区作为我国首个自贸试验区正式挂牌，目前，我国自贸区总数已增至21个。自贸区作为全国开放水平最高的区域，是在外部环境复杂严峻的背景下，中国坚持深化改革、扩大开放的试验田。这些自贸区中一些条件成熟的区域，或将成为我国探索形成新发展格局的试验场，对相关措施开展先行先试和压力测试，为加快形成新发展格局积累经验，并逐步复制推广。从过往的经验可以发现，由自贸区先期试水，形成经验后全国推广已经成为深化改革开放的一种路径。比如，近些年新设的自贸区均聚焦加快转变政府职能、深化投资领域改革、推动贸易转型升级、深化金融领域开放创新等，这正是得益于上海自贸区的探索，是其成功经验的复制推广。

在双循环格局之下，自贸试验区的作用会明显增强。自贸区要进一步探索制度化开放，从而更好地在双循环格局构建中发挥作用。自贸区的制度化探索有利于新的发展格局的形成。双循环强调的是国内大循环，是有特定含义的。实际上，我们现在已经形成了以内需为主导的经济模式。但在很多高端的产业领域，我们所需的大量关键技术、零部件、设备还依赖进口，在短期内这些核心短板无法得到弥补，我们应该通过自主创新努力攻克这些薄弱环节，从而形成一个相对完整的产业链。但仅仅依靠自身的努力是不够的，我们还必须通过参与国际大循环来弥补和完善薄弱环节，这样才能进一步提升国内大循环产业链和供应链的现代化水平和国际竞争力。作为连接国内国际双循环的载体，自贸区一定会是一个更高水平的开放平台，在这一平台上，可以充分整合国内国际的市场要素。比如，在自贸试验区内，通过很多产业的对外开放，整合国内外人才、资金等各种要素资源。

当前,自由贸易试验区仍要以创新政府管理模式为重点,注重打造国际一流营商环境,再创新一轮改革开放红利,推动我国经济转型升级。一是以建设国际高标准的自贸试验区为奋斗目标。近几年来,我国自贸试验区在开放的广度、深度方面取得了长足进展,但在投资贸易便利、货币自由兑换、监管高效便捷、法制环境规范等方面,与发达国家相比,还有明显差距。要以制度开放为推进目标,为新阶段全国高水平对外开放试点探路。二是以制度创新为核心任务。近几年来,自贸试验区勇于创新,形成了一批制度创新成果。比如,行政管理新模式放得更活、管得更好、服务更优,跨境双向人民币资金池业务提高了跨国公司资金管理效率等。制度创新需要协调配合推进,需要付出艰苦努力,是一件打基础、利长远的事情,一旦成功就可以长久受益。因此,自贸试验区建设要牢牢抓住制度创新这个核心,以开放为先,以深化供给侧结构性改革破解深层次矛盾和结构性难题,不断激发市场活力,培育经济发展新动能,加快经济转型升级。

3. 制度型开放促进"一带一路"建设

"一带一路"建设是我国扩大对外开放的重大举措,是当今世界规模最大的国际合作平台和广受欢迎的国际公共产品,是构建人类命运共同体的伟大实践。"一带一路"倡议从愿景到行动,从理念到共识,从夯基垒台、立柱架梁到全面深入发展,国际影响力不断提升,其中的原因就在于制度型开放。中国的"一带一路"倡议,以"人类命运共同体"先进理念引领,以"共商、共建、共享"基本原则为遵循,有助于推动中国朝着制度型开放方向转变。高质量的制度型开放也为"一带一路"建设提供了保障。

第一,以基础设施互联互通为依托。设施联通是"一带一路"建设的优先领域和"血脉经络",不仅对降低贸易成本、促进贸易投资便利化、推动全球经济增长发挥着基础性作用,也对实现"一带一路"沿线国家和地区发展战略对接、构建"一带一路"自由贸易区网络具有关键性作用。一是继续推进国际大通道建设。在"一带一路"框架下,一大批跨国基础设施已经开工建设或投入使用。二是以"一带一路"基础设施投资实现互利共赢。我国与"一带一路"沿线国家和地区共建基础设施，既不是单方面援助行为，也不是“烧钱”，它为相关国家和地区经济发展带来的“溢出效应”已经超过基础设施投资收益本身，也必将带动我国经济的长远发展。

第二，以产能合作和服务贸易为重点。目前，“一带一路”沿线国家和地区间的产能合作和金融合作已经展开。总的来看，以金融业为重点的服务业企业滞后于实体企业“走出去”的步伐，也滞后于产能合作的实际需求。在深化产能合作的同时，加快推进服务业领域的国际合作，成为“一带一路”可持续发展面临的重大任务。一是产能合作不断深化。我国同“一带一路”沿线30多个国家开展了国际产能合作。我国在高速铁路、航天、船舶和海洋工程、冶金工业设备等领域具备世界领先优势，“走出去”的不是落后和淘汰的产能，而是优质、先进、高科技的产能。二是产能合作潜力巨大。“一带一路”沿线60多个国家和地区之间工业化水平差距较大，大部分国家处于工业化初期，工业基础薄弱，需要吸引外国投资来实现本国工业化。我国与这些国家和地区的经济互补性较强，在国际产能和装备制造业合作方面潜力巨大。

第三，以建立自由贸易区网络为目标。要以开放、包容、共享为目标，加快推进“一带一路”自由贸易区网络建设，使“一带一路”倡议成为反对贸易保护主义、维护经济全球化的新主角。由于“一带一路”沿线国家和地区经济发展水平差距较大，部分国家采取贸易壁垒来维护本国市场，使得“一带一路”沿线国家和地区之间贸易成本居高不下，自由贸易程度较低。世界银行历年发布的营商环境报告显示，受经济基础、市场开放和成熟程度诸多因素的影响，中亚国家营商环境排名整体偏后，成为制约区域贸易发展的主要障碍。《2018年营商环境报告》显示，中亚国家正在继续改善营商环境，创造就业岗位，促进经济增长。然而，与欧盟、北美自由贸易区以及东盟等在区域一体化方面取得实质性进展的地区相比，“一带一路”相关国家面向区域内国家的出口和进口在全部对外贸易中的比重明显偏低。

4. “十四五”时期制度开放的重点

在继续推动商品和要素流动型开放的同时，更加注重制度型开放，这是新时期对外开放的重要特点。

第一,创建国际一流营商环境。必须加强规则、规制、管理、标准等方面的开放,建立形成与国际高标准经贸规则相接轨的对外开放制度体系,为实施高水平市场开放提供支撑。主要是在国际经贸规则、规制、管理、标准等方面加强开放合作。要深化外经贸体制改革,加强事中事后监管,推动世界贸易组织贸易便利化协定实施,进一步优化通关、退税、外汇等管理方式。

第二,在更大范围复制推广改革成果。高标准高质量建设自由贸易试验区,充分发挥上海临港新片区等示范引领作用,赋予自由贸易试验区更大改革自主权,以制度创新为核心,持续深化首创性、差别化改革探索,加强改革试点经验复制推广,充分发挥自由贸易试验区改革开放试验田作用。

第三,持续深化"放管服"改革。要对标国际高水平营商环境,持续深化"放管服"改革,打造法治化、国际化、便利化营商环境。建立健全海南分步骤、分阶段建设自由贸易港政策和制度体系,加快探索建设中国特色自由贸易港,打造开放层次更高、营商环境更优、辐射作用更强的对外开放高地。

第四,推动建设开放型世界经济。加强与"一带一路"沿线国家和地区市场、规则、标准等方面的软联通,特别是在规则和标准等方面开展研究、互译、互认等交流合作,推动共建"一带一路"走深走实和高质量发展。推动与世界主要经济体商建自由贸易区进程,不断扩大自由贸易区网络覆盖范围。推动对世界贸易组织进行必要改革,积极参与多边贸易规则谈判,建设性参与全球经济治理,推动建设开放型世界经济。

二、有序扩大服务贸易对外开放

全球进入服务经济时代,服务贸易不仅是衡量经济高质量发展的重要标志,也是推动产业链价值链向中高端迈进的关键因素。以服务贸易为重点构建更高层次开放合作新格局,是加快建立高水平开放型经济新体制的重要目标,是充分发挥我国超大规模市场优势和释放经济转型升级内需潜力的重大举措,是构建国内国际双循环新发展格局的重大任务。"十四五"时期,把握全球服务贸易发展的新趋势、新特征,明确我国服务贸易发展的目标方向,推动服务贸易高质量发展,对于我国构建新发展格局有着重要意义。

1. 全球服务贸易呈现较快发展趋势

当前,服务贸易正成为全球自由贸易的重点。2010—2019年,全球服务贸易额由7.8万亿美元增长至11.9万亿美元,年均名义增长4.8%,是货物贸易增速的2倍;服务贸易额占贸易总额的比重由20.3%提高至23.8%。有报告预测,到2040年,全球服务贸易在总贸易中的占比将提升到50%。[①]

全球服务贸易发展有这样几个趋势。一是疫情全球大流行加快数字服务贸易发展。疫情加速消费者与服务提供者由线下向线上转移。线上办公、线上教育、线上医疗、电子商务等线上服务业务高速发展,在带动传统服务贸易数字化转型的同时,促进数字技术在新兴服务贸易领域的应用,实现新兴服务贸易的数字化与智能化。二是数字革命拓展服务贸易发展空间。信息技术在服务业领域的广泛应用,使服务产品生产与消费跨越不可分离的障碍,为服务业全球化和服务贸易发展提供了客观条件。教育、健康、医疗、文化等传统不可贸易的"服务"逐渐变得可贸易,并逐渐成为服务贸易的重要内容。三是服务贸易成为全球经贸规则重构的焦点。服务贸易在双边、区域贸易投资谈判中的比重逐渐增大,高标准、广覆盖、边境内的服务贸易规则在区域自贸协定中逐步增多。

现在服务贸易在全球贸易中的地位正不断提升,现阶段国际贸易规则重构的焦点集中于服务业领域。TISA(国际服务贸易协定)、CPTPP(跨太平洋伙伴关系全面进步协定)、RCEP(区域全面经济伙伴关系协议)以及其他双边、多边和目前正在谈判的区域贸易协定中,各国博弈争论的焦点基本都集中在服务业和服务贸易。例如,CPTPP文本中将"金融服务"和"电信服务"这两大类服务贸易独立设章。中日韩自由贸易协定谈判中,开创性地设立了金融服务和

---

① 参见迟福林:《以服务贸易为重点建设高水平开放型经济新体制》,载《经济日报》,2020年9月7日。

电信服务单独章节，反映出服务业领域规则谈判逐渐成为国际经贸规则谈判的重要内容。①

从当前国际制造业高质量发展方向看，推动制造业服务化是重要路径：近20年来，国际上一些大型传统制造企业将业务重心从生产型制造向服务型制造转移，世界500强企业中50%以上的企业从事服务业，全球领先制造公司服务收入占总销售收入平均值约25%，服务净利润贡献率平均值接近50%。

2. 我国推进以服务贸易为重点的开放转型

我国服务业国际竞争力与国际水平相比尚有差距。我国服务业增加值占GDP比重不仅与发达国家74%的平均水平相差20个百分点左右，也明显低于上中等收入国家57%的平均水平。在国际市场上，我国服务业整体也处于价值链中低端。我国在很多服务业领域的开放水平与其他国家相比仍有不小差距。当前我国在电子商务、跨境电商、移动支付、共享经济等领域有坚实的实践基础，有塑造和引领国际经贸合作新规则的能力，但这些优势尚未在国际上转化成以我为主的规则体系。

从构建新发展格局的视角来看，我国服务贸易发展还面临着一系列的难点和痛点。一是境内仍存在阻碍服务贸易投资和消费的“隐性壁垒”。目前各地正着手推动服务贸易快速发展，但由于缺乏统一的、分工明确的区域性服务贸易战略规划和工作部署，容易出现过度重复的、欠缺市场逻辑的投资冲动，造成服务资源的错配和浪费。二是双向开放仍面临国外技术封锁和产业链断链等不确定性风险。当前我国服务贸易发展仍面临三个不平衡：陆海和东西部区域发展不平衡，国有和民营企业市场竞争不平衡，垄断和非垄断行业开放不平衡。这在一定程度上制约了我国服务贸易的协调及可持续发展。②

但也要看到，我国服务贸易具有巨大发展潜力。服务贸易快速发展成为我

---

① 参见顾学明：《推动服务业扩大开放　汇聚开放新动能》，载《光明日报》，2020年9月7日。

② 参见陈秀英：《内外联动促服务贸易协调发展》，载《经济日报》，2020年9月25日。

国对外贸易的突出亮点。2014—2019年，我国服务贸易额年均增长7.8%，是货物贸易增速的2.2倍，是外贸整体增速的1.9倍，在拉动我国外贸平稳增长中作出了重要贡献。从多方面现实条件和基础看，我国服务贸易发展的巨大潜力将加快释放。高标准建设自由贸易试验区和海南自由贸易港、全面深化服务贸易创新发展试点等政策持续推进，将进一步改善服务贸易开放发展的宏观环境。

3. 服务贸易深化改革、扩大开放的重点

“十四五”时期，我国经济仍将继续保持较快增长，产业结构持续升级，参与全球治理能力不断提高，服务贸易发展面临重要机遇。

第一，加快推进服务业对内对外开放进程。要以制度创新为核心，全面深化改革，推动服务业重点领域和关键环节改革取得新突破。要完善市场体系建设，推动服务业加快发展，促进服务业扩大开放。要扩大金融服务业市场准入，依法支持社会资本进入银行、证券、资产管理、债券市场等金融服务业。扩大社会服务业市场准入，减少医疗、教育、体育、托幼、环保、市政等领域市场准入限制。进一步减少行政审批事项，打破地区封锁和行业垄断，促进资金、技术、人员、信息、数据等各类要素便捷流动和优化配置。我国在跨境电商、移动支付等前沿数字服务领域发展优势渐显，应把握住这些领域国际规则尚未形成广泛共识的契机，在网上消费者保护、数字产品征税、数字货币等方面提出规划方案，以国内规则为基础推动国际规则建立。

第二，强化服务贸易自由便利的制度安排。形成服务贸易高质量发展新动力，涉及多方面制度创新。一是加快制定并实行全国跨境服务贸易负面清单，建议减少和降低跨境交付、境外消费、自然人移动等服务贸易模式下的“边境后”壁垒，对负面清单外的领域给予境外服务提供者国民待遇；二是形成与国际接轨的服务贸易标准等，率先在医疗健康领域引入国际先进标准，在倒逼企业转型的同时，提升服务监管的国际化水平；三是探索制定符合我国实际的职业资格互认制度，形成服务贸易项下人员自由流动的制度安排。

第三，形成服务贸易高质量发展的引领示范。一是对接国际高水平经贸规则，形成与最高水平开放形态相适应的服务贸易自由化便利化的制度体系，

进一步规范影响服务贸易自由便利的国内规则。二是加快推进粤港澳服务贸易一体化进程，在提升服务市场一体化水平基础上，进一步减少限制条件，加强与服务贸易相关的人才培养、资格互认、标准制定等方面的合作，在拓宽港澳服务业发展空间的同时，带动广东形成更高层次改革发展新格局。三是加快设立以科技创新、服务业开放、数字经济为主要特征的自由贸易试验区，构建京津冀协同发展的高水平开放平台，并持续深化其他自由贸易试验区差别化探索，加大压力测试，促进国内服务贸易高质量发展。

三、积极参与全球经济治理体系改革

党的十八大以来，中国提出了建设“一带一路”倡议、推动构建新型国际关系和人类命运共同体等一系列全球治理新理念。党的十八届五中全会提出，提高中国在全球经济治理中的制度性话语权。党的十九大报告提出，要积极参与全球治理体系改革和建设。党的十九届五中全会提出，要积极参与全球经济治理体系改革。

1. 全球经济治理的困境

当今世界，主权国家政府通过形成三类组织和合作机制，对全球经济进行治理。一是实体性国际组织，主要是世界贸易组织（WTO）、国际货币基金组织（IMF）和世界银行（WB），这些机构制定有约束力的国际规则体系，拥有比较庞大的专职工作人员队伍，仍是全球经济治理的主渠道。二是非实体性合作机制，包括二十国集团（G20）、七国集团（G7）、金砖国家（BRICS）等，主要为成员国提供对话、磋商和政策协调平台，一般不具有规则构建功能，也没有庞大的专职工作人员队伍。三是由一国提出、多国参与的经济合作倡议，主要是“一带一路”，为全球经济治理提供新的思路、模式和方案。①

① 参见杨长湧：《全球经济治理结构的现状、挑战和演变前景》，载《全球化》，2020年第6期。

现行全球经济治理体系由主要西方大国在二战后主导建立，其基本特征是霸权主导下的大国共治与政策协调。同时，经济全球化在传统国际经济秩序下获得长足发展。客观上说，发达国家与发展中国家在参与传统治理模式下的经济全球化进程中，均获得了经济发展与福利提升。但是现在国际经济格局已经发生深刻变化，全球经济治理面临多重困境。

一是传统治理模式指导乏力。近年来全球化进程遭遇重大挫折。美国政府一味追求本国绝对利益优先，不愿继续承担全球公共产品的供给。战后建立的由发达国家主导全球经济治理的模式日益陷入困境，承担全球经济贸易规则协调的主要国际组织改革进展缓慢。另一方面，新兴经济体实力在全球的力量对比有所加强，参与国际经济治理能力提高，但在现行经济治理体系中的话语权并未同步调整。二是宏观经济政策国际协调不足。全球经济自2008年金融危机以来迈入深刻调整阶段，经济增长不确定性增强。由于目前各经济体在宏观经济政策的制定上存在分化，尤其是主要西方大国一意推进保护主义政策，在国际经济交往中采取非合作态度，加大了政策协调的困难与全球经济治理集体行动的难度。三是G20协调机制面临挑战。作为发达国家与发展中国家协调宏观经济政策、共建全球经济秩序的重要机制，G20对危机后国际经济的修复发挥了重要作用。但是，在逆全球化发展、保护主义蔓延的国际形势下，G20的政策协调机制也面临严峻挑战。各国在经济发展程度与治理理念上存在差异，国家间经济政策协调效果有所下降。

当今世界国际组织与区域性组织交叉重叠，国际协定与区域、超区域协定同时存在，全球经济治理日趋碎片化和复杂化，全球经济治理体系面临严峻挑战。国际社会关注的焦点不仅仅局限于经济的发展，还有全球经济治理机制和国际规则的创新。[①]

突如其来的新冠肺炎疫情无疑是导致全球经济骤停的最大“黑天鹅”。与以往金融系统导致的经济危机不同，这次卫生健康领域的危机导致供给和需

---

① 参见赵龙跃：《统筹国际国内规则：中国参与全球经济治理70年》，载《社会科学文摘》，2019年第12期。

求两侧同时萎缩，冲击前所未有，也被视为自20世纪30年代大萧条以来最严重的危机。

2. 在全球经济治理中发挥重要作用

1971年中华人民共和国恢复在联合国的合法席位，为中国登上国际多边舞台并在国际事务中发挥作用铺平了道路。改革开放后，中国才真正开启了全面参与联合国及其专门机构和相关组织的进程，并从一个被动的参与者转变为积极的支持者和贡献者。中国逐渐扩大了与各主要区域组织的合作。除了以区域成员国身份参与一些组织外，还以观察员、对话国、伙伴国等身份与区域组织建立了正式关系。在合作初期，经贸合作是中国与区域组织合作的重头戏。

从改革开放到加入世界贸易组织，是我国进一步融入国际秩序、学习熟悉并主动引入国际规则的重要时期。改革开放之初，我国基于对社会主义建设实践的全面总结，把广泛融入国际社会作为实现我国现代化的重要途径，从探索国际规则转变为主动引入国际规则，赢得了发展的战略机遇期。中国加入WTO后，积极履行入世承诺，全面参与经济全球化，不断研究、修改和完善相应的国内法律法规和管理体制，由此逐步建立起一个基本符合WTO原则和市场经济要求的规则制度体系。

党的十八大以来，我国全面深化改革、扩大对外开放，提出共建“一带一路”倡议、建设新型国际关系和构建人类命运共同体等一系列全球治理新思想、新理念。“十三五”时期，中国紧紧围绕自贸区建设和参与多边区域经贸机制合作，积极参与全球经济治理，工作成效显著。“十三五”时期，我国主办二十国集团领导人杭州峰会、金砖国家领导人厦门会晤、“一带一路”国际合作高峰论坛等一系列重大主场外交活动，倡导共商共建共享的全球治理观，推动经济全球化朝更加均衡方向发展，推动建设开放型世界经济，成为全球经济治理的重要参与者和贡献者。在经贸领域，中方高举多边主义和自由贸易大旗，旗帜鲜明地反对保护主义，推动贸易投资自由化便利化，达成多项重大成果，为经济全球化和全球经济治理贡献了中国方案和中国智慧。

在实践中，中国逐步探索和建构出一系列关于国际多边组织和全球治理的理念与原则，也形成一套具有中国特色的参与路径和模式。中国参与国际组织和全球治理的实践证明，这一系列理念、路径和模式是中国在这一领域得以取得进展的重要保障，也是今后中国参与国际组织和全球治理的政策基础和宝贵经验。实践表明，中国应该坚持走改革开放的道路，保持开放、包容、多元的多边外交姿态，继续探索中国与国际组织合作共赢的关系，进一步推动全球治理朝着有利于中国和全球共同利益的方向发展。

一方面，根据中国国力和影响力的变化趋势，以及国际格局和全球关系的变化趋势，中国将日益成为国际组织和全球治理举足轻重的推动者和建设者，不仅是经费、捐助和人力等“硬资源”方面的主要贡献者，也将日益成为国际多边组织和全球治理在制度创新、理念创新方面“软资源”的重要来源。但从另一方面看，未来中国在国际组织和全球治理中的地位和作用仍然面临国内外各种不确定因素的制约和影响，包括中国国内政治、经济与社会因素，中国周边安全形势，以及国际力量对比和大国关系等因素。

3. 在全球经济治理中发挥更大作用

第一，坚持开放合作，共同建设开放型世界经济。经济全球化是客观现实和历史潮流。世界退不回彼此封闭孤立的状态，更不可能被人为割裂。要秉持开放包容理念，维护以世界贸易组织为基石的多边贸易体制，促进自由开放的贸易和投资，引导经济全球化正确发展方向。旗帜鲜明地反对单边主义、贸易保护主义，维护全球产业链供应链畅通。支持发展中国家提高自主发展能力，推动解决全球发展失衡、数字鸿沟等问题。中国坚定不移全面扩大开放，用畅通的国内国际循环，更有效率地实现内外市场联通、要素资源共享，推动共建“一带一路”高质量发展。

第二，推动二十国集团充分发挥国际经济合作功能。二十国集团自成立以来，逐步发展成为当今世界公认的国际经济合作主要平台。当前和未来一段时期应紧紧围绕促进经济增长这一核心议题，以推动国际金融体系改革、加强全球金融监管为突破口，积极探索在二十国集团框架下设立全球金融监管机制,使关于国际经济、货币政策和金融体系重要议题的建设性和开放性对话向常态化制度化安排转变。中国应以金砖国家开发银行、亚洲基础设施投资银行等新型区域性国际金融机构为依托,在二十国集团框架下促进世界主要经济体战略共识,探索设立全球金融监管执行机构,提高自身参与国际金融治理能力。

第三,积极参与世界贸易组织改革。近年来单边主义和霸凌主义对世界经济造成严重威胁,多边贸易体制面临严峻挑战,国际社会希望我国发挥更大作用。我们要坚定维护多边贸易体制,积极推动WTO的改革与完善,采取积极举措加强中美政策对话,将精力更多地集中到引领全球治理体系改革、国际经济秩序重塑上来,利用多边机制引领中美经贸关系健康发展。要积极构建全面开放新格局,为全球经济注入新活力,要以新格局思维打造对外开放新高地,包括加人推进自由贸易试验区试点扩展、深化创新,探索建设中国特色自由贸易港,为打造高水平对外开放新格局提供试验田。

第四,积极参与区域自由贸易安排方案。中国需正视伴随逆全球化思潮抬头的全球化进程受阻、区域主义复兴这一重大现实,亟需在坚定推进新型全球化、推动世界贸易组织改革的同时,综合考量新形势下区域投资贸易合作面临的新机遇和新挑战。一方面,全球疫情的发生及其持续蔓延,加速了全球供应链产业链在地区间以及同一区域不同经济体之间的重组步伐。另一方面,中国加快利用CPTPP现有成员国欢迎和支持中国加入的利好态势,在美国加入CPTPP前适时加入其中。中国应加快与日本、加拿大等主要成员国的谈判,化被动为主动。

第五,加快实施我国自贸区提升战略。加快构建以国内大循环为主体、国内国际双循环相互促进的新发展格局,是掌握发展主动权的战略抉择。近年来,中国陆续推出建立自由贸易试验区、自由贸易港等创新举措。这些率先示范举措,明确发出了中国推动建设更高水平开放型经济新体制,以建设性姿态参与全球经济治理,推动建设开放型世界经济的信号。要在总结自贸区经验的基础上,以赋予自贸区更大改革开放自主权。要统筹全方位开放新格局和区域协调发展战略,引导省级自贸区错位发展,以规避同质化竞争,形成差异化竞争优势。

第三节 续写更多“春天的故事”

人无精神则不立,国无精神则不强。精神是一个民族赖以长久生存的灵魂,唯有精神上达到一定的高度,这个民族才能在历史的洪流中屹立不倒、奋勇向前。40多年来,在党中央坚强领导和全国大力支持下,深圳等经济特区解放思想、改革创新,勇担使命、砥砺奋进,在建设中国特色社会主义伟大实践中,既创造了中国和世界发展史上的奇迹,也铸就了敢闯敢试、敢为人先、埋头苦干的特区精神。面对新时代新发展阶段的要求,我们要继续发扬特区精神,努力续写更多“春天的故事”。

一、经济特区实践铸就特区精神

经济特区诞生于中国历史的关键时刻,肩负着特殊的历史使命。党的十一届三中全会作出了改革开放的伟大决策,但如何进行改革开放,并没有现成先例可以遵循,也没有成熟的方案指导,只能摸着石头过河。经济特区便承担了探路的历史使命,是改革开放的先行者和排头兵。40多年来,经济特区干部群众敢拼敢干、解放思想、锐意进取,在困境中“杀出一条血路”,在改革开放的伟大实践中创造了历史奇迹,在历史伟业中淬炼出敢闯敢试、敢为人先、埋头苦干的伟大特区精神。

敢闯敢试的改革精神是特区精神的最大底色。特区精神的核心是敢闯敢试、敢于冒险。当年决定设立特区时,邓小平同志讲,要“杀出一条血路”,怎么“杀”出来,主要靠“闯”。40多年来,经济特区干部群众正是勇做改革的尖兵,敢于破冰,才在改革开放的伟大实践中“闯”出一条新路。20世纪80年代,在计划经济思想还被奉为圭臬时,特区的领导者们就敢于突破思想束缚,引入市场经济。如当时深圳就提出"建设资金以吸收和利用外资为主,经济结构以中外合资和外商独资经营企业为主,企业产品以出口外销为主,经济活动在国家计划经济指导下以市场调节为主"的"四个为主"的思想,使深圳最早从计划经济体制束缚下突围出来,开辟了一条通向市场经济的新路。再如在姓"社"姓"资"的问题上,深圳最早突破传统社会主义理论的束缚,坚持邓小平同志关于"三个有利于"判断社会主义的标准和社会主义本质的论断,为中国特色社会主义理论创新发展作出了重要贡献。

敢为人先的创新精神是特区精神的动力所在。创新是第一动力,"创"是经济特区持续发展的核心动力。设立经济特区是我党的伟大创举,创新是伴随特区始终的特质。特区创造世界奇迹的关键就在于敢为人先,不断打破束缚生产力发展的旧框框,不断促进体制和技术创新。40多年来,深圳坚持解放思想,率先进行市场取向的经济体制改革,首创1000多项改革举措,实现了由经济体制改革到全面深化改革的历史性跨越。党和国家的体制制度创新为市场主体营造了良好的营商环境,也极大带动了特区的技术创新,催生了一大批具有较强国际竞争力的高科技企业,如华为、腾讯、比亚迪、大疆、海王、格力、厦华等。

埋头苦干的实干精神是特区精神的突出品格。空谈误国、实干兴邦。不干,半点马列主义都没有。经济特区的沧桑巨变,是一代又一代特区建设者拼搏奋斗干出来的。"干"是经济特区的真实写照,是经济特区的发展之本。特区人注重实干,"时间就是金钱,效率就是生命""深圳速度""深圳质量",这些耳熟能详的口号处处留下了特区人埋头苦干的足迹,彰显了特区人真抓实干的精神。特区设立以来,围绕特区发展,社会上先后出现多次争论,对特区发展也造成一定影响,但特区人在争议中始终坚持实干精神,不争论,让实践说话,让事实告诉未来,坚持走自己的路,最终成就世界奇迹。

二、发扬特区精神,把特区办得更好

在深圳经济特区建立40周年庆祝大会上的讲话中,习近平总书记强调指出,经济特区不仅要继续办下去,而且要办得更好、办得水平更高。新时代经济特区建设要“从我国进入新发展阶段大局出发”,“在更高起点上推进改革开放,推动经济特区工作开创新局面”。从2018年4月开始,中共中央、国务院先后印发了《关于支持海南全面深化改革开放的指导意见》《关于支持深圳建设中国特色社会主义先行示范区的意见》等文件,出台相关建设总体方案、实施方案等,为经济特区明确了新的战略定位和任务担当。把特区办得更好,经济特区广大干部群众必须坚定不移贯彻落实党中央决策部署,永葆“闯”的精神、“创”的劲头和“干”的作风。

推动形成全面深化改革、全面扩大开放新格局。没有改革开放就没有经济特区的奇迹和中国的今天,中国特色社会主义在改革开放中产生,也必将在改革开放中发展壮大。经济特区必须以更大的政治勇气和智慧,用好改革这个关键一招。同时,经济全球化的历史大势不可逆转,面对经济全球化逆流,经济特区要以更大的努力全面扩大开放,继续担负探路任务。

坚定不移贯彻新发展理念,打造高质量发展新高地。新发展理念是对人类经济社会发展规律的科学总结,顺应人类发展大势和时代潮流,契合我国经济社会发展的新形势、新问题,是引领新时代伟大实践的科学指引。高质量发展,是体现新发展理念的发展。经济特区要努力贯彻新发展理念,在努力实现更高质量、更有效率、更加公平、更可持续、更为安全的发展方面走在前列。

推动城市治理现代化,打造现代化的城市新样本。城市让生活更美好,但城市的物质文明、政治文明、精神文明、社会文明、生态文明不会自然生成,需要管理手段、管理模式和管理经验的创新,让城市运转更聪明、更智慧。深圳等经济特区要全面提升法治建设水平,在加快建设彰显国家文化软实力的现代文明之城,打造安全高效的生产空间、舒适宜居的生活空间和碧水蓝天的生态空间,实现人与自然和谐共生方面率先突破。

助推粤港澳大湾区建设,丰富“一国两制”事业新实践。粤港澳大湾区建设是国家重要发展战略,助推粤港澳大湾区建设,深圳等经济特区责无旁贷。要以制度创新为核心,推动三地经济运行的规则衔接、机制对接,不断提升对港澳开放水平。加快深港、粤澳科技创新合作区建设,积极拓展粤港澳大湾区在产业、科技、教育、文化、旅游、社会保障等多领域的合作，促进粤港澳广泛交往、全面交流、深度交融，增强对祖国的向心力。

三、以改革、创新来应对挑战、再创佳绩

敢闯敢试、敢为人先、埋头苦干的伟大特区精神，是中国精神的生动诠释，丰富了我国民族精神和时代精神的内涵，充分展现了中国共产党领导和我国社会主义制度的显著优势。特区精神永远不会过时。新时代，面对新发展阶段构建新发展格局，中国又到了一个新的历史关头，积极应对国内外环境挑战，我们要在全社会大力发扬伟大特区精神，使之转化为全面建设社会主义现代化国家、实现中华民族伟大复兴的强大力量。

大力发扬特区精神，推动更深层次改革，实行更高水平开放。改革是解放和发展社会生产力的关键，是推动国家发展的根本动力。随着我国迈入新发展阶段，改革也面临新的任务，必须拿出更大的勇气、更多的举措破除深层次体制机制障碍，坚持和完善中国特色社会主义制度，推进国家治理体系和治理能力现代化。要坚持和完善社会主义基本经济制度，使市场在资源配置中起决定性作用，更好发挥政府作用，营造长期稳定可预期的制度环境。要加强产权和知识产权保护，建设高标准市场体系，完善公平竞争制度，激发市场主体发展活力，使一切有利于社会生产力发展的力量源泉充分涌流。对外开放是基本国策，我们要全面提高对外开放水平，建设更高水平开放型经济新体制，形成国际合作和竞争新优势。要积极参与全球经济治理体系改革，推动完善更加公平合理的国际经济治理体系。

大力发扬特区精神，不断提升自主创新能力。惟改革者进，惟创新者强，惟改革创新者胜。实现高质量发展，必须实现依靠创新驱动的内涵型增长。我们更要大力提升自主创新能力，尽快突破关键核心技术，以科技创新催生新发展动能。这是关系我国发展全局的重大问题，也是形成以国内大循环为主体的关键。我们要充分发挥我国社会主义制度能够集中力量办大事的显著优势，打好关键核心技术攻坚战。要依托我国超大规模市场和完备产业体系，创

造有利于新技术快速大规模应用和迭代升级的独特优势,加速科技成果向现实生产力转化,提升产业链水平,维护产业链安全。要发挥企业在技术创新中的主体作用,使企业成为创新要素集成、科技成果转化的生力军,打造科技、教育、产业、金融紧密融合的创新体系。

大力发扬特区精神,积极应对各种风险挑战。习近平总书记强调:“改革开放每一步都不是轻而易举的,未来必定会面临这样那样的风险挑战,甚至会遇到难以想象的惊涛骇浪。”特区精神是我们战胜风险挑战、再创历史奇迹的精神动力。进入新发展阶段,国内外环境的深刻变化既带来一系列新机遇,也带来一系列新挑战,危机并存、危中有机、危可转机。我们要辩证认识和把握国内外大势,深刻认识错综复杂的国际环境带来的新矛盾、新挑战,统筹中华民族伟大复兴战略全局和世界百年未有之大变局,增强机遇意识和风险意识,敢闯敢试、埋头苦干、积极求变,善于转危为机,努力办好自己的事情,不断开创发展新局面。

第四节
海南自贸港的制度集成创新

建设海南自由贸易港,对于中国来说,是一项前所未有、需要探索的伟大创举。海南因改革开放而生,也因改革开放而兴。打造引领我国新时代对外开放鲜明旗帜的重要门户,是中央建立海南自由贸易港的重大战略目标,是海南自由贸易港的重大战略任务。解放思想、敢闯敢试、大胆创新是中央对海南全面深化改革开放和中国特色自由贸易港建设的总体要求。从海南自由贸易港实际情况看,要把制度集成创新摆在突出位置。

一、坚持制度创新、制度取胜

海南建省办经济特区30多年来能够取得重大成就,就在于运用了制度创新这一"法宝",海南自由贸易港建设更要用好制度创新这一"法宝"。在海南建设自由贸易港,是党中央着眼于国内国际两个大局、为推动中国特色社会主义创新发展作出的一个重大战略决策,是我国新时代改革开放进程中的一件大事。对全世界来讲,海南自由贸易港是各国进入中国巨大经济腹地的通道,是分享中国市场机会的前沿地带;对我们国家而言,海南自由贸易港是中国企业和民众走向"一带一路"的支点,是中国经济融入世界的一个窗口。这是海南能够为构建新发展格局作出独特贡献的地方。

这些战略安排,迫切需要制度集成创新。习近平总书记指出,"要把制度集成创新摆在突出位置,高质量高标准建设自由贸易港"①。自贸试验区强调制度创新,海南自贸港强调的是制度集成创新,改革的强度和力度更大。要在集成上下功夫,把相关制度创新有机融合、协同集成,来解决新的问题、形成新的效应。要以更高水平开放促进更深层次改革,发挥改革系统集成的作用,积极探索建立适应自贸港建设的更加灵活高效的法律法规、监管模式和管理体制,破除阻碍生产要素流动的体制机制障碍,为新时代加快完善社会主义市场经济体制探索新路径、积累新经验。

制度集成创新,要充分借鉴国际经验。要坚持高起点谋划、高标准建设,主动适应国际经贸规则重构新趋势,充分学习借鉴国际自由贸易港的先进经营方式、管理方法和制度安排,形成具有国际竞争力的开放政策和制度,加快建立开放型经济新体制,增强区域辐射带动作用,打造我国深度融入全球经济体系的前沿地带。要加快推进制度集成创新。体制机制创新是海南发展的源头活水,必须把海南全面深化改革开放和自由贸易港建设的重点放在体制机

① 参见《习近平对海南自由贸易港建设作出重要指示强调,要把制度集成创新摆在突出位置,高质量高标准建设自由贸易港》,载《光明日报》,2020年6月2日。

制创新上，大胆试、大胆闯，形成体制机制创新的良好氛围和有效合力。

要贯彻新发展理念，把自贸港的政策优势、制度优势和原有的生态优势相融合，切实转化为海南发展优势，大力发展旅游业、现代服务业和高新技术产业，形成特色鲜明、具有较强竞争力的现代产业体系。只有坚持制度创新、制度取胜，才能保证到2025年初步建立以贸易自由便利和投资自由便利为重点的自由贸易港政策制度体系，到2035年成为我国开放型经济新高地，到本世纪中叶全面建成具有较强国际影响力的高水平自由贸易港。

二、制度探索的重点方面及2020年版负面清单

"十四五"时期是海南高质量高标准建设中国特色自由贸易港、落实阶段性重点任务形成早期收获的关键五年。根据《海南自由贸易港建设总体方案》的要求，要分步骤、分阶段建立自由贸易港政策和制度体系。以贸易投资自由化便利化为重点，以各类生产要素跨境自由有序安全便捷流动和现代产业体系为支撑，以特殊的税收制度安排、高效的社会治理体系和完备的法治体系为保障，构建海南自由贸易港政策制度体系。

1. 加快出台《海南自由贸易港法》

2021年1月，全国人大全文公布了《中华人民共和国海南自由贸易港法(草案)》，并公开征求意见。这部法律是全国人大针对海南自由贸易港建设制定的第一部法律。这部法律的出台，充分体现对标世界最高水平开放形态的基本要求，对海南自由贸易港制度建设将产生决定性影响。

第一，明确《海南自由贸易港法》作为"母法"的定位。在海南目前法律体系不完善、相关制度需要系统性调整的情况下，需要以《海南自由贸易港法》为基础逐步形成完善且与国际接轨的法律体系。《海南自由贸易港法》的相关规定，直接影响着以本法为基础出台的有关具体条例、政策的质量。

第二，要形成一部具有国际影响力的法律。《海南自由贸易港法》在坚持国家宪法和法律基本原则的同时，要充分体现世界最高水平开放形态之一的本

质要求,最大限度与国际接轨。《海南自由贸易港法》要以对标国际自由贸易港的通行做法为首要要求,对标贸易投资自由化、便利化的通行做法,对标“零关税、低税率、简税制”的通行做法,对标行政、立法、司法体制等领域的成功做法。

第三,突出作为“授权法”的关键所在。海南自由贸易港涉及政策与制度的系统性调整,《海南自由贸易港法》要起关键的作用。一要赋予海南自由贸易港充分经济管理自主权,具体包括对外经济合作自主权,经济政策制定自主权;二要赋予海南自由贸易港相应的行政体制改革自主权,支持海南探索建立适应全球最高开放水平的行政体制。三要赋予海南自由贸易港更大的地方立法权,明确规定地方的立法权限、领域及其法律效力。

2. 初步建立自由贸易港政策制度体系

“十四五”时期是海南自由贸易港建设的黄金机遇期和重要窗口期,自由贸易港政策制度体系要加快建立。在构建新发展格局中要找准海南定位,积极融入国内大循环,抓住扩大内需战略机遇,依托国内强大市场,增强消费基础性作用和投资关键作用,提升经济外向度,实行高水平对外开放,打造国内国际双循环战略连接和交汇点,使海南不仅成为物理层面的“中转站”,还成为发生化学反应的“反应炉”。

第一,探索贸易投资自由化便利化制度。要对标国际高水平的经贸规则,争取大幅放宽市场准入,全面推进服务贸易自由化,建立健全投资便利制度,进一步激发各类市场主体活力。要加强服务贸易“既准入又准营”的制度创新,推动出台海南自由贸易港跨境服务贸易负面清单。最大程度简化一线进出境监管要求,提升“二线”监管水平。实施海南自由贸易港放宽市场准入特别清单、外商投资准入负面清单,进一步放宽外商投资准入限制。

第二,探索推进要素自由流动制度。推进跨境资金流动、人员进出、运输来往自由便利及数据安全有序流动,打造全球优质生产要素集聚区。健全多功能自由贸易账户体系,构建金融对外开放基础平台。进一步推动进出口货物贸易、服务贸易和离岸新型国际贸易结算便利化。持续加强国际人才服务管理改革试点工作，大幅增加国际人才总量。实施更加开放的免签入境政策。实施更加开放的船舶运输政策，发挥海南自由贸易港国际船舶登记中心作用。实施更加开放的航空运输政策，用好航权开放政策。创新数据资源确权、开放、流通、交易等相关制度，加快培育数据要素市场，推进数据安全有序流动。

第三，探索落实自由贸易港税收政策。紧扣"零关税、低税率、简税制"，逐步建立与高水平自由贸易港相适应的税收制度。实行部分进口商品零关税政策，逐步扩大正面清单，缩减负面清单。落实好高端紧缺人才个人所得税政策、企业所得税优惠政策，动态调整人才清单和鼓励类产业目录，完善享受税收优惠政策争议协调工作机制。对在海南自由贸易港注册的符合条件的企业，其境外所得免征企业所得税。推动制定实施海南自由贸易港进口征税商品目录。加快研究推动简税制，在全岛封关运作的同时，依法将现行增值税、消费税、车辆购置税、城市维护建设税及教育费附加等税费进行简并，启动在货物和服务零售环节征收销售税相关工作。

第四，适时启动全岛封关运作。根据《海南自由贸易港建设总体方案》的要求，按照"一线放开、二线管住"的制度设计，要合理布局和统筹建设"一线"口岸和"二线"口岸，完善优化口岸功能，强化口岸设施监管和风险防范体系建设，在有效监管基础上，实现2025年前全岛封关运作。加快建设海南自由贸易港规划中的机场和"一线"口岸。在"一线"口岸增设"二线"功能，按需推动其他口岸开放。建立健全全岛封关管控体系，全面开展封关压力测试和封关运作准备情况评估。

3. 2020年版负面清单

2020年12月，国家发改委、商务部发布了《海南自由贸易港外商投资准入特别管理措施（负面清单）（2020年版）》。与自贸试验区外资准入负面清单相比，2020年版海南自由贸易港负面清单开放度更高。2020年6月，国家发改委、商务部发布了2020年版自贸试验区外资准入负面清单，为制定2020年版自由贸易港负面清单提供了基础。与2020年版自贸试验区外资准入负面清单的30条相比，2020年版自由贸易港负面清单进一步缩减至27条，还有一些条目部分放开，支持海南自由贸易港率先开放。[①]

第一，推进增值电信、教育等重点领域开放。扩大增值电信业务开放，取消在线数据处理与交易处理业务外资准入限制，允许实体注册、服务设施在海南自由贸易港的企业面向自由贸易港全域和国际开展互联网数据中心、内容分发网络业务，促进海南汇聚数据，发展数字经济。允许境外理工农医类高水平大学、职业院校在海南自由贸易港独立办学，支持海南国际教育创新岛建设。

第二，扩大商务服务对外开放。法律服务领域，允许外商投资部分涉海南商事非诉讼法律事务，更好满足海南自由贸易港贸易、投资、金融等领域涉外法律服务需求。咨询和调查领域，除广播电视收听、收视调查须由中方控股外，取消市场调查领域外资准入限制；允许外商投资社会调查，且中方股比不低于67%，法人代表应当具有中国国籍。

第三，放宽制造业、采矿业准入。制造业领域，将全国和自贸试验区"2022年取消乘用车制造外资股比限制以及同一家外商可在国内建立两家及两家以下生产同类整车产品的合资企业的限制"提前实施，支持海南自由贸易港汽车产业率先开放。采矿业领域，取消禁止外商投资稀土、放射性矿产、钨勘查、开采及选矿的规定，按照国家和海南省矿业领域内外资一致的措施实施管理。

三、加强与东南亚国家交流合作

面对南海地区形势，加强海南自由贸易港与东南亚国家交流合作具有重大现实意义。海南自由贸易港要在促进中国与东南亚更高水平区域合作中发挥独特作用。以海南自由贸易港为重要平台，加强中国与东南亚深层次、多领

---

① 参见《放宽海南自由贸易港外资准入　提高投资自由便利水平——国家发展改革委有关负责人就2020年版海南自由贸易港负面清单答记者问》，载国家发改委网站，2020年12月31日。

域的区域合作，实行更加灵活的产业项下自由贸易政策等，不仅有利于推动中国—东盟经贸合作的巩固与发展，而且有利于携手应对贸易保护主义与单边主义的挑战，共同推进区域经济一体化进程。[①]

海南自由贸易港要成为连接中国国内市场与东南亚市场的重要枢纽。未来5—10年，中国14亿人的巨大内需市场潜力释放将为包括东南亚在内的全球经济注入活力。海南自由贸易港要逐步成为中国与东南亚国家商品与要素双向流动的大通道。海南自由贸易港要成为连接中国与东南亚国家优质要素的中转、交易、配置大平台。例如，共建国际数据交易所，开展数字版权确权、估价、交易、结算交付、安全保障、数据资产管理等服务功能；共建知识产权交易所，立足各自创新发展需求，推进区域内知识产权交易。

要以务实举措尽快实现海南自由贸易港与东南亚国家交流合作的重要突破。当前，在全球性、区域性政治经济格局面临深刻复杂变化的形势下，要把握区域经济一体化大趋势与中国—东盟经贸联系日益紧密的新要求，发挥各自比较优势，以更加务实的举措实现海南自由贸易港与东南亚国家交流合作的重要突破。一是推进企业深化合作。要支持我国国内及东南亚国家的企业在海南设立区域性总部，并以此为基地共同开拓区域内大市场。支持旅游、农业、医疗健康研发设计等领域的企业共同打造发展联盟，推进实现资格互认、资源共享。鼓励支持各方企业，以比较优势为基础开展双向投资。二是推进更广范围更加多元的人文交流。要合作建立跨境劳务合作管理协调机制与信息服务平台，共同推动区域内高校、智库和研究机构间开展学术互访、合作研究、互派学者和留学生等多方面的合作，充分利用博鳌亚洲论坛等平台深化双边、区域合作交流。

---

① 参见迟福林：《以加强与东南亚国家交流合作为重大任务的海南自由贸易港》，载《中国（海南）改革发展研究院简报》，2020年11月24日。

第五节
推动东北振兴在开放中有新突破

东北地区是我国重要的工农业基地，其维护国家国防安全、粮食安全、生态安全、能源安全、产业安全的战略地位十分重要。党中央十分关心东北全面振兴发展，党的十八大以来，习近平总书记5次到东北调研，2次召开专题座谈会，研究推动东北发展问题。党的十九届五中全会提出，“推动东北振兴取得新突破”，确定了战略定位。“十四五”时期，东北振兴要有新的战略举措，要放在高水平开放和全面开启社会主义现代化新征程之中加以谋划。

一、“十四五”东北振兴面临的紧要问题

在我国区域经济发展中，东北地区战略地位毋庸置疑，但发展动力亟待提升。在长三角、珠三角等地区已初步走上高质量发展轨道的同时，东北地区的发展仍面临较大困难，因此，“十四五”时期，要抓住紧要问题，用好用足国家能够给的政策，推动东北地区实现全面振兴。

1. 制造业走出困境问题

东北地区是我国制造业特别是装备制造业的生产基地。实施东北振兴战略以来，东北制造业在激发市场活力和推动转型升级上取得了积极进展，但面临的内外形势和竞争压力依然严峻。2020年，在31个省份GDP排名中，辽宁、黑龙江、吉林分别排在第16、25、26位。影响东北地区经济发展的最重要因素就是工业转型滞后，制造业优势没有发挥出来。现在东北三省的制造业占经济总量高达30%左右，如果东北制造业转型成功了，就可以给东北全面振兴奠定坚实的基础。

影响制造业优势发挥的有这样几个方面。一是单纯依靠当地资源优势，战略性新兴产业规模较小。东北地区重工业和能源原材料产业比重较高，近年来因煤、铁、油等资源逐渐枯竭，以制造业为主的重工业资源优势已不再明显。另外，东北战略性新兴产业以及基于互联网的新产业规模也比较小，发展进程也较慢，对经济发展贡献偏低。据统计，沈阳、大连、哈尔滨三个城市的高新技术企业，在总产值、企业数量、上缴税费等方面均位列全国15个副省级城市的末尾，三市总和与武汉、成都持平。[①] 二是工业产品技术结构落后，升级缓慢。东北地区制造业具有非常重要的地位，目前转型升级缓慢，产品技术结构普遍而言较为落后，表面上看是研发投入占比少、开放不足等问题在作祟，但这些只是现象，关键的是背后深层次的体制机制原因。产业的现代化，需要以制度现代化为支撑。制度环境是制造业转型升级的关键，是第一位的影响因素。[②] 三是研发投入不足，品牌市场认可度偏低。东北地区研发经费投入占GDP的比重，低于全国平均水平；从专利授权量来看，东北每万人专利授权量，也低于全国平均水平。此外，东北制造业的品牌知名度不高，市场竞争力和占有率也比较低。

党的十八大以来，国家重视制造业发展，东北振兴赶上了好时代，应该坐上这班历史列车，重振制造业。应该说，东北地区制造业振兴的难度要小于美欧，因为美国、欧洲一些国家产业空心化问题严重，再回归非常困难。而现在东北制造业有很好的基础，制造业转型升级的难度要比他们搞“回归”的难度小得多。

2. 进一步扩大开放问题

开放度低、开放滞后是制约东北经济发展的突出因素，也是东北地区构建以国内大循环为主体、国内国际双循环相互促进新发展格局的突出掣肘。这

---

① 赵继：《构建东北制造业转型升级开放格局》，载《中国东北振兴研究院简报》，2020年11月5日。

② 银温泉：《深度改革开放　加快构建制造业转型升级的制度环境》，载《中国东北振兴研究院简报》，2020年11月5日。

就要求东北以扩大开放倒逼改革，形成东北经济转型和可持续增长的新动力。

东北亚各国是我国重要的贸易合作伙伴，东北地区毗邻俄罗斯、朝鲜、蒙古国、日本、韩国五国，位于东北亚的核心地带，东北亚各国是东北地区重要的合作伙伴，东北地区在面向东北亚各国的开放中存在比较优势。

近年来，国际大环境剧烈变动，给东北亚地区的和平发展以及我国东北地区的全面振兴带来机遇。对于东北来说，在大变局中面临着前所未有的历史机遇，要抓住机遇重振制造业，创造东北制造业的集成优势。作为中国的老工业基地，东北地区传统制造业实力雄厚，但总体上还处于全球制造业产业链的中低端，正处在转型升级进程中。日韩制造业大多处在全球产业链的中高端，与东北地区制造业互补性较强。东北地区要抓住中日韩推进自贸与产业链供应链区域化的重要机遇，实现与东北亚产业对接。

中日韩经济联系紧密，其中很重要的一个原因就是中国经济增长成为东北亚地区，特别是中日韩经济合作的重要驱动力。在这个基础上，中日韩的官方合作也在逐步展开。中日韩经济发展关系的日益紧密，推动了一些经济圈的建设构想，但是，中日韩之间经济联系主要还是基于市场链接，中日韩官方合作虽然一直进行，但实质性成果还是比较少的，主要原因是受到了中日韩三国非常复杂的政治关系的影响。[①] 日本公益财团法人环日本海经济研究所理事长河合正弘认为，中日韩三国经济联系密切，近两年中国对美国的贸易依存度急剧下降，但并没有向日本和韩国转移，而是转移到了“一带一路”沿线国家。他希望进一步推动中日韩三国经济往来。[②]

从东北地区开放现状来看，它还是偏向东北亚，偏向日本、韩国、俄罗斯。在区域全面经济伙伴关系协定（RCEP）结束谈判后，中日韩三方同意在RCEP的基础上，打造“RCEP＋”，包括三个方面的内容：一是货物贸易领域，三方将积极探讨进一步降低关税水平；二是服务贸易和投资领域，三方同意将以负面清

① 张蕴岭：《推动新形势下东北亚合作的思考》，载《中国东北振兴研究院简报》，2020年11月5日。

② 河合正弘：《应进一步推动中日韩三国的经贸往来》，载《中国东北振兴研究院简报》，2020年11月5日。

单模式开展服务贸易和投资市场准入谈判;三是规则领域,三方探讨进一步提升相关规则议题水平的可能性。这个机会对东北地区来说是一个契机,完全靠内生发展不起来,必须有一个外援。外援在哪?就是东北亚,这正是下一步自由贸易协定(FTA)的重点。

3. 东北地区经济一体化问题

东北经济一体化已提出多年,在现实推进中面临诸多困难和挑战。东北三省城市之间经济联系不够紧密,没有形成错位发展的有效分工,中心城市建设和城市群经济发展明显滞后,严重阻碍了东北地区资源要素跨区域自由流动,对东北整体的振兴造成不利影响。

东北地区的城市化水平很高,东北的都市圈、城市群建设具有非常大的潜力。东北地区应该以中心城市引领东北大都市圈,以城市群的协同发展为基本模式推进东北区域经济一体化。现在东北地区中心城市联系不紧密,没有形成有效的一体化分工。东北地区城市群规划较多,缺乏统一的发展规划,地方政府间协作困难。应明确不同城市群的功能定位和发展重点,强化轴带引领作用,加强城市群内部和城市群间的分工协作。在制定城市群规划时,要将东北整体看作一盘棋,放在全国的经济布局中来考虑,否则会造成资源严重浪费而且效率很低。

未来15年,是智能制造新一轮工业革命发展的关键时期,东北地区应抓住机会,实现制造业的弯道超车。东北地区的制造业在区域经济一体化的进程中要做到协调配合,集中力量突破不同的产业方向,打造产业链的长板,形成更有创新力、更高附加值、更安全可靠的产业链。辽宁应突出金属冶炼、钢铁加工、智能制造、燃料化工、石油化工,吉林应突出汽车制造、医药制造,黑龙江应突出食品制造、医药制造,内蒙古应突出钢铁制造和食品制造等。依托东北地区独特的地理区位条件,在加快东北亚基础设施互联互通中实现东北亚陆海联运,以东北经济一体化为目标加大东北地区基础设施建设的力度。

东北地区经济一体化最深层次的问题是经济体制问题,是政府和市场的关系问题,不能用行政的手段来实施区域经济一体化。对于东北地区经济一体化，应该保持积极的态度，等待一个合适的时机，用市场化的方式自然形成一体化。

4. 东北地区黑土地保护问题

习近平总书记在吉林省四平市梨树县考察时强调：东北是世界三大黑土区之一。一定要采取有效措施，保护好黑土地这一耕地中的大熊猫。习近平总书记这一重要论述，深刻揭示了加强耕地尤其是黑土地保护对粮食安全的重要性。

保障粮食安全的根本在耕地。耕地是我国最为宝贵的资源，我国人多地少的基本国情，决定了我们必须把关系十几亿人吃饭大事的耕地保护好，决不能有任何闪失。黑土地是大自然赠予人类极为珍贵的战略性资源。黑土地是指拥有黑色或暗黑色腐殖质表土层的土地，土壤有机质含量是黄土的十倍，团粒结构好，水肥气热协调，是一种性状好、肥力高、最适宜农耕的优质土地。资料显示，每形成1厘米厚的黑土大约需要400年的时间，而且在很大程度上不可再生，一旦大规模破坏就很难恢复。

根据第二次全国土地调查数据显示，东北地区典型黑土区耕地面积约为2.78亿亩。东北是我国重要的商品粮基地，黑土区是东北地区粮食生产能力的基石，有专家说，守住黑土地就守住了中国粮食的命脉，就守住了中华民族的未来。当前，我国黑土地面临严峻挑战。自20世纪50年代大规模开垦以来，东北黑土区逐渐由林草自然生态系统演变为人工农田生态系统。由于长期受翻耕、旋耕等传统耕作方式的高强度利用，导致有机质含量下降、理化性状与生态功能退化。[1]

因此，要从战略上保护好这块珍贵的黑土地资源。按照规划到2030年，黑土地保护面积达到2.5亿亩，耕地质量平均提高1个等级(级别)以上，建成一批集中连片、土壤肥沃、生态良好、设施配套、产能稳定的商品粮基地。

---

① 孙东方：《保护好"耕地中的大熊猫"》，载《红旗文稿》，2020年第15期。

5. 资源枯竭型城市发展问题

实施东北振兴战略,通常被认为是一种旨在提振该地区经济发展的赶超战略,而把该战略实施多年之后东北三省的经济发展现状——增长率低于其他许多地区,看作是战略成效不显著的表现。然而,东北的经济发展是比赶超发达地区目标远为复杂的问题,因为随着时间的推移,该地区既是赶超的对象也是赶超的主体,东北振兴战略的性质与在中西部地区实施的均衡发展战略应具有不尽相同的出发点和归宿点。

国家实施东北振兴的战略意图,是使相对落后的东北地区赶上发达地区的发展水平。所以,无论就其本质而言还是就其出发点而言,东北振兴战略就是赶超战略。赶超的理论依据是什么,或者说应该遵循什么样的基本理论和原则发展地区经济,才能实现对更发达地区的赶超?按照林毅夫教授的解说,落后国家的赶超战略,一个是违背比较优势的发展战略,通常导致赶超失败;另一个是遵循比较优势的发展战略,成功实现赶超的案例通常属于此类。

"十四五"时期,东北振兴要遵循比较优势的原则。有一个例子可以说明一些问题。吉林省辽源市是资源枯竭型城市,十几年之前走上转型之路。现在辽源袜业已经誉满全国,蜚声海外。从其产业上看,辽源袜业产业今后会拓展到其他纺织产品。作为资源枯竭型经济转型试点城市,辽源将袜业作为接续替代产业、支柱产业发展,不仅解决了就业问题,更为城市经济发展开拓出新的道路。从东南沿海地区发展制造业产品来看,辽源大力发展袜业园区的做法不仅仅解决了社会人员的就业问题,对城市扩容、轻工产品发展也具有重大意义。

服务业蕴含在经济活动生产、交易、分配、消费的每一个环节。东北地区在产业升级和产业创新方面,须重视生产性服务业和生活性服务业的发展。生产性服务业是产业链和产业集群的中间需求,支撑其他产业发展,自身也产生强大的市场需求。近年来,东北地区主动作为,从战略高度制定优惠政策来扶持和培育生产性服务业做强。

二、"十四五"东北振兴的思路和方向

习近平总书记指出,"东北地区建设现代化经济体系具备很好的基础条件,全面振兴不是把已经衰败的产业和企业硬扶持起来,而是要有效整合资源,主动调整经济结构,形成新的均衡发展的产业结构"[①]。东北地区形成新的产业结构,要从有优势的产业中进行培育。一是要加快传统制造业改造升级,扬长补短,发展新技术、新业态、新模式,培育健康养老、旅游休闲、文化娱乐等新增长点。二是要促进资源枯竭地区转型发展,加快培育接续替代产业。

东北地区作为我国重要的工业和农业基地,具有独特的自然资源和地理优势,在维护国家国防安全、粮食安全、能源安全、生态安全等方面拥有重要的战略地位。"十四五"时期东北振兴主要是围绕以下方面进行布局,发挥比较优势。一是把东北地区建设成保障国家粮食安全的重要基地。现在东北地区为全国提供了20%的粮食产量、40%的商品粮和38%的大豆。二是把东北地区建设成我国北方生态安全的重要屏障。近年来,东北地区各项生态环保措施得到有效落实,通过行之有效的生态环境保护治理,松花江、辽河等重点流域水质明显好转,长白山、大小兴安岭生态保护和经济转型稳步推进,林业实现了从"全国林业采伐基地"到"祖国北方生态屏障"的历史性转变。三是把东北地区建设成能源安全的重要生产基地。东北地区是我国重要的能源和战略资源基地。石油资源有大庆油田、辽河油田和吉林油田。煤炭资源遍布东北三省和内蒙古。

1. 设立混合所有制改革试验区

东北是我国的老工业基地。当前,国有经济比重过高、重化工国有企业偏多、国有经济和国有企业竞争活力不足、民营经济发展不充分、新兴产业发展

① 习近平:《推动形成优势互补高质量发展的区域经济布局》,载《求是》,2019年第24期。

偏慢等问题和矛盾依然没有缓解。针对东北国有经济和民营经济的发展不平衡不充分的矛盾，深化国有企业混合所有制改革是东北振兴的重中之重，因此应加快东北地区混合所有制改革的进程，加大东北地区混合所有制改革的力度。

在东北设立混合所有制改革综合试验区，符合党的十八届三中全会、十九大和十九届五中全会精神，要积极发展混合所有制经济，允许更多国有经济和其他所有制经济发展成为混合所有制经济。推进东北地区的国有企业混合所有制改革，实现国有资本、集体资本、非公有资本等交叉持股、相互融合的混合所有制经济发展，有利于放大辐射东北地区国有资本功能、保值增值、提高竞争力，有利于各种所有制资本取长补短、相互促进、共同发展，提高“东北域”整体资源的配置效率。

从本质上看，东北地区设立混合所有制改革综合试验区，可以有效释放国有经济改革红利。混合所有制改革最大可能地吸引国际国内新的高端生产要素，带动盘活区域内原有中低端生产要素，为国有企业和国有经济发展注入新鲜“血液”，激活“休眠资源”并提高科技创新能力，推动产业转型升级，并持续提高全要素生产率。这应该是为东北地区国有企业改革蹚出的一条实践性较强的新路子。

2. 巩固提升农业综合生产能力

东北地区作为粮食主产区，肩负着维护国家粮食安全的重大政治责任。保障国家粮食安全是一个永恒课题，任何时候这根弦都不能松。东北振兴必须把保粮食安全作为重中之重，落实“藏粮于地、藏粮于技”的要求。农业是东北地区最大优势，推进现代农业建设必须全面实施黑土地保护利用工程、农村三次产业融合发展工程、高标准农田建设工程、优势特色产业壮大工程、数字农业和科技创新工程、农产品品牌建设工程、畜牧业优质安全提升工程等。

要抓住实施乡村振兴战略的重大机遇，坚持农业农村优先发展，夯实农业基础地位，强化农业科技和装备支撑，深化农业供给侧结构性改革，着力解决农业发展中存在的深层次矛盾和问题，重点在优化农产品结构、增强抗风险能力、提高农业现代化水平上发力。

要完善提高东北农产品质量标准体系。要适应当前我国居民消费升级的需求，参考日韩等国经验，从生产环境、农药使用到加工、储存、质量标识等各环节对东北农产品生产进行全面规范，以更高的标准提高农产品的品质。

要打造一个高效可靠的农产品质量监管和信息查询体系。建议增加资金支持，用政府购买服务的方式，委托社会监督检验机构对农产品生产、加工、销售和质保防伪各环节进行全面监督抽查，保证产品质量。同时，充分利用互联网技术，建立起便捷的质量信息查询系统。

3. 以扩大开放形成东北振兴新动力

东北地区市场化水平不仅低于东部省市，而且低于很多中西部省区。这不仅反映出东北地区市场化改革的滞后，也反映出了东北对外开放的滞后。当前，要促进东北制造业融入中日韩“自贸区”大市场。中日韩作为东亚地区三个大国，2019年GDP总量已达到21.08万亿美元，占全球GDP总量的五分之一以上。如果中日韩能够达成自贸协定，最直接受益的应该是东北经济的发展。

要多措并举推进东北亚区域经济合作。一方面，要加强新型基础设施建设领域的规划和战略对接与合作，促进区域经济稳定和可持续发展；另一方面，要促进“补链型”相互投资，构建安全稳定的区域生产网络，增强区域产业整体的国际竞争新优势。

东北制造业要融入国家“一带一路”倡议。东北地区要加强与俄罗斯及东北亚地区的经贸合作，促进装备制造、工程服务、旅游业、农业等领域的深度合作。利用国家实施“一带一路”倡议的大机遇，依托东北在轨道交通、汽车制造、航空装备等领域的优势产能，加快与欧洲的国际产能合作，促进东北地区进出口贸易实现快速发展。

第八章

共享发展：改善人民生活品质

第一节
推进以人为核心的新型城镇化

城镇化是国家现代化的必由之路。党的十九届五中全会提出“推进以人为核心的新型城镇化”，进一步明确了新型城镇化的目标任务和政策举措。推进以人为核心的新型城镇化，核心就是用新发展理念推进新型城镇化发展。

一、新型城镇化的深入发展

城镇化是伴随工业化发展、非农产业在城镇集聚、农村人口向城镇集中的自然历史过程，是国家现代化的重要标志。改革开放以来，我国城镇化发展取得了举世瞩目的成就，城市经济日益占据支配地位，中心城市、城市群的作用日益凸显，城镇化带动作用日益增强。然而，应该看到，很长一段时间，我们走的是一条传统的城镇化道路，城镇化的快速推进是建立在资源和能源高消耗的基础上的，城镇空间蔓延失控，城镇体系不尽合理，城乡区域发展失衡，城镇化健康发展不可持续，以人为核心的城镇化体现不充分。鉴于此，必须探索新的城镇化道路，推动我国城镇化科学发展、健康发展。

党的十六大明确提出，走“中国特色的城镇化道路”；党的十七大将“中国特色的城镇化道路”作为中国特色社会主义道路的五个基本内容之一；2007年5月，时任国务院总理温家宝在上海主持召开长江三角洲地区经济社会发展座谈会，提出“走新型城镇化道路”；党的十八大提出，坚持走中国特色新型工业化、信息化、城镇化、农业现代化道路。新型城镇化是针对传统城镇化存在的问题与弊端提出来的。相对传统城镇化而言，新型城镇化具有新的科学内涵。

现在学术界对“中国特色的城镇化”与“新型城镇化”的研究基本上是从不同路径来开展的，并没有把两者有机整合起来。很明显，“中国特色的城镇化”,既可以是新型城镇化,也可以是传统的城镇化,只要它具有中国特色;而“新型城镇化”的某些模式和做法,既可能符合中国的国情和特点,也可能只符合某些发达国家和地区,只要它是“新型的”。为此,必须把两者有机结合起来,积极探索具有中国特色的新型城镇化道路。[①] 党的十八大以来,以习近平同志为核心的党中央不断深化对世界和中国城镇化规律的认识,对“中国特色的城镇化”和“新型城镇化”进行了有机的结合,为推进中国特色新型城镇化提供了科学的视野和逻辑框架。

1. 新型城镇化道路主要表现为“六新”

在我们这样一个拥有14亿人口的发展中大国实现城镇化,在人类发展史上没有先例,需要我们积极大胆地探索,走中国特色、科学发展的新型城镇化道路,着力提高城镇化质量。新型城镇化道路主要表现为“六新”:新核心、新理念、新动力、新方式、新格局、新重点。

新核心:以人为核心,有序推进农业转移人口市民化。新型城镇化是以人为核心的城镇化。过去的城镇化对人重视不够,造成土地城镇化与人口城镇化分离,人口城镇化明显滞后于土地城镇化。结果,城镇规模越来越大,进城人员越来越多,但真正享受到城镇发展成果的人增加不多。目前仍有2亿多进城务工人员没有享受到城镇居民待遇。新型城镇化要从根本上改变以往见物不见人的弊端,以人为核心展开。首先,要降低城镇准入门槛,解决好进城务工人员的身份和待遇问题,使具备条件者成为市民。其次,通过城镇化减少农民,为留在农村的农民致富创造条件,同时以城镇化成果反哺农村,改善农民生活。第三,要协调好新进城人员和城镇原有居民的利益关系,通过发展实现共赢。

新理念:更加注重包容性发展,使所有人群共享发展成果。要通过包容性发展,为农村和城镇居民提供均等的机会和服务,使城镇化成果惠及所有人群,特别是困难群体。首先,统筹城乡发展,破除城乡二元结构,推进城乡发展

① 参见魏后凯:《走中国特色的新型城镇化道路》,科学文献出版社2014年版,第27页。

一体化，形成以城带乡、工农互惠、城乡一体的新型城乡关系。其次，改革户籍与福利合一的社会管理制度，逐步实现城镇财政支出和公共产品供给对所有居民无差别、全覆盖。第三，提高城镇的承载能力，为进城务工人员提供更多的就业机会和更好的生活环境。第四，坚持提升城镇现代文明与保护乡村传统文明并重，积极发展具有历史记忆、地域特色、民族特点的特色城镇。

新动力："四化"同步发展，形成产业支撑，体现就业优先。着力促进新型工业化、信息化、城镇化和农业现代化同步发展。城镇化与工业化相伴而行、相互促进，具有很强的同步性，超前或滞后都不利于城镇化健康发展；城镇化能够为信息化提供需求和发展空间，信息化能够提升、优化城镇功能和产业结构；农业现代化是城镇化的基础，城镇化是农业现代化的前提，新型城镇化须与农业现代化协调推进，特别应保住耕地红线、保障粮食安全、保护农民利益，通过城镇化促进“三农”问题的解决。

新方式：建设生态文明，促进人与自然和谐。要将生态文明建设融入城镇化全过程，实现中华民族永续发展。首先，从顶层设计开始就要考虑人与自然、人与社会、人与人之间的和谐发展。无论是城镇化的总体规划，还是大中小城市（镇）以及产业发展、能源结构等的规划布局，都应贯穿生态文明理念。其次，要在产业发展、城镇建设中贯穿生态文明理念，尽可能减少对自然界的干扰和损害。要着力发展绿色经济、低碳经济、循环经济，促进资源节约、环境友好和可持续发展，把城镇建设成为环境优美宜人、公共服务健全、文化氛围浓厚、社会和谐稳定、生活方便舒适的宜居城镇。第三，建立系统完整的生态文明制度体系，从根本上改变许多城镇面临的土地、空间、能源、水资源、环境严重透支局面，使城镇建设和发展既满足当代人需要，又不对后代人满足其需要的能力构成危害。

新格局：根据主体功能区规划，形成全国城镇发展新格局。从目前的情况看，部分地区的开发强度比较大，生产、生活用地的失衡严重影响人们的生活质量。以主体功能区规划为指导，科学进行城镇布局，有利于合理调整优化城镇格局，促进人口分布、经济布局与资源环境相协调。一是在空间布局上以城市群为主体形态，突出城市群的辐射带动作用；二是大中小城市与小城镇合理分工、功能互补、协同发展;三是增强城镇综合承载能力和可持续发展能力。

新重点:更加重视制度建设和创新,释放改革红利。城镇化不仅仅是一个城镇建设开发过程,而且是一个涉及众多方面的复杂的系统工程。以往推进城镇化更多地把重点放在城镇硬件建设上,有的甚至见物不见人,遗留了许多问题。推进新型城镇化,应更加重视制度、体制等软件建设和改革。必须贯彻落实党的十八届三中全会精神,增强改革推动力,加强制度的顶层设计,统筹谋划和大力推进户籍制度、土地制度、社会保障、财税金融、行政区划等方面的改革,加快消除制约城镇化健康发展的体制机制障碍。

2. 新型城镇化转型发展的重点和难点

2013年12月,我们国家改革开放后首届中央城镇化工作会议召开,习近平总书记发表了重要讲话,开启了我国城镇化转型发展的新征程。此后我国城镇化水平和质量稳步提升,城镇化发展方式总体出现深层次变革,城镇化进入高质量发展的新阶段。

第一,推进以人为核心的新型城镇化。在一段时间内,我国一些地方在城镇化过程中,存在着"重物轻人"的严重认识偏差。把物质形态的工程建设作为城镇化的主要内容,甚至把城镇化简单地理解为"造城",一些城市"摊大饼"式的扩张,占地过多,对保护耕地和粮食安全构成威胁,导致城市政府债务负担过重,对民生建设减少。一些城市没有健康化发展,产业结构、就业方式、人居环境、社会保障存在严重问题,人民群众对此意见很大。为此,习近平总书记指出,现代化的本质是人的现代化,[①]要推进以人为核心的城镇化,提高城镇人口素质和居民生活质量。[②] 新型城镇化要把关注点放到人的城镇化上,让更多人口在城市幸福地工作、生活。一是以提高城镇化质量为导向。改革开放以来,我国城镇化进程明显加快,取得了显著进展,但在快速发展中也积累了

① 参见《习近平在中央城镇化工作会议上的讲话》,载《十八大以来重要文献选编》(上),中央文献出版社2014年版,第594页。

② 参见《习近平在中央城镇化工作会议上的讲话》,载《十八大以来重要文献选编》(上),中央文献出版社2014年版,第592页。

不少矛盾和问题。粗放扩张、人地失衡、举债度日、破坏环境,这样的城镇化道路不能再走了,也走不通了,要明确地走以人为核心的新型城镇化道路。要推进城镇化进入以提升质量为主的转型发展新阶段,推动传统城镇化发展方式转变。二是以"人民城市为人民"为工作落脚点。过去一段时间,不少地方的城市工作存在"重发展轻民生、重建设轻内涵、重面子轻里子、重管理轻服务"等问题。一些城市越建越大、越建越漂亮,但居民工作、生活越来越不方便、越来越难。新型城镇化是以"人民城市为人民"为根本属性,把"以人民为中心"的发展理念贯穿于城市建设全过程和各方面。

第二,推进农业转移人口市民化。推进以人为核心的新型城镇化,一个重要方面就是户籍制度改革。深化户籍制度改革,加快推进进城务工人员和其他常住人口在城镇定居落户,是党中央、国务院部署的重大改革任务。习近平总书记指出,要把促进有能力在城镇稳定就业和生活的常住人口有序实现市民化作为首要任务。[①] 必须把户籍制度改革作为重要任务,统筹推进户籍制度改革与基本公共服务均等化,确保有意愿、有能力、有条件的农业转移人口在城镇落户。一是深化户籍制度改革。户籍制度改革不是简单地减少或取消落户限制,它需要各领域的配套改革。对人口流入地而言,人口的快速增长会在短时间内要求增加公共服务资源的供给,要求财政支出的增加。因此,推进户籍制度改革,需要构建合理有效的市民化成本分担机制,需要注重系统的顶层设计,统筹推进土地、财政、教育、就业、医疗、住房等配套改革,确保改革协同推进。2021年1月中办、国办印发的《建设高标准市场体系行动方案》明确提出,除超大、特大城市外,在具备条件的都市圈或城市群探索实行户籍准入年限同城化累计互认,试行以经常居住地登记户口制度,有序引导人口落户。这项改革,标志着户籍改革的加速,相信一些配套改革措施会相应出台。二是优先解决存量和重点人群。现在有大量长期在城市工作、生活且有能力落户的农业转移人口,他们为城市发展作出了贡献,要优先把这部分人转为城镇居

---

① 参见《习近平在中央城镇化工作会议上的讲话》,载《十八大以来重要文献选编》,中央文献出版社2014年版,第592页。

民,使他们及家庭在城市扎根落户。优先解决存量,有序引导增量。

第三,城市群是新型城镇化的主体形态。党的十九大提出,以城市群为主体构建大中小城市和小城镇协调发展的城镇格局。这为新时代我国推进新型城镇化指明了方向和路径。城市群是指以一个或多个超大、特大城市为核心,依托现代交通运输网、信息网,在一定区域范围内形成的能够发挥复合中心功能的城市集合体。城市群是优化城市功能和布局的重要途径。城市群能够促进资源要素顺畅流动、高效利用,实现城市合理分工、联动发展,有效解决区域内城市发展不平衡、不充分问题,带动整个区域集约高效发展。因此,城市群日益成为新型城镇化的主体形态和现代化建设的重要载体。城市群既是城市发展到成熟阶段的高级空间组织形式,也是经济发展的重要增长极、参与全球竞争的战略区域。以城市群为主体形态推进城镇化,不仅有助于消除城市病,显著提高居民生活质量,而且能拓展城镇发展空间,释放城镇发展潜力。党的十九大报告提出,以城市群为主体构建大中小城市和小城镇协调发展的城镇格局。城市群中不同规模的城市在竞合发展过程中,将逐步形成城市功能有机整合、产业分工合理、经济联系紧密的相互依托的网络关系,使城市群具有更加丰富的多样性、更大的创造性和更持久的竞争力,以此支撑区域经济社会的健康发展,并提升国家的国际竞争力和影响力。现在城市群内部分工协作不够,部分特大城市主城区的人口压力偏大,与其综合承载能力之间的矛盾加剧;中小城市集聚产业和人口不足,潜力没有得到充分发挥;小城镇规模小,服务功能弱。因此,要科学定位城市群内大中小城市分工,促进各类城市和小城镇协调发展。大城市要充分发挥规模经济效应和范围经济效应,强化对中小城市的辐射和带动作用。中小城市可以利用在空间、资源、劳动力等方面的比较优势,因地制宜发展适合自身的特色产业,与大城市形成合理地缘经济关系。小城镇是城镇体系末端,要推动小城镇发展与疏解城市中心区功能相结合,与特色产业发展相结合,与服务乡村振兴相结合。

二、用新发展理念引领新型城镇化建设

改革开放40多年来,我国经历了人类历史上规模最大、速度最快的城镇化进程,但是不同区域、不同层级和规模的城镇化发展水平还不均衡,农业转移人口市民化质量、城市群发展水平、城市治理等方面存在很多问题。“十四五”时期是推动新型城镇化实现更高质量发展的关键时期,要立足发展基础,顺应发展趋势,破解突出问题,用新理念来谋划新型城镇化发展。

1. 城镇化发展存在的问题

第一,农业转移人口市民化质量有待提高。部分地区市民化质量不高,一些落户城镇的人口未能同等享受城镇基本公共服务。“人地挂钩、人钱挂钩”等政策尚未完全落地,多元化成本分担机制不完善,一些地方政府推进进城务工人员市民化的积极性还有待提高。户籍人口城镇化率与常住人口城镇化率差距仍然较大。

第二,大城市不堪重负和中小城市、小城镇发展乏力问题并存。少数大城市承担功能过多,产业高度集聚,导致城市规模快速扩张、房价偏高、交通拥堵、“城市病”凸显。部分城镇老旧小区硬件设施陈旧、缺乏维护管理,成为新冠肺炎疫情防控的薄弱环节。一些中小城市因基础设施和公共服务发展滞后,产业支撑不足,就业岗位较少,人口持续流出,经济社会发展后劲不足。

第三,影响城乡融合发展的体制机制障碍尚未根本消除。把城镇化简单等同于城市建设的现象依然存在,对城市精细管理和广大居民多样化需求不够重视,对地方文化传承创新和城市个性塑造有待加强。同时,城乡要素流动不顺畅、公共资源配置不合理等问题依然突出,实现城乡基本公共服务均等化任务还十分艰巨。

2. 用新发展理念推进新型城镇化

第一,坚持创新发展,使城镇化释放出创造需求和供给的巨大潜力。创新

是引领发展的第一动力。从世界范围看,大国经济发展必须保持需求与供给的协调统一。城镇化既能扩大消费需求,也能扩大投资需求。从当前看,我国内需没有得到应有的扩大,根源在于城镇化发展滞后。为什么城镇化滞后?主要是供给侧存在很大的问题,一系列推进城镇化的方针战略,与之配套的具有指导性的规划体系和有效的实施机制还没有完全形成。关键领域和重要环节,如户籍制度、土地制度、就业制度、财税制度、投融资制度、社会保障制度等方面改革滞后,经济政策和社会政策创新不足,重大的理论研究和公共政策落后于实践,制约了公共资源在城乡的优化配置和生产要素在城乡之间的合理流动,影响了城镇化的健康有序发展。

第二,坚持协调发展,让城镇化成为推动区域和城乡发展的关键抓手。城镇化是人口和经济在区域空间合理集聚的过程。目前我国城镇化建设存在着不协调因素。从区域发展不协调来看,一个重要表现是中西部地区城镇化水平相对滞后。从城乡发展不协调来看,工业反哺农业、城市支持农村难以落地。从城市内部发展不协调来看,城市建设"重面子轻里子""重地上轻地下""重硬件轻软件""重短期轻长期"等问题突出。坚持协调发展,要统筹空间、规模、产业三大结构,统筹规划、建设、管理三大环节,统筹改革、科技、文化三大动力,统筹生产、生活、生态三大布局,统筹政府、社会、市民三大主体,优化城镇空间布局,引导劳动力等生产要素在区域间和城乡间合理流动,使人口分布与经济布局更加协调,缩小区域、城乡以及城市内部的差距。

第三,坚持绿色发展,是城镇化推动资源节约和环境友好的重要途径。城镇化从本质上讲也是一个提高经济效率、减少资源消耗和污染排放的过程。我国城镇化建设面临的一个最大瓶颈是资源和环境制约,一些城市发展超出了资源环境承载能力,人口、土地、资源、环境的矛盾日益突出。世界城镇化规律表明,城镇化过程存在着生态效应。当一个国家经济发展水平较低的时候,环境污染的程度较轻,但是随着人均收入的增加,环境污染由低趋高,环境恶化程度随经济的增长而加剧;当经济发展达到一定水平后,到达某个临界点或"拐点"以后,随着人均收入的进一步增加,环境污染又由高趋低,其环境污染的程度逐渐减缓,环境质量逐渐得到改善。坚持绿色发展,能够提高能源、原材料使用效率,有利于生态环境保护。

第四,坚持开放发展,是城镇化顺应全球化发展参与国际竞争的时代要求。我国已经成为全球性的经济大国,正向经济强国迈进,要高度重视城镇化对于全面提升我国国际竞争力的重要作用。当前,国际竞争的一个显著特点是城市间竞争越来越激烈。一个大国没有几个居于全球产业分工高端的城市,没有在全球化发展中具有综合竞争力的城市群,这个国家就很难形成强大的竞争力。根据世界银行《世界城市化发展展望报告》的分析,未来城市人口将越来越集中在大城市和城市群。我国推进城镇化,就要顺应全球化发展需要,适应以大城市和城市群参与全球资源配置和市场竞争的发展趋势,统筹利用国际国内两种资源、两个市场,在现有的国际分工和全球化竞争格局中赢得主动。

第五,坚持共享发展,是城镇化健康发展的必由之路。世界城镇化经验表明,能否让城乡人民共享发展成果是城镇化健康发展的关键。坚持走共享的城镇化道路,就要在城镇化建设中牢固树立改善民生的质量意识,把重大民生工程摆在优先序列,全面推进就业、医疗卫生、社会保障、教育、文化等领域的改善民生行动计划,逐步扩大基本民生保障的覆盖面,推进基本公共服务均等化。要提高不同规模和类型城镇的综合承载能力,加强公共交通、水电热气供应等市政基础设施和公共服务设施建设,推动智慧城镇建设,完善城镇应急管理和治安防控体系,提高城镇综合管理水平。要重点改进和完善保障性安居工程,加快廉租房、棚户区改造等住房建设,解决好低收入群众住房困难问题。

三、扎实推进以人为核心的新型城镇化建设

我国城镇化正在由速度型向质量型转变。提高城镇化质量,要密切关注、有效破解城镇化过程中遇到的难点问题,加快实施以促进人的城镇化为核心、提高质量为导向的新型城镇化战略,推进城乡融合发展,为全面建成小康社会提供有力支撑。

1. 提高农业转移人口市民化质量

新型城镇化的一个重要抓手,就是在不断提高城镇化水平的过程中,逐渐缩小常住人口城镇化率与户籍人口城镇化率之间的差距,使新型城镇化发展更加协调。要以深化改革户籍制度和基本公共服务提供机制为路径,打破阻碍劳动力自由流动的壁垒,促进人力资源优化配置。一是继续降低城市落户门槛。推进户籍制度改革,是推动以人为核心的新型城镇化的重要环节。要继续完成非户籍人口在城市落户工作。城区常住人口300万以下城市全面取消落户限制,城区常住人口300万以上城市基本取消重点人群落户限制。督促除个别超大城市外的其他超大、特大城市坚持存量优先原则,取消进城就业生活5年以上和举家迁徙的农业转移人口、在城镇稳定就业生活的新生代进城务工人员、农村学生升学和参军进城的人口等重点人群落户限制。推动Ⅰ型大城市探索进城常住的建档立卡农村贫困人口应落尽落。鼓励有条件的Ⅰ型大城市全面取消落户限制、超大特大城市取消郊区新区落户限制。[①] 二是推动城镇基本公共服务覆盖未落户常住人口。提高居住证发证量和含金量,推动未落户常住人口逐步享有与户籍人口同等的城镇基本公共服务。三是加大"人地钱挂钩"配套政策的激励力度。提高城市政府吸纳农业转移人口落户积极性,加大农业转移人口市民化奖励金支持力度,加大新增建设用地设计指标与吸纳落户数量挂钩力度。

2. 优化城镇化空间格局

要继续完善和落实主体功能区战略,发挥各地区比较优势,增强经济发展优势区域承载能力,构建大中小城市和小城镇协调发展的城镇化空间格局。一是加快发展重点城市群。全面实施城市群发展规划,推动哈长、长江中游、中原、北部湾城市群建设取得阶段性进展,支持关中平原城市群规划落实联席

---

① 参见杨诗宇:《深入推进以人为核心的新型城镇化建设》,载《十三届全国人大三次会议〈政府工作报告〉辅导读本》,人民出版社2020年版,第238—242页。

会议制度，推动兰州—西宁、呼包鄂榆等城市群健全一体化发展工作机制，促进天山北坡、滇中等边疆城市群及山东半岛、黔中等省内城市群发展。二是大力推进都市圈同城化建设。深入实施《关于培育发展现代化都市圈的指导意见》，建立中心城市牵头的协调推进机制，推进中心城市轨道交通向周边城镇合理延伸，支持重点都市圈编制多层次轨道交通规划。三是提升中心城市能级和核心竞争力。要引导超特大城市提升高端要素配置能力和国际竞争力，加快向外疏解非核心功能。优化发展直辖市、省会城市、计划单列市、重要节点城市等中心城市，强化用地等要素保障，优化重大生产力布局。完善部分中心城市市辖区规模结构和管辖范围，解决发展空间严重不足问题。四是推进以县城为载体的新型城镇化建设。大力提升县城公共设施和服务能力，以适应农民日益增加的到县城就业安家需求。加大要素保障力度和政策扶持力度，抓紧补上县域疫情防控中暴露出来的短板弱项，推进环境卫生设施提级扩能、市政公用设施提档升级、公共服务设施提标扩面、产业配套设施提质增效。

3. 提升城市综合承载能力

一个城市的综合承载能力决定了这个城市的发展潜力。要着眼于增强人口经济承载和资源优化配置等核心功能，健全城市可持续发展体制机制，提升城市发展质量，让城市更加宜业宜居。一是完善公共服务和便民、无障碍设施。健全城市路网系统，完善公交专用道、非机动车和行人交通系统、行人过街设施。二是加快推进城市更新和老旧小区改造。开展城市更新改造试点，提升城市品质和人居环境质量。改造一批城中村，探索在政府引导下工商资本与农民集体合作共赢模式。三是优化城市投融资机制，改革建设用地计划管理方式，改进城市治理方式。完善与新型城镇化建设相匹配的投融资工具，支持符合条件的企业发行企业债券，鼓励发挥政策性金融作用。推动建设用地资源向中心城市和重点城市群倾斜，鼓励盘活低效存量建设用地，控制人均城市建设用地面积，分步实现城乡建设用地指标使用更多由省级政府负责。四是着力稳地价、稳房价、稳预期，保持房地产市场平稳健康发展。坚持“房子是用来住的、不是用来炒的”的定位，全面落实因城施策和稳地价、稳房价、稳预期的长效管理调控机制,落实城市主体责任,促进房地产市场平稳健康发展。

4. 加快推进城乡融合发展

城乡要素流动不顺畅,是城乡二元壁垒的突出体现。要突出以城带乡、以工促农,健全城乡融合发展体制机制,促进城乡生产要素双向自由流动和公共资源合理配置。一是加快推进国家城乡融合发展试验区改革探索。指导试验区分别制定实施方案。推动试验区在健全城乡人口迁徙制度、完善农村产权抵押担保权能、搭建城乡产业协同发展平台等方面先行先试。二是全面推进农村集体经营性建设用地直接入市。出台农村集体经营性建设用地入市指导意见。允许农民集体妥善处理产权和补偿关系后,依法收回农民自愿退出的闲置宅基地、废弃的集体公益性建设用地使用权,按照国土空间规划确定的经营性用途入市。三是加快引导工商资本入乡发展。培育一批城乡融合典型项目,形成承载城乡要素跨界配置的有效载体,开展生态产品价值实现机制试点。允许符合条件的入乡就业创业人员在原籍地或就业创业地落户并依法享有相关权益。四是促进城乡公共设施联动发展。推进实施城乡统筹的污水垃圾收集处理、城乡联结的冷链物流、城乡农贸市场一体化改造、城乡道路客运一体化发展、城乡公共文化设施一体化布局、市政供水供气供热向城郊村延伸。

第二节
改善收入和财富分配格局

改善收入和财富分配格局,提高人民收入水平,是改善民生、实现发展成果由人民共享最重要、最直接的方式。我国社会主要矛盾已经转化为人民日益增长的美好生活需要和不平衡不充分的发展之间的矛盾,其中收入分配差距较大是不平衡发展的重要表现。这既与我国所处的发展阶段有关,也与收入分配制度不完善、不健全有关。按照党中央的部署,"十四五"时期收入分配制度体系建设,将按照"优化收入分配结构,扩大中等收入群体,扎实推进共同富裕"的目标推进。

一、"十三五"时期收入分配取得的成就

党的十八大以来,党中央多次强调在经济发展基础上,要更加注重社会公平。2013年2月出台的《关于深化收入分配制度改革的若干意见》指出,深化收入分配制度改革,要处理好劳动与资本、城市与农村、政府与市场等重大关系,推动相关领域改革向纵深发展。2015年,习近平总书记在主持起草"十三五"规划建议时,创造性地提出新发展理念,指出让广大人民群众共享改革发展成果,是社会主义的本质要求,是社会主义制度优越性的集中体现,是我们党坚持全心全意为人民服务宗旨的重要体现。党的十九大报告指出:"坚持按劳分配原则,完善按要素分配的体制机制,促进收入分配更合理、更有序。鼓励勤劳守法致富,扩大中等收入群体,增加低收入者收入,调节过高收入,取缔非法收入。坚持在经济增长的同时实现居民收入同步增长,在劳动生产率提高的同时实现劳动报酬同步提高。"①这是"十三五"时期收入分配制度建设的总体定位和要求。

"十三五"规划纲要提出的"十三五"时期收入分配主要目标是:在提高发展平衡性、包容性、可持续性基础上,到2020年城乡居民人均收入比2010年翻一番,居民人均可支配收入年均增速6.5%以上,收入差距缩小,中等收入人口比重上升。

"十三五"时期,收入分配方面的探索主要有以下几方面:一是健全科学的

---

① 参见习近平:《决胜全面建成小康社会 夺取新时代中国特色社会主义伟大胜利》,载《人民日报》,2017年10月28日。

工资水平决定机制、正常增长机制、支付保障机制。主要是完善最低工资增长机制,深化公务员工资制度改革,深化事业单位收入分配制度改革等方面。二是完善市场评价要素贡献并按贡献分配的机制。主要是探索资本所有者和劳动者形成利益共同体的实现途径,完善鼓励创新的分配政策,增加居民财产性收入等方面。三是加大财税制度对收入分配的调节力度。主要是加快推进个人所得税改革,健全财产税体系,推进房地产税立法,统筹配套推进房地产相关税费制度改革等方面,以及健全社会保障兜底机制、规范收入分配秩序等。

从完成的任务和实现的目标来看,党的十八大确立的2020年实现城乡居民人均收入比2010年翻一番的目标,已经实现。城乡收入分配格局不断优化,劳动报酬份额持续提升。

在看到成绩的同时,也要认识到我国收入分配领域存在的问题仍然比较突出。一是收入分配差距依然较大。2008年我国居民收入基尼系数达到0.491的历史高位,截至2018年,居民收入基尼系数仍然高达0.468,超过国际公认的0.4的警戒线水平。不同收入群体之间的分配差距较大,“十三五”期间并没有出现根本性改变。二是普通劳动者增收较为困难。近年来,普通劳动者依靠劳动收入生存的能力面临来自资本和技术的更大挤压。互联网等技术带来了市场规模的日益扩大,具有更高人力资本的人获取收入的能力进一步提升。受新冠肺炎疫情影响,普通劳动者就业不稳定且失业的风险增加。

二、健全收入分配制度体系

当前,我国发展不平衡不充分问题仍然突出,城乡区域发展和收入分配差距较大,促进全体人民共同富裕是一项长期任务。“十四五”时期,需要进一步健全收入分配制度体系。

1. 继续促进中低收入劳动者的收入增长

目前,我国低收入群体占全国居民家庭数的40%、全国总人口的70%以上,如果低收入群体越来越多上升到中等收入群体里,那就能大幅度拉动我国人均收入的水平。[1] 要建立反映劳动力市场供求关系和企业经济效益的工资决定及正常增长机制。完善工资指导线制度，建立统一规范的企业薪酬调查和信息发布制度。根据经济发展、物价变动等因素，适时调整最低工资标准。以非公有制企业为重点，积极稳妥推行工资集体协商和行业性、区域性工资集体协商。维护劳动者合法权益。健全工资支付保障机制，完善与企业信用等级挂钩的差别化工资保证金交纳办法。

2019年，农民人均收入为城镇居民的37.82%，比2014年提升了1.5个百分点，但城乡收入差距的绝对值仍然很大。缩小贫富差距、实现共同富裕目标的难点和重点，在于发展相对落后的农村地区与中西部欠发达地区。所以，要坚定实施乡村振兴和区域协调发展两大战略，努力补齐共同富裕的“短板”。提升农民收入，要进一步提升工资性收入和经营净收入等，更要把重点放在提升农民财产性收入方面，这是提升农民收入最大的空间。为此，需要加快破题以宅基地为重点的农村土地制度，使农民沉睡的资产能够资本化。中央在这方面已经有明确部署，关键是加快推进和落地。

促进中低收入劳动者的收入增长，要进一步完善分配调节机制。要利用好教育资源，发挥其调节作用。劳动力禀赋的主要差异来自人力资本水平的差距，这是导致劳动力收入差距的重要原因。实现教育资源再分配调节，缩小不同地区、不同群体人力资本水平的差异，可以在一定程度上解决由此导致的收入差距问题。现在的再分配调节机制，并没有很好发挥其作用，有时甚至是逆向调节。从我们的研究来看，教育资源在分配调节上的作用还没有发挥到位，还有很大的空间。

2. 继续完善个人所得税征收办法

我国个人所得税中，劳动报酬类所得税占比偏高，已经不利于体现按劳分配的原则。2001年，工资薪金所得税、劳务报酬所得税、稿酬所得税、特许权使用费所得税四项合计占个人所得税的比重为43%，2008年提高到63%，2017年

---

① 参见詹成付：《提高人民收入水平》，载《求是》，2021年第2期。

提高到72%。这与收入差距较小的发达国家形成明显的差别。目前我国工薪水平集中在8万元到9万元之间,这部分人是我国劳动者的主体。2018年,我国城镇总就业人数为4.3亿人,其中在城镇单位就业的1.7亿人是个人所得税纳税的主力军。征收较高的所得税,加重了普通劳动者的负担。

当前,中美在高科技领域的竞争日益凸显,我国对高技能人才征税过高不利于提高国际竞争力。美国等西方国家近年来纷纷下调最高边际税率,并使之成为国际趋势。从国家竞争的角度来说,在高收入群体中,应该进行结构性征税,对高技能人才,应把边际税率降低。

3. 扎实推动共同富裕

共同富裕是社会主义的本质要求,是人民群众的共同期盼。党的十九届五中全会把促进全体人民共同富裕摆在更加重要的位置,强调"扎实推动共同富裕,不断增强人民群众获得感、幸福感、安全感,促进人的全面发展和社会全面进步"。这为我们提供了遵循。

城乡区域发展不平衡和收入分配差距较大,是扎实推动共同富裕必须解决的突出问题。党的十八大以来,我们如期完成了新时代脱贫攻坚目标任务,现行标准下农村贫困人口全部脱贫,贫困县全部摘帽,消除了绝对贫困和区域性整体贫困,取得了令全世界刮目相看的重大胜利。同时要看到,我国发展不平衡问题仍然突出,扎实推动共同富裕应是我们的重要工作。

一般意义上的分配通常指收入分配,收入分配结果不仅取决于收入分配过程本身,也同收入分配前的生产条件与经济机会密切相关。生产条件与经济机会的分配,会对收入分配结果产生根本性影响。所以,在推动共同富裕的征程中,既要不断健全收入分配制度,防止贫富差距过大,也要注重促进生产条件与经济机会的公平分配,从源头上奠定扎实推动共同富裕的基础。

4. 扩大中等收入群体

党的十九大报告在对2035年基本实现社会主义现代化的目标进行描述时,提出中等收入群体比例明显提高的目标要求。这对于缩小城乡、区域、行业和社会成员之间的收入差距的任务来说，既是一个重要的显示性指标，也是一条重要的实现途径。中等收入群体比重提高，可以直接有效地降低基尼系数，带来收入分配状况明显改善的效果。党的十九届五中全会提出，在“十四五”时期“着力提高低收入群体收入，扩大中等收入群体”，到2035年“中等收入群体显著扩大”。在开启全面建设社会主义现代化国家新征程的新发展阶段，扩大中等收入群体是一项把发展的目的和手段有机统一的重要要求，有助于把一系列与民生相关的改革和发展举措协同起来，同步、配套地推进。

随着我国全面建成小康社会并开启全面建设社会主义现代化国家新征程，农村贫困人口实现脱贫，困难群众得到社会政策更好的托底保障，低收入群体的收入也将显著提高，就意味着越来越多的人口进入中等收入群体。构建新发展格局，需要增加中等收入群体的数量，使这一群体人数倍增。目前我国中等收入群体约4亿人，主要分布在一二线城市。要力争用10年至15年的时间，使中等收入群体达到9亿人左右，实现倍增，这是今后相当长时间中国经济增长最重要的潜能所在。

5. 促进社会公平正义

实现社会公平正义，既需要在初次分配中创造均等的机会，不断提高一线劳动者的劳动报酬，完善市场评价要素贡献并按贡献分配的机制，也需要在再分配领域更好发挥政府的调节作用，完善以税收、社会保障、转移支付和基本公共服务均等化等手段为主的再分配机制。历史和国际经验表明，初次分配并不能完全解决收入差距过大的问题，政府再分配职能不可或缺。另外，要鼓励和支持社会力量参与慈善事业发展，发挥其回馈社会、扶贫济困的第三次分配功能。

促进社会公平正义，要继续深化收入分配制度改革，调节收入分配，要求政府通过法律手段和改革措施保护合法收入，规范隐性收入，遏制以权力、行政垄断等非市场因素获取收入，取缔非法收入。这是社会公平正义之源。要主要通过基本公共服务均等化、社会政策托底、保护弱势群体等方式保障基本民生，使发展成果惠及所有社会群体。

三、统筹做好收入分配改革各方面工作

收入分配改革是一项复杂的系统工程,每一个时期都有需要完成的目标和任务。要从全局出发谋划好、统筹好收入分配改革各方面工作。

1. 统筹经济发展和收入分配改革

提高人民收入水平,让人民过上美好生活,是推进收入分配改革的目标要求。“十四五”时期,经济保持中高速增长将为收入分配改革奠定坚实基础,国家经济实力的进一步积累将为收入分配改革创造广阔空间,各方面制度更加成熟、更加定型将为收入分配改革提供制度性保障。这是有效推进收入分配改革的一个基础条件。实践证明,离开了经济增长和劳动生产率提高这个基础,居民收入增长和劳动报酬的提高就不可持续。统筹经济发展和收入分配改革,关键是经济增长,循序渐进地提高人民生活水平。

2. 统筹三次分配领域相关政策

初次分配是按照生产要素对国民收入贡献大小进行的分配,主要由市场机制形成。再次分配是在初次分配的基础上,对国民收入进行再分配,主要由政府调控机制起作用。第三次分配是社会力量自愿通过民间捐赠、慈善事业、志愿行动等方式济贫扶弱的行为,是对再分配的有益补充。统筹三次分配领域相关政策,主要是从梳理三次分配领域诸多政策、结构、功能入手,减少政策掣肘,使三次分配领域政策既各自形成体系,又有效衔接,形成集成效应。要注意到,市场经济条件下,要素根据边际生产力获得报酬,劳动力禀赋差异扩大了个体间的收入差距,形成收入差距是合理的。但由于要素市场不完善,存在进入壁垒、垄断,由此形成的收入差距就是不合理的。这就需要政府明确判断,是在初次分配中解决问题,还是将其放在再分配中来解决,把握好市场与政府的边界。要重视发挥第三次分配的作用,完善培育发展机制,完善监督管理机制。

第三节
全面强化就业优先政策

就业是民生之基,更是社会的稳定器。"十三五"时期,我国大力实施就业优先战略和更加积极的就业政策,就业工作取得丰硕成果。党的十九届五中全会提出,要强化就业优先政策。这体现了政策的连续性和稳定性,有利于就业政策体系的完善。

一、"十三五"时期就业保障取得的成果

长期以来,在促进就业实践中,逐步发展形成了符合我国国情和工作实际的就业政策体系。2008年前后,中央提出实施更加积极的就业政策,创新稳就业、防失业的政策机制。党的十八大进一步提出实施就业优先战略和更加积极的就业政策,以更大力度支持就业创业。2018年以来,我国发展面临的国内外环境更加复杂,特别是受2020年初以来的新冠肺炎疫情冲击,就业压力前所未有。党的十九届五中全会提出,强化就业优先政策是必要的,有其重要的战略内涵。

"十三五"规划纲要提出的"十三五"时期就业工作目标是:五年累计城镇新增就业人数5000万人以上。实施就业优先战略,加快形成有利于稳定和促进就业的宏观调控体系,推动经济发展与促进就业良性互动、就业规模扩大与就业质量提升协调推进,努力实现比较充分和更高质量的就业。一是坚持就业优先,加快完善以就业为底线的宏观调控体系。切实把促进充分就业作为经济社会发展的优先目标,放在更加突出的位置,千方百计增强经济发展吸纳就业能力。二是坚持分类施策,统筹推进结构调整和促进就业工作。加快出台降成本普惠性政策,实施差别化扶持政策,着力稳定存量就业岗位。积极稳

妥地推进钢铁、煤炭行业化解过剩产能,把职工安置作为重中之重,尽可能稳定更多就业岗位。三是坚持创业带动,不断激发“双创”活力。加快改革步伐,优化创业创新环境,打造创业创新—就业—新兴增长点培育链条,促进创业带动就业。加快落实高校、科研院所等专业技术人员离岗创业政策,吸引和支持更多高端人才创业创新。四是坚持精准发力,做好重点人群就业工作。建立五类重点人群与“三张网”相结合的精准施策机制。五是坚持技能为本,大力提升劳动者素质。加快高校制度改革,引入第三方评估机制,扩大高校办学自主权,建立以就业为导向的培养结构调整机制,提高大学生综合素质,增强就业能力和职业生涯成长能力。六是坚持服务先行,着力增强公共就业创业服务和职业技能实训能力。新建、改扩建一批省级、地市级人力资源市场和社会保障服务中心,扩大基层就业创业和社会保障服务设施建设范围,促进信息互联互通、全国联网,提供方便可及、优质高效的公共就业创业服务。

稳就业、保就业成效显著。“十三五”时期,我国就业形势保持总体稳定,就业规模不断扩大,就业结构持续优化,就业质量稳步提高。2016—2019年,城镇新增就业5379万人,年均超过1300万人。2019年末已完成“十三五”城镇新增就业人数的目标。这几年,失业率保持在低位水平,重点群体就业基本稳定,创业带动就业能力显著增强,为经济社会发展奠定了坚实基础。

劳动力市场结构变化明显。从三次产业结构看,第三产业就业规模继续扩大,2019年三产就业人员占比47.4%,比“十二五”末增加了5个百分点。从城乡结构看,城镇就业比重进一步上升,2019年城镇就业人员占比57.1%,比“十二五”末提高了4.9个百分点。由于新型城镇化的推进,就业结构产生了明显的变化。2015—2019年,常住人口城镇化率提高了4.3个百分点,由此继续推动了就业结构的非农化。农业就业人口占总就业人口的比重已由“十二五”末的28.3%下降到2018年的26.1%。服务业成为稳就业、创就业最重要的部门,“十三五”就业增长主要来源于服务业。从区域结构看,中西部地区劳动者就地就近就业和返乡创业增多,区域就业结构更趋均衡。

就业质量进一步提升。从劳动者素质看,全国技能劳动者总量约1.7亿人。从工资看,职工工资收入合理增长,2016—2019年全国城镇非私营单位就业人员平均工资年均增长9.9%。从劳动权益保护看，2019年末，全国企业劳动合同签订率达到90%以上。同时，社会保险覆盖面持续扩大，保障水平逐步提高。

重点群体就业基本稳定。2016年以来，高校毕业生的人数连年增长，总量已超过4000万人，就业水平总体保持稳定。进城务工人员的总量也在继续扩大，2019年末，进城务工人员总量超过2.9亿人。对困难群体的帮扶也在加强，这期间，累计帮助失业人员再就业超过2500万人，就业困难人员就业800多万人，分流安置钢铁、煤炭行业去产能职工120多万人，为供给侧结构性改革发挥了重要作用。此外，全国外出务工贫困劳动力超过2900万人，有效助力脱贫攻坚。

工资水平保持增长。近年来，工资水平保持平稳增长，但工资增长速度有所放缓。城镇单位就业人员的工资变化主要反映了城镇正规部门劳动力成本的变化情况。总体上看，城镇单位就业人员的工资增长平稳。“十二五”时期，城镇单位就业人员平均工资年复合增长率为8.1%，“十三五”时期，该群体的工资增长速度略有放缓，人均工资年复合增长率为7.8%。[①] 从我们的调查来看，“十三五”时期，进城务工人员的工资增长速度也有所放缓，工资增速逐渐与经济增长速度趋同。

劳动力市场制度建设稳步推进。“十三五”期间，劳动力市场制度建设进一步完善，劳动者的权益得到更好的维护。2020年5月开始施行的《保障农民工工资支付条例》是一个重要的标志。《条例》规范了进城务工人员工资支付，保障了进城务工人员按时足额获得工资，任何单位和个人不得拖欠进城务工人员的工资。2016—2019年，全国企业劳动合同签订率一直保持在90%，经人力资源和社会保障部门审查并在有效期内的集体合同份数略有下降。

扶贫带动就业。“十三五”期间，面对艰巨繁重的脱贫攻坚任务，我国强化就业扶贫，让更多困难群众通过劳动改变生活。2016—2019年，全国2209万城镇失业人员实现再就业，706万就业困难人员实现就业，1213万建档立卡贫困

① 参见谢伏瞻主编：《迈上新征程的中国经济社会发展》，中国社会科学出版社2020年版，第528页。

劳动力实现就业,20.2万户零就业家庭实现每户至少一人就业,牢牢守住了就业底线。面对新冠肺炎疫情,扎实做好稳就业工作,落实保居民就业任务。[①]

二、“十四五”时期就业形势和政策方向

稳就业、保就业是“十四五”时期一项重点工作。

1. “十四五”时期就业形势

第一,就业总量压力不减。我国16—59岁劳动年龄人口有8亿多人,虽然适龄劳动力的数量呈减少趋势,但在未来一二十年的时间里,我国劳动年龄人口总量仍将处于8亿以上的超大规模。今后几年每年需要在城镇就业的新成长劳动力保持在1500万人左右,还要考虑300万农村富余劳动力的转移就业总量,完全满足劳动力就业需求难度加大,这种压力将会保持较长一段时期。

第二,结构性就业矛盾凸显。当前我国经济正处在转变发展方式、优化经济结构、转换增长动力的攻关期,技术进步、产业升级对劳动者素质提出更高要求,结构性就业矛盾更为突出。体现在就业市场上,就是“招工难”和“就业难”,有岗无人、有人无岗等问题并存,集中反映出劳动力供求匹配度不高的矛盾。这既不利于支撑经济高质量发展,也不利于提升就业的质量。一定程度上说,总量问题已不仅是单纯的数量压力,而且更多反映在就业的群体、区域、产业、年龄等结构上,需要通过结构性方法加以解决。

第三,人民群众就业期盼升级。更高质量和更充分就业,是党的十九大报告明确提出的就业工作目标,是今后一个时期的努力方向。这一目标统筹考虑了实现更充分就业的必要性和群众对更高质量就业的热切期盼,是对广大人民群众美好生活愿望的积极呼应。实现这一目标,必然要求把就业工作摆在经济社会发展更重要的地位,在宏观调控中加大就业指标的分量,使就业政策更具有前瞻性,与其他经济社会政策的融合度更高。

---

① 参见彭飞:《抓紧抓实抓好就业工作》,载《人民日报》,2020年11月24日。

第四，就业面临许多新情况、新问题。回顾就业政策的发展历程就能发现，每一次政策的发展完善都有特定的历史背景。2002年确立积极的就业政策主要是基于解决下岗失业人员的再就业问题；2008年提出更加积极的就业政策是为了应对国际金融危机、稳定和扩大就业；党的十八大以来就业政策的丰富完善则着眼于经济发展与就业增加相互促进，更加聚焦创新创业带动就业，政策工具和手段也更加综合。从当前来说，我国发展外部环境的不稳定性、不确定性仍是影响就业的主要因素。国内经济下行压力加大，一些企业生产经营遇到困难，特别是民营和小微企业作为吸纳就业的主体，吸纳就业的能力不同程度下降。

2. “十四五”时期就业政策方向

2019年，李克强总理在政府工作报告中首次提出，将就业优先政策置于宏观政策层面，旨在强化各方面重视就业、支持就业的导向。这一政策的基本取向，就是要把就业置于经济社会发展的优先位置，在各方面都充分体现优先的要求，切实做到宏观政策优先支持就业、各类规划优先考虑就业。[1] 就业优先政策，是从全局工作出发考虑的，符合经济社会发展的客观实际，有利于统筹解决好就业的当期问题和实现长远目标。

第一，坚持经济发展就业导向。解决就业问题根本要靠经济发展，这是强化就业优先政策的总体要求。落实这一总体要求，需要构建经济增长和促进就业的良性循环，在保持经济总量稳定增长、经济结构不断升级的同时，努力实现就业规模扩大、就业结构优化、就业质量提升。坚持经济发展就业导向，就要在宏观政策上坚持就业优先。坚持实施以稳定和扩大就业为基准的宏观调控，切实把就业指标作为宏观调控取向调整的依据，推动财政、金融、消费、产业等政策聚力支持就业。在以畅通国民经济循环为主构建新发展格局中，优先发展吸纳就业能力强的行业产业。在实现创新驱动的内涵型增长过程

---

① 参见姜秀谦：《就业优先政策要全面发力》，载《十三届全国人大二次会议〈政府工作报告〉辅导读本》，人民出版社2019年版，第163页。

中,培育新的就业增长极。

第二,完善重点群体就业支持体系。稳住了重点群体,就稳住了就业基本盘。一是促进高校毕业生市场化社会化就业。今后一个时期,我国高校毕业生规模仍将保持在高位运行。高校毕业生占新成长劳动力的一半以上,他们的就业率提高了,对稳定就业大局具有举足轻重的作用。要在改善需求上下功夫,创造更多适合他们的知识型、技术型、创新型岗位,多措并举促进市场化社会化就业。二是加大对进城务工人员就业群体的帮扶和支持。进城务工人员是我国产业工人的主体,是国家现代化建设的重要力量。要强化均等化公共就业服务,提高进城务工人员的求职竞争力和就业稳定性。对所有进城务工人员,就业地政府要一视同仁,提供与当地户籍居民同样的基本公共就业服务。对符合享受求职创业补贴、就业援助等政策的,按规定及时兑现扶持政策,为他们自主就业创业提供支持。三是加大对困难群体的就业帮扶力度。在整体就业压力较大的情况下,由于困难人员大多年龄大、技能水平低、市场竞争力弱,他们的就业问题会更加凸显。要对困难人员给予就业援助、特别困难的予以托底安置,这是政府促进就业的重要工作。对确实无法市场就业的,要开发一些临时性公益岗位,发挥好托底安置作用。

三、劳动力市场中长期发展的两项建议

1. 建议探索"选择性退休"制度

党的十九届五中全会提出"实施渐进式延迟退休法定年龄"。这是适应我国人口老龄化程度不断加深的趋势与经济社会可持续发展需求作出的应对。

截至2019年底,我国60岁以上老年人口已达2.5亿,占比达18%,超过联合国定义的国家进入老龄化的10%标准。根据我国人口结构推测,到2050年老年人口总量将超过4亿,占总人口30%以上,而15—59岁的劳动年龄人口自2012年已开始下降。目前我国现行法定退休年龄是1978年全国人大常委会批准的。当时中国人均寿命为68岁,2019年底中国人均寿命已达77.6岁,达到发

达国家人均寿命78岁左右的水平，一些大城市人均寿命则超过80岁。人均寿命的不断延长，也为延迟退休提供了客观条件。对比来看，美国实际退休年龄为66岁，日本法定退休年龄65岁，实际退休年龄69.5岁。[①] 这为我国改革退休年龄提供了参照。

鉴于中国就业人口的内部差别，建议探索“选择性退休”制度。所谓“选择性退休”制度，即政府规定一个退休年龄段区间，职工可以根据自身情况在这个年龄段选择合适的年龄办理退休手续，领取养老金的多少由缴纳的时间和金额决定。

实行“选择性退休”，实质是以可选择的退休年龄区间取代“一刀切”的法定退休年龄。例如，挪威、美国、德国等国把退休年龄区间设定为“62—75岁”和“62—70岁”不等，62岁是可以部分领取养老金的年龄下限，75岁和70岁是退出劳动力市场的年龄上限；67岁为正常退休年龄，即可以全额领取养老金的年龄。这种做法增大了劳动者的选择空间，降低了改革阻力，容易获得社会支持。

目前，我国《劳动合同法》和《就业促进法》中尚缺少保护和促进老年人就业的规定。为此，应加快调整修改相关法律法规，为实行“选择性退休”提供法律保障。

2. 建议延伸义务教育

人力资本的提升是解决劳动力市场和经济发展中很多问题的金钥匙。将学前教育和高中阶段教育纳入义务教育阶段，是对人力资本的继续投入。研究表明，加大学前教育投入、提升学前教育质量，对于终身人力资本的形成和积累有着举足轻重的作用。在高中阶段职业教育和普通教育的分配中，应缩减职业教育投资规模，加强普通教育的比重。

当前，我国拥有最大规模的义务教育体系，教育质量在不断提升，并跃居世界领先水平。在此基础上，应适当延长义务教育年限，这是我国现代化发展

---

① 参见《实施延迟退休需系列政策配合》，载《第一财经日报》，2020年12月1日。

的要求,也是一个国家社会各阶层能够实现充分流动,推进社会公平的最合理途径。

通过对典型国家的义务教育年限的梳理发现,向前、向后或者分别向义务教育的两端延长年限是延长义务教育年限的普遍做法。随着我国义务教育规模不断壮大,教育质量不断提升,教育国际化不断深化,在义务教育年限不断延长的国际趋势下,延长义务教育年限也必将成为我国义务教育发展和转型的突破点,这也是新时代我国义务教育改革与发展的历史使命。

我国义务教育在实现"普九"目标后,开始向高质量转型,更加注重教育均衡发展,以确保每个孩子均能接受公平而有质量的教育。党的十九大提出建设现代化教育强国的宏伟目标,延长义务教育年限就是现代化教育强国的一个首要指标。建议分两步走:在"十四五"结束前,将学前1年纳入义务教育,义务教育年限延长至10年。到2030年,实施"1+9+3"模式,逐步将义务教育年限延长至13年。

第四节
健全多层次社会保障体系

近年来,我国进一步加大社会保障制度建设力度,社会保障在保障民生、改善民生、促进社会公平等方面发挥了显著作用。总体规划目标已经基本实现,部分项目提前完成。党的十九大对全面建成多层次社会保障体系进行了安排。党的十九届五中全会提出,"健全多层次社会保障体系。健全覆盖全民、统筹城乡、公平统一、可持续的多层次社会保障体系"。这为"十四五"时期经济社会发展提供了政策保障。

一、“十三五”时期的社会保障

改革开放以来，为适应社会主义市场经济体制改革，社会保障制度建设在党和国家事业发展总体布局中逐渐加强，从国有企业改革的配套措施、社会主义市场经济的重要支柱，发展到国家的一项重要的社会经济制度。党的十八大以来，以习近平同志为核心的党中央坚持以人民为中心的发展思想，坚持全覆盖、保基本、多层次、可持续的基本方针，从增强公平性、适应流动性、保障可持续性出发，不断完善社会保障制度体系建设，保障水平稳步提高。

1. “十三五”社会保障总体方针和主要任务

“十三五”时期，我国社会保障坚持“全民覆盖、保障适度、权责明晰、运行高效”的原则。所谓“全民覆盖”，是指基本实现法定人员全覆盖；所谓“保障适度”，是指根据经济发展和负担能力合理确定保障待遇水平；所谓“权责明晰”，是指分清政府、企业、个人等的责任；所谓“运行高效”，是指解决制度运行中的各种机制性障碍，进一步提升社保公共服务和信息化水平。这是“十三五”时期我国社会保障制度建设的总体方针和主要任务。

“十三五”时期，围绕全面建成多层次保障体系稳步推进了以下工作：

第一，实施全民参保计划，基本实现法定人员全覆盖。以主要制度、重点群体为切入点，推进实现社保法定人群全覆盖。适当降低职工保险费率和费基，降低参保门槛，将更多进城务工人员、灵活就业人员纳入职工保险制度范围。进一步完善城乡居民养老保险制度，引导更多人群参加更高档次缴费。推进机关事业单位养老保险制度改革，不断完善配套政策，解决运行中的困难和问题。

第二，合理划分各方社保责任，完善多层次社保体系。加快建立健全多层次社会保障体系。坚持政府托底的基本保障“保基本”的原则，合理确定各项社会保险的政府补助和企业、个人缴费比例结构。进一步完善落实企业年金、补充医疗保险等税收优惠政策。尽快建立税收递延型养老保险，提高民众参与商业保险的积极性,引导养老保障第三层次个人储蓄型养老保险发展。

第三,加快推进关键制度改革,提高社保制度可持续性。探索实施基础养老金全国统筹方案,实现不同区域之间社保基金互济。完善统账结合的城镇职工基本养老保险制度,解决制度运行中的难点和问题。适应人口和就业流动趋势,建立更加便捷的社会保险转移接续机制。建立基本养老金正常调整机制,根据经济发展等各项指标,合理确定养老金调整水平,加强参保缴费的激励约束。多渠道筹集社保基金,划转部分国有资本充实社保基金,加强风险管理,提高投资收益率。

第四,加强救助福利制度建设,切实兜住民生底线。统筹推进城乡社会救助体系建设。加强社会救助制度与其他社会保障制度、专项救助等的统筹衔接,构建综合救助工作格局。改革完善专项救助制度,进一步加强医疗救助、临时救助力度,将低保边缘群众等纳入相应救助范围。建立健全社会救助家庭经济状况核对机制,努力做到应救尽救、应退尽退。健全以扶老、助残、爱幼、济困为重点的社会福利制度。建立家庭养老支持政策,提升家庭养老扶幼功能。做好困境儿童福利保障工作。

第五,健全社会公共服务体系,提高管理和服务水平。加强县、乡基层就业和社会保障服务平台建设,尽快开展地(市)级以上社会保障服务中心和异地就医结算服务平台建设。实施"金保二期"工程和社会保障卡工程,持卡人口覆盖率达到90%,加强信息互联互通,拓展社会保障卡各项功能,提高利用效率和水平。

2. "十三五"社会保障取得的成绩

"十三五"时期,我国社会保障在覆盖人数、保障水平、管理服务、制度建设等方面均取得了显著成就,诸多社会保障目标已经完成,部分任务提前完成。

第一,广覆盖、兜底线,保障水平不断提升。"十三五"期间,我国建立起世界上规模最大的基本医疗保障网,全民参保计划扎实推进,民生保障安全网进一步织密扎牢。截至2019年底,基本养老、失业、工伤保险参保人数分别达到9.68亿人、2.05亿人、2.55亿人,养老金继续逐年上调,实现"十六连涨";我国建立起世界上规模最大的基本医疗保障网，参保人数超过13.5亿人，参保率稳定在95%以上；2016—2019年，中央财政共安排补助资金5618亿元，统筹用于最低生活保障、特困人员救助供养、孤儿基本生活保障等工作。[①]

第二，补短板、强弱项，保障更加凸显公平。“十三五”期间，我国加快促进城乡区域间公共服务项目和标准的有机衔接。2016—2019年，中央对地方转移支付规模从5.29万亿元增长到8.39万亿元，年均增幅稳中有升，其中对中西部地区、老少边穷地区、东北地区等重点倾斜，有力增强了地区财力，提高了基本公共服务均等化水平。

第三，促改革、抓服务，保障更加顺应百姓期盼。“十三五”期间，为满足人民群众多样化公共服务需求，我国创新公共服务提供方式，在发挥政府主导作用的基础上，更注重调动社会力量，政府和市场“两只手”协调配合，需求端和供给端一起发力，基本保障和商业补充保障有效衔接，公共产品供给稳步改善。

二、社会保障面临的问题及改革方向

当前，我国社会保障体系和制度运行还存在不少问题。一是社会保障尚未实现全覆盖。尽管我国社会保障体系已经比较全面，可以说基本实现了“制度全覆盖”，但在“人群全覆盖”方面还有差距，仍有一定数量的城乡居民和灵活就业人员未参加社会保险或纳入覆盖范围。二是社会保障制度不完善。“社会统筹与个人账户”相结合的制度模式中，个人账户功能扭曲。社会保险的筹资机制、待遇给付与调整机制还不完善。社会保障基金管理与投资机制不完善，积累基金保值增值压力较大。三是社会保障收入再分配作用不充分。不同地区、不同身份特别是城乡居民社会保障待遇差别比较大，基本养老保险全

① 参见曲哲涵、屈信明：《“十三五”，我们这样走过：民生保障网越织越牢》，载《人民日报》，2020年10月6日。

国统筹进展迟缓。[①]

为此，社会保障改革有这样几个方向。一是社会保障覆盖全民。社会保障要从“广覆盖”向“全覆盖”转变，从“制度全覆盖”向“人群全覆盖”转变。要让各类人群均有享受社会保障的机会，针对低收入群体、灵活就业人员、新业态就业人员等参保困难群体采取精准措施扩面攻坚，实现人人享有基本社会保障目标。二是社会保障统筹城乡。党的十九大报告提出，要完善统一的城乡居民基本医疗保险制度和大病保险制度。医疗保险制度对于保障群众就医需求、减轻群众医疗费用负担、提高群众健康水平有着重要作用。今后一个时期，为协同助推医改，促进全民健康，必须持续深化医保制度改革。全面统一城乡居民基本医保制度和管理体制，实现经办服务一体化。三是社会保障公平统一。党的十九届五中全会通过的《建议》，在“健全多层次社会保障体系”部分中，将以往的表述“权责清晰、保障适度”改为“公平统一”，显然不仅仅是字面的修改，更重要的是回应了全面建设社会主义现代化国家的根本要求。强调“公平统一”，是中国特色社会保障制度的根本价值取向。在社会保障领域，越来越多的群众从当初要求享有基本保障转向要求城乡之间、地区之间、群体之间的收入关系均衡、平等、公正和透明。这种诉求是一种推动社会进步的力量。四是社会保障可持续。随着经济社会发展，社会保障水平不断提高，这是坚持以人民为中心的发展思想、为人民谋幸福的必然要求。但提升社会保障水平应坚持尽力而为、量力而行。“尽力而为”是责任态度，“量力而行”是科学精神。社会保障水平的提升必须与经济社会发展水平相符合，与财政能力相适应。如果超越国家财力和社会发展水平大搞超能力社会保障，就容易发生严重的财政和债务危机，危及发展的可持续性，甚至会导致经济增长停滞。五是社会保障多层次。全面建成多层次社会保障体系，“兜底线、织密网、建机制”是基本要求。兜底线，就是要发挥社会政策的托底功能，切实保障群众基本生活需求，兜住民生保障底线，坚守社会稳定底线；织密网，就是要实现

① 参见谢伏瞻主编：《迈上新征程的中国经济社会发展》，中国社会科学出版社2020年版，第594—595页。

制度最广泛的覆盖，让人人都能享受基本社会保障；建机制，就是要持续深化改革，建立健全体制机制，不断提高社会保障法治化、制度化水平。

三、实现社会保障高质量发展

“十四五”时期，社会保障高质量发展有这样几个主要方面：一是坚持中国特色社会主义制度。中国特色社会主义制度具有显著优势，这是我国社会保障快速发展并惠及全民、创造了人类社会保障发展史上奇迹的根本原因。[①] 二是不断提高保障水平和服务水平。从个体层面上看，在确保人人享有社会保障的基础上，要不断提高全体人民的保障水平和服务水平。三是统筹发展。要实现社会保障各相关主体与不同项目之间的协调发展，建设社会保障资源筹集与使用管理的科学机制，实现城乡统筹、区域统筹、人群统筹等。四是从体系层面上看，实现社会保障多层次、可持续发展。[②]

1. 必须坚持中国特色社会主义制度

中国特色社会主义制度的显著优势保证了社会保障体系建设的高效率。比如，坚持人民代表大会制度这一根本政治制度，坚持中国共产党领导的多党合作和政治协商制度、民族区域自治制度，以及基层群众自治制度等基本政治制度，确保党中央集中统一领导和国家制度统一、政令统一，从根本上保证社会保障体系建设的有力有效推进。社会保障制度是保障人民生活、调节社会分配、促进社会公正的一项基本制度。完善覆盖全民的社会保障体系，是坚持和完善中国特色社会主义制度的题中应有之义，是使发展成果更多更公平惠及全体人民、朝着共同富裕方向稳步前进的必然要求。坚持走中国特色社会主义道路，我国社会保障水平就会随着经济发展水平逐步提高，社会保障体系

---

① 参见郑功成：《中国何以建成世界最大社会保障体系》，载《人民日报》，2020年11月2日。

② 参见林闽钢：《“十四五”时期社会保障发展的基本思路与战略研判》，载《行政管理改革》，2020年第12期。

建设就会向着逐步完善、惠及全民的方向坚定前进。

2. 必须统筹城乡社会保障制度

由于我国社会保障体系建设采取先城镇后农村、分人群渐次推进的方式,再加上农村社会保障制度实施时间不长,在养老保险和医疗保险上采取自愿参保原则,部分农村居民和进城务工人员没有参加基本养老保险和基本医疗保险。建议在“十四五”时期,一是农村居民参加基本养老保险、基本医疗保险自愿参保原则要改变;二是将城乡社会保障待遇差距逐渐缩小设定为重要考核指标;三是明确用国家财税增量来加大对农村社会保障的投入,提高农村社会保障水平和服务水平。

3. 推动社会保障法制化进程

我国社会保障由社会保险、社会救助、社会福利、慈善事业等组成。社会保障法治建设是实现社会保障制度良性运行的必要保证,涉及制度建设、运行管理、纠纷解决等。我国社会保障法治曾长期处于试点和探索阶段,“十三五”以来,伴随着各项制度逐步定型,社会保障逐步进入法治化轨道。随着社会保障制度体系的日益健全和保障水平持续提升,社会保障为全民共享国家发展成果提供了基本途径,已经成为保障与改善民生的基本制度保证。社会保障法治建设是社会保障事业发展的前提和保证。在“十四五”时期,还需要全面修改《社会保险法》,修订《工伤保险条例》和《失业保险条例》,并积极推动《社会福利法》纳入立法议程,从而形成比较完善的中国社会保障法律体系。只有社会保障法制走向健全完备,确保社会保障在法治轨道上运行,才能有效规范社会保障行为,为社会保障制度的良性运行与协调发展提供保证。

4. 努力提高社会保障的公平性

公平是社会保障制度追求的根本目标,社会保障的运行是否满足公众对公平分配的期待,直接影响到公众对社会保障的公平性评价。社会保障的公平性是指为了控制分配差距及改善其所造成的非均衡性,向处于社会不利地位的人们提供必要的资源和可能性支持。近几年我国社会保障制度建设取得了很大的进展，社会保障制度公平和公正性等问题引起了公众的普遍关注。当前社会保障制度的最基本要求是体现公平性。在“十三五”时期，社会保障制度通过整合，实施了城乡居民养老制度、医疗保险制度和社会救助制度的并轨，完成了改革的预期目标。“十四五”时期，应坚持缩小不同群体政策待遇差距，择机深化改革。建议构建公平统一的国民基础年金制度和国民健康保险制度，着力打通机关事业单位人员、企业职工和城乡居民在社会养老保险和医疗保险制度分设的格局。

5. **构建多层次社会保障体系**

在社会养老保险中，多层次、多支柱主要包括城镇职工基本养老保险制度、城乡居民基本养老保险制度、机关事业单位基本养老保险制度，目前基本养老金制度仍是独大，企业年金发展明显不足，商业性养老金更是规模有限。“十四五”时期将是我国社保制度从长期试验性改革状态走向基本成熟的关键时期，全面优化现行制度安排并确保其步入目标明确、路径清晰、发展理性的法制化轨道是这一时期的核心任务。应以提升养老保险体系第二层和第三层作用的改革为重点，提高我国养老保险整体水平。要实质性地推进多层次社保体系建设，让社保制度成为维系国家长治久安和人民世代福祉的制度保障。

第九章
安全发展：统筹发展与安全

第一节
筑牢国家经济安全防线

突如其来的新冠肺炎疫情大暴发大流行，给全球经济造成严重冲击，也给我国经济安全带来严峻挑战。当前我国经济形势仍然复杂严峻，常态化疫情防控任务仍然艰巨繁重，复杂严峻的外部环境对我国影响加重，内需不足制约经济稳定恢复，产业链供应链安全风险加大，企业生产经营存在不少困难，就业民生保障面临很大压力。党的十九大报告指出，统筹发展和安全，增强忧患意识，做到居安思危，是我们党治国理政的一个重大原则。2020年7月30日，中央政治局会议分析研究当前经济形势和经济工作，强调要坚定不移贯彻新发展理念，统筹发展和安全，实现更为安全的发展。这就突出强调了安全发展的重大意义。谋划“十四五”乃至更长时期的经济发展，必须牢记习近平总书记强调的坚持总体国家安全观，做好较长时间应对外部和内部环境变化的准备，筑牢国家经济安全的防线，维护国家经济安全、产业安全，真正实现更为安全的发展。

一、筑牢我国经济安全防线是进一步巩固全面建成小康社会成果，开启全面建设社会主义现代化国家新征程的迫切需要

新冠肺炎疫情的暴发给全面建成小康社会带来了严峻挑战。现在“六稳”压力巨大，“六保”提上议程。可谓千方百计抓“六稳”，稳就业、稳金融、稳外贸、稳外资、稳投资、稳预期；排除万难争“六保”，保居民就业、保基本民生、保市场主体、保粮食能源安全、保产业链供应链稳定、保基层运转。在全面建成小康社会之后，我们进入了“十四五”时期，这是一个承前启后、继往开来的重要发展阶段，是把我国全面建成社会主义现代化国家的起步阶段，也是“两个

一百年”奋斗目标的历史交汇期。我们既要全面建成小康社会、实现第一个百年奋斗目标,又要乘势而上开启全面建设社会主义现代化国家新征程,向第二个百年奋斗目标进军。如此重要的历史节点,我们必须筑牢我国经济安全防线,起好步、开好局。

二、筑牢我国经济安全防线是抓住重要战略机遇期,落实新发展理念,推动经济社会发展上台阶跨过“中等收入陷阱”的时代呼唤

“十四五”时期,我国仍然面临着重要的战略机遇期,有利条件要好好把握:一是党的领导和中国特色社会主义制度优势,能够保证我们集中力量办大事,能够发挥市场在配置资源中的决定性作用,也能够更好地发挥政府的作用,把党和国家制度优势转变成国家治理效能。二是新冠肺炎疫情的全球大暴发大流行对西方国家造成了很大的冲击,我国率先应对并逐步稳住阵脚,较好地把握住了时间窗口并争取了战略上主动,经济继续保持发展的势头是可以期待的。三是我国改革发展的红利不断释放,有推动从中等偏上收入国家向高收入国家迈进的能力。四是开放水平和制度化程度提升,我国成为全球最安全、最具有营商竞争力的区域。“一带一路”建设对冲外部风险效应凸显,服务贸易开放带来新的发展动力。加大适应国际化的经济法律制度开放,具有全球竞争力的营商环境对投资是有吸引力的。五是我国从“世界工厂”向“世界市场”转变,制造业和超大规模市场融合的优势更加明显。“世界工厂”向“世界市场”转型带来巨大消费市场的优势。我们要把握好这些机遇和优势,落实新发展理念要求。“十四五”时期,我们面临着跨越“中等收入陷阱”的重要历史时刻。若我国经济保持5%左右的增长速度,到2025年左右,我国人均国民收入将达到约13770美元,超过世界银行2019年划分的高收入底线(12616美元),有可能跨越所谓的“中等收入陷阱”。按照新发展理念有针对性地解决短板问题、“卡脖子”问题,消化疫情防控期间出现的大规模债务和金融流动性风险,对我国经济社会稳定能力是个巨大考验。我们建议新发展理念可以考

虑适当拓展，增加“安全”两个字，突出“安全”的重要性，以提醒我们稳住阵脚、未雨绸缪，补短板、强弱项，把自己的事情办好，维护国家安全和社会稳定。

三、筑牢我国经济安全防线是应对国际经济政治格局深刻调整变化带来的严重挑战，维护我国国家利益和经济安全的关键之举

疫情之下，美国等西方社会的经济面临着重重矛盾和巨大压力，经济严重下滑，国际贸易和国际投资大幅收缩。经济的衰退，给就业和社会稳定都带来巨大的问题。由于全球经济发展整体趋缓，贸易保护、贸易壁垒加大，贸易摩擦加剧，不确定性增强，国际安全风险明显增大。“十四五”时期我国面对的外部冲击更大，外部环境更严峻，我国的国际安全重要性明显上升。我们要集中精力加快布局和发展，以稳制乱应万变、以稳健发展应对国际风险。我们必须从持久战的角度来考虑和部署未来，加快形成以国内大循环为主体、国内国际双循环相互促进的新发展格局。疫情之后，西方国家对全球化问题进行再认识，对中国的崛起反应会更加强烈，加之意识形态的差异，很可能防范封堵更加严密，我国产业链不仅面临全球化产业链“去中国化”的巨大风险，也面临发达国家和发展中国家从高低两端形成的夹击压力。美国对我国的遏制更加全面和强化，中美之间的经贸、科技、金融等方面的博弈更加激烈，全面博弈竞争已经到来并展开，甚至不排除会出现某些极端情况。正因如此，维护我国国家利益和经济安全就显得极其重要。需要认真评估我们在海外的经济布局，包括“一带一路”的一些重要合作项目以及多方面的交流项目，采取更加稳妥的措施，确保我国海外利益和经济安全。

四、筑牢我国经济安全防线是夺取“双胜利”的基础，更是整体发挥我国强大的经济体保障优势和能力的体现

当前国内已呈现疫情防控形势持续向好、生产生活秩序加快恢复的态势，

我国有决心、有信心、有能力经受住这场严峻的考验。新中国成立70多年来特别是改革开放40多年来，党带领人民开拓出了一条为世人瞩目的“中国道路”，创造并积累了强大的经济实力，这是夺取“双胜利”的底气，更是维护和保障国家经济安全的关键。首先，我国经济安全的基础稳固、基本面长期向好没有改变。这次抗击疫情，充分展示了我国能够集中力量办大事的体制优势，也充分表明了我国强大的经济实力是安定天下的重要保障。我国国民经济持续快速增长，经济总量连上新台阶。农业基础地位稳固，粮食生产和粮食安全均有保障。服务业支撑半壁江山，新技术、新业态、新模式亮点纷呈。其次，我国经济韧性好、潜力足、回旋余地大的特征也没有改变。这次疫情短期冲击很大，给我国经济社会发展带来了不小的困难。但从中长期来看，并没有改变我国经济韧性好、潜力足、回旋余地大的大国优势。我们要抓住疫情的倒逼机制，加快我国转变发展方式、优化经济结构、转换增长动力的步伐。从我国的实际情况看，宏观调控余地大，有较强的抵御风险能力，有平稳增长的广阔空间，具有战略纵深，内需潜力巨大。

五、筑牢我国经济安全防线是建设制造强国，提升产业链供应链安全稳定和竞争力的战略之策

当今世界国与国之间的竞争表面看是产品、企业和产业的竞争，背后实际上是纵横交错、相互关联的产业链供应链的竞争，即一个国家的产业竞争力取决于整个产业链供应链的综合竞争力。因此，防止产业链供应链断裂、断开非常重要。我国是超大规模的经济体，要建设制造强国，推进国家现代化，维护全球产业安全，必须从战略全局着眼，建立维护我国产业链安全的有效机制。维护产业链安全既要重视一般意义上的产业链，还要重视价值链、供给链、创新链和防护链，统筹布局、突出重点，把维护产业链安全上升为国家战略，把握比较优势的动态转换与产业升级的规律，实现产业治理体系和治理能力现代化，确保产业链安全可控。一是科学布局产业链，确保重点产业安全稳健发展。深度融入全球产业链合作分工，统筹中西部地区精准承接东部产业转移，

以技术创新重新布局产业链并加快进口替代。二是有效提升价值链，提升重点产业核心竞争力。以技术创新提升产业价值链层级，改造提升传统制造业价值链层级，继续加大力度降低制造业产业链成本。三是全力确保供给链，提高产业配套发展能力。以重点产业为核心，在打通全产业供应链上下功夫。以重点区域为依托，在推进供应链集聚发展上下功夫。以重点企业为龙头，在供应链管理上下功夫。四是协同打造创新链，确保关键产业自主可控。坚持协同攻关实现关键技术自主可控，建设以企业为主体的产业技术创新体系，积极推进产品研发与产业化链条有序衔接。五是着力筑造防护链，增强产业的风险抵抗力。维护产业链安全是多链联动、环环相扣的系统工程。巩固中国在全球产业链中占有的优势，就要从国家战略大局的高度，发挥巨大的市场潜力和规模效应，建立系统配套、运行有效的维护中国产业链安全的体制机制，重点是建立维护产业链安全的宏观管理机制、协调服务机制、信息畅通机制、风险评估机制、预测预警机制、国际合作机制。

第二节
深化对在严峻挑战下做好经济工作的规律性认识

2020年，我国遭遇了世纪罕见的三重严重冲击。百年不遇的新冠肺炎疫情突然暴发，世界经济陷入第二次世界大战结束以来最严重的衰退，美国对我国的遏制打压全面升级。面对如此严峻复杂的风险挑战，我们为什么能够取得疫情防控工作的重大战略成果，推动经济社会恢复发展并取得显著成绩，成为全球唯一实现经济正增长的主要经济体，交出了一份人民满意、世界瞩目、可以载入史册的答卷？关键在于以习近平同志为核心的党中央的坚强领导，关键在于我们深化了对在严峻挑战下做好经济工作的规律性认识。习近平总书记强调，我们要运用马克思主义政治经济学的方法论，深化对我国经济发展规律的认识，提高领导我国经济发展的能力和水平。前不久中央经济工作会议特别强调了“五个根本”的经济规律性认识，这是党中央总结实践经验、推动经济发展的理论升华，是习近平新时代中国特色社会主义思想的丰富发展，是我们做好当前和今后经济工作的重要认识论和方法论，是推动和实现经济高质量发展的思想引领，是我们党治国理政夺取新发展阶段伟大胜利的重要遵循。

一、党中央权威是危难时刻全党全国各族人民迎难而上的根本依靠

马克思主义经典作家十分强调权威的作用。权威是社会化大生产的客观产物，只要存在联合活动，就必须有一定的权威和服从。党的十八大以来，以习近平同志为核心的党中央将党中央权威转化为生动的国家治理实践，在把握政治方向、作出重大决策、深化改革开放等多方面发挥了划时代的历史性作用。2020年初，新冠肺炎疫情这一新中国成立以来我国遭遇的传播速度最快、感染范围最广、防控难度最大的重大突发公共卫生事件袭来。在重大历史关头，在重大考验面前，领导力是最关键的条件。击楫风浪，砥柱中流。党中央的判断力、决策力和行动力具有决定性作用。从奋力夺取新冠肺炎疫情防控阻击战胜利的事实可以看出，正是有以习近平同志为核心的党中央的果断决策、统领全局、凝聚各方，及时制定了科学的疫情防控战略策略，从武汉“封城”有效阻断疫情的大规模蔓延，到统筹疫情防控与经济社会发展，展现出果敢的决断能力、强大的动员能力和卓越的治理能力。实践再次证明，中国共产党是中国特色社会主义事业的坚强领导力量，党中央权威是危难时刻全党全国各族人民迎难而上的根本依靠。只要毫不动摇坚持党的领导，毫不动摇维护党中央权威，把全体人民紧密团结在党的周围，我们就一定能够战胜一切艰难险

阻，成功应对“浪遏飞舟”的系列挑战，乘风破浪，勇往直前。新发展阶段开启全面建设社会主义现代化国家新征程，面对“两个大局”的时代呼唤和历史任务，维护党中央权威、发挥党中央集中统一领导的政治优势，是党带领人民推进新时代中国特色社会主义事业的历史选择。

二、人民至上是作出正确抉择的根本前提

人民立场是中国共产党的根本政治立场，也是区别于其他政党的显著标志。党的十八大以来，习近平总书记强调“中国共产党根基在人民、血脉在人民”。提出以人民为中心的发展思想，坚持发展为了人民、发展依靠人民、发展成果由人民共享，继承和发扬了马克思主义的历史唯物主义世界观。大疫来袭，应对历史罕见的大危机，立场决定方向，也决定行动优先序。习近平总书记专门就疫情防控作出重要指示，要求各级党委和政府及有关部门把人民生命安全和身体健康放在第一位，采取切实有效措施，坚决遏制疫情蔓延势头。紧要关头，习近平总书记亮出了中国共产党人对待人民群众的鲜明态度，“人民生命重于泰山！只要是为了人民的生命负责，那么什么代价、什么后果都要担当”。大疫面前我们坚持人民至上、生命至上，确定了先控制疫情，再局部复工、然后全面复工的最优路径。共和国勋章获得者钟南山院士动情地说：“这就是我们的国家，首先抓住人的生命是第一宝贵的！”人民至上、生命至上，让我们成功避免了经济停摆、社会失序等风险，确保了“十三五”圆满收官。实践再次证明，只要心里始终装着人民，始终把人民利益放在最高位置，我们就一定能够作出正确决策，并依靠人民战胜一切艰难险阻。2021年是“十四五”开局之年，坚持人民至上、生命至上，就要始终把人民利益放在最高位置。我们在经济工作中既要继续紧绷疫情防控这根弦，确保疫情不反弹，又要合理落实各项民生工作，不断增强人民群众的获得感、幸福感、安全感。当前，我国要在供给侧结构性改革和需求侧管理方面同步发力，统筹做好“六稳”工作，全面落实“六保”任务，坚持以改善民生为导向，让全面建成小康社会经得起历史和人民的检验。

三、制度优势是形成共克时艰磅礴力量的根本保障

统筹疫情防控和经济社会发展工作取得巨大成就,再次彰显中国共产党领导和中国特色社会主义制度的显著优势。而这种显著优势源于三个方面:一是源于坚持党的集中统一领导。中国共产党领导是中国特色社会主义最本质的特征,是中国特色社会主义制度的最大优势,制度优势发挥的关键在党,坚持党的科学理论保证了中国特色社会主义制度的高效运转与自我革新,使得制度优势能够进一步转化为国家治理效能。二是源于中国特色社会主义制度的科学性。中国特色社会主义制度的根本制度、基本制度、重要制度的深度关联与有机结合,共同构筑中国国家治理体系和治理能力的坚实基础,通过制度的科学性转化为制度的优越性。三是源于中国特色社会主义制度的完善性。实践发展与人民期待共同推动中国特色社会主义制度不断自我完善和发展,永葆生机活力。疾风知劲草。衡量一个国家的制度是否成功、是否优越,一个重要方面就是在重大风险挑战面前,能不能号令四方、组织八方共同应对。我国社会主义制度具有非凡的组织动员能力、统筹协调能力、贯彻执行能力,能够充分发挥集中力量办大事、办难事、办急事的独特优势。上下同欲者胜。在大灾大难面前,我们众志成城,临危不惧,坚持发挥党的领导和我国社会主义制度的政治优势,协同调动各地方、各部门、各领域、各方面力量,聚集起战胜困难的强大合力。依靠制度优势,我们在疫情面前经受住了压力测试,有力推动复工复产,畅通经济社会循环。实践再次证明,只要坚定“四个自信”,坚持集中力量办大事的制度优势,坚持和完善中国特色社会主义制度、推进国家治理现代化,就一定能够使全党全国各族人民紧密团结起来,发挥出攻坚克难、推动事业发展的强大能量。

四、科学决策和创造性应对是化危为机的根本方法

制度的优势深刻体现为科学的决策和创造性应对,而这离不开我们党不

断实践，增强对客观规律的反复认识、螺旋上升认识和持续认识。党的十八大以来，以习近平同志为核心的党中央始终以认识和尊重客观规律为基础，充分发挥主观能动性，科学研判形势与制定任务，统筹国内国际两个大局，及时捕捉和发现主要矛盾和矛盾的主要方面，抓住要害，果断创造性地提出应对方案，科学地作出决策部署，这是化危为机的根本方法。应对非凡困难必须有非凡之策。这次冲击既不同于1929年世界经济大萧条，也不同于2008年国际金融危机，供给中断、需求萎缩同时发生，挑战前所未有。党中央坚持战略设计和战术运用有效结合，提出在构建以国内大循环为主体、国内国际双循环相互促进的新发展格局中实现更大作为，从落实分区分级精准防控策略，到将全国总体防御策略调整为"外防输入、内防反弹"，最大限度保持经济平稳运行。坚持经济政策和社会政策并用，坚持在供给和需求两端同时发力，发挥产业体系完整优势，加强物资供应保障，实行跨周期设计和逆周期调节并重，以合理代价取得最大成效。实践再次证明，只要准确识变、科学应变、主动求变，善于决策时运筹帷幄、落实时如臂使指，我们就一定能够在抗击大风险中创造出大机遇，始终立于不败之地。进入新发展阶段，国内外形势更为复杂严峻，辩证认识和把握国内外大势，是科学决策和实现创造性应对的重要前提，也是化危为机的内在要求。应增强忧患意识、提高工作本领，以综合的专业能力研判未来发展方向与经济走势。为应对各种不确定、不稳定的情形，党中央坚持保持宏观政策的"可持续性""不急转弯""把握好政策时度效"，以强大的战略定力回应风险与挑战。

五、科技自立自强是促进发展大局的根本支撑

新时代我国社会主要矛盾已经转化为人民日益增长的美好生活需要和不平衡不充分的发展之间的矛盾，我国经济社会发展和民生改善比过去任何时候都更加需要科学技术解决方案。创新在我国现代化建设全局中居于核心地位，特别是实现科技自立自强，这是促进我国发展大局的根本支撑。科技是国家强盛之基，创新是民族进步之魂。在抗击新冠肺炎疫情、应对外部环境变

化、抵御外部势力打压的过程中,我们高度重视科技的重大作用,向科技自立自强要答案、要方法、找出路,用科学防治降服病魔、保障人民生命健康,用科技创新保持产业链供应链稳定运行,用加快突破"卡脖子"的关键核心技术保障经济安全、推动实现高质量发展。实干为本,创新为要。实践再次证明,科技自立自强是促进发展大局的根本支撑,只要秉持科学精神、把握科学规律、大力推动自主创新,我们就一定能够把国家发展建立在更加安全、更加可靠的基础之上。进入新发展阶段,推动实现科技自立自强十分迫切。当前,我国科技发展已经取得了长足进步,一系列重大科技成果相继涌现,重要领域的科技空白不断填补,但是我们在基础零部件、关键材料、先进工艺等方面仍然存在短板,科技"卡脖子"问题仍然突出,美国等对华为、中兴等企业的打压,表明我国的产业链供应链稳定性面临一定风险。我们必须落实创新发展驱动战略,以科技自立自强把握发展的主动权,用科技创新构筑经济发展的"拱顶石"。要加强党对科技工作的集中统一领导,强化国家战略科技力量,尤其要充分发挥国家作为重大科技创新组织者的作用,使企业、科研院所等之间协作互补,优化科技力量配置和资源共享。要发挥市场机制和新型举国体制相结合的优势,在产业发展之中培育科技优势,将提高产业链供应链的稳定性和竞争力作为重中之重,补短板、锻长板,在产学研创新链、价值链的锻造过程中推动科技自立自强和科技创新发展。要在开放合作、交流互鉴中推动科技发展。科技高度发展和产业链深度分工对科技的交流提出了更高要求,应推进高水平开放,在国际经济循环背景下推动科技创新。科技自立自强与科技创新一体两面,构筑发展的根本支撑与核心动能,对于构建新发展格局具有重要意义。

关于做好经济工作的"五个根本"规律认识,是内在联系、相互支撑的,是从实践经验不断上升成为理论认识的,深化了中国特色社会主义政治经济学的主题与内涵,为"系统化的经济学说"的探索作出了重要的创新贡献。理论认识来源于实践,又要回到现实中指导实践。贯彻落实中央经济工作会议精神,就要把这"五个根本"体现到经济社会发展的各项工作中去,体现到构建新发展格局的各项重点任务中去。无论面对经济运行的何种困难,以及应对何等危机的严峻挑战,只要我们遵循"五个根本",把握重要战略机遇,保持战略定力,扎实推进各项工作,就一定能够实现"十四五"时期主要目标和二〇三五远景目标,夺取全面建设社会主义现代化国家新胜利。

第三节 提高保障国家粮食安全的能力

中国是一个人口大国,确保国家粮食安全是一项重大的国家安全战略任务。党的十八大以来,以习近平同志为核心的党中央坚持把粮食安全作为治国理政的头等大事,始终把粮食和农业作为改革发展稳定工作的重中之重,确立了新时期"以我为主、立足国内、确保产能、适度进口、科技支撑"的国家粮食安全战略,明确要求必须把中国人的饭碗牢牢端在自己手中、确保"谷物基本自给、口粮绝对安全",不断完善和创新粮食安全政策机制和制度框架,探索形成了符合我国国情、粮情的粮食安全道路。党的十九届五中全会提出,适应确保国计民生要求,以保障国家粮食安全为底线,健全农业支持保护制度。这是"十四五"时期确保国家粮食安全总的安排,把粮食安全放到一个极其重要的位置。

一、"十三五"时期国家粮食安全保障取得的成就

2004年以来,我国粮食生产连续16年丰收,有力保障了国家现代化进程,成为经济社会发展的压舱石,成为全面建成小康社会的一大亮点,为形成以国内大循环为主体、国内国际双循环相互促进的新发展格局打下了坚实基础。实践证明,党中央关于实施国家粮食安全战略的决策部署是完全正确的。粮

食安全与能源安全、金融安全是经济安全的重要方面,是国家安全的重要基础。世界上真正强大、没有软肋的国家都有能力解决自己的吃饭问题。[①] 我们是拥有14亿多人口的大国,如果粮食方面出了问题,谁也救不了我们。中国人的饭碗任何时候都要牢牢端在自己手上,饭碗里装的是中国粮食。"十三五"时期,我国国家粮食安全战略实施有以下几个方面:

1. 牢牢掌握国家粮食安全主动权

保障粮食安全,必须坚持以我为主,立足国内,确保中国人的饭碗牢牢端在自己手上,碗里主要装中国粮,这是由我国的基本国情决定的。联合国粮农组织发布的《全球粮食危机报告2018》称,2017年,全球共有51个国家约1.24亿人受到急性粮食不安全的影响,较上年多出1100万人。我国是人口大国,依靠国际市场解决吃饭问题,既不现实也不可能。一个国家只有实现粮食基本自给,才能掌握粮食安全主动权,进而才能掌控经济社会发展大局。习近平总书记十分关心粮食生产和粮食安全,强调保障国家粮食安全是一个永恒的课题,任何时候这根弦都不能松。[②] 他在吉林省梨树县考察调研时指出:我十分关心粮食生产和安全。今年夏粮丰收大局已定,秋粮要争取有好的收成。吉林要把保障粮食安全放在突出位置,毫不放松抓好粮食生产,加快转变农业发展方式,在探索现代农业发展道路上创造更多经验。对我们这样一个有着14亿人口的大国来说,农业基础地位任何时候都不能忽视和削弱,手中有粮、心中不慌在任何时候都是真理。保障国家粮食安全是实现经济发展、社会稳定、国家安全的重要基础,坚持以我为主、立足国内、确保产能、适度进口,是保障国家粮食安全的重要原则。这次新冠肺炎疫情全球大流行,一些国家限制粮食出口,国际农产品市场剧烈波动,而我国粮食等重要农产品供给充裕、价格稳定。任凭风浪起,我有压舱石。

---

① 参见国家粮食和物资储备局:《实施国家粮食安全战略　守住管好"天下粮仓"》,载《人民日报》,2020年4月27日。

② 参见《十八大以来重要文献选编》(上),中央文献出版社2014年版,第660页。

2. 深入实施"藏粮于地、藏粮于技"战略

粮食生产根本在耕地，命脉在水利，出路在科技。耕地是粮食生产的命根子，耕地红线要严防死守。党中央、国务院高度重视耕地保护，严守耕地红线，划定9亿亩粮食生产功能区，持续增强高标准农田、水利工程等建设力度。2016—2018年，每年新增高标准农田8000万亩以上、高效节水灌溉面积2000万亩以上。2019年，农业科技进步贡献率达到59.2%，主要粮食作物耕种收综合机械化率超过80%。粮食生产取得历史性的"十六连丰"，粮食产量连续5年稳定在6.5亿吨以上，人均粮食占有量达到470公斤左右，远高于世界平均水平。党的十八届五中全会提出，利用现阶段国内外市场粮食供给宽裕的时机，在部分地区实行耕地轮作休耕，既有利于耕地休养生息和农业可持续发展，又有利于平衡粮食供求矛盾、稳定农民收入、减轻财政压力。习近平总书记强调，实行耕地轮作休耕制度，国家可以根据财力和粮食供求状况，重点在地下水漏斗区、重金属污染区、生态严重退化地区开展试点，安排一定面积的耕地用于休耕，对休耕农民给予必要的粮食或现金补助。① 在耕地稳定的情况下，要满足我国人民日益增长的粮食需要，保证粮食产量持续稳定增长，必须靠不断创新的科学技术来保障。科技是突破各种资源环境约束、实现农业持续稳定发展的关键因素。农业的出路在现代化，农业现代化关键在科技进步。"十三五"时期，加快农业科技创新，着力攻克粮食生产"卡脖子"技术，培育推广一批高产稳产、多抗广适、品质优良的新品种，促进产学研用企深度融合，给粮食生产插上科技的翅膀。加快粮食作物生产全程机械化，推动农机农艺融合、良种良法配套，提高粮食生产效益。建设一批农业绿色提质增效技术集成示范区，构建农作物重大病虫害防控体系，依靠科技减灾增产。坚持"藏粮于地、藏粮于技"，提升农业可持续发展能力，是"十三五"时期保障粮食安全的重要经验，也是"十四五"时期保障粮食安全必须坚持的。

① 参见习近平：《关于〈中共中央关于制定国民经济和社会发展第十三个五年规划的建议〉的说明》，载《人民日报》，2015年11月4日。

3. 加强粮食安全制度建设

“十三五”时期,党中央、国务院高度重视粮食安全制度建设,不断深化粮食收储制度改革,健全完善农业支持保护制度和粮食主产区利益补偿机制,切实调动地方抓粮、农民种粮积极性。强化粮食安全省长责任制考核、中央事权粮食政策执行和中央储备粮管理情况考核,强力推动了粮食安全责任落实。建立了与我国经济社会发展相适应的现代粮食储备制度,中央储备、地方储备协同配合的政府储备体系逐步健全。党的十九大以来,中央一号文件对粮食安全保障立法提出明确要求;十三届全国人大常委会立法规划将《粮食安全保障法》列入一类项目。起草领导小组认真调研论证,组织起草形成了送审稿。送审稿从加强国家安全法治保障出发,突出了向保障国家粮食安全聚焦的立法宗旨,紧紧围绕防风险、化隐患、保基本等关键环节作出制度安排,着力提高国家粮食安全风险防控应对能力。同时,加快推动《粮食流通管理条例》修订工作,组织起草《粮食储备安全管理条例》,完善国家粮食安全保障法律法规体系。①

4. 粮食供应有保障

粮食问题既是重要经济问题,也是重大政治问题。特别是当前,新冠肺炎疫情正在全球蔓延,世界各国的恐慌情绪与日俱增,粮食的重要性凸显。经过长时期的努力,特别是“十三五”时期国家粮食保障制度的建立,我国粮食供应得到了有效保障。从粮食供给上看,粮食供给主要包括生产和进口两个方面。先看生产,我国粮食已经连续多年增产丰产,近五年来一直稳定在1.3万亿斤以上,粮食库存充足,口粮库存处于历史上的最好水平。这是我国粮食安全的“压舱石”。再看进口,虽然受国内需求增长较快和国内外价格倒挂等因素影响,从2014年起我国粮食进口量连续6年超过1亿吨,2019年达1.12亿

① 参见张务锋:《加快推动国家粮食安全治理体系和治理能力现代化》,载《光明日报》,2020年4月23日。

吨。但是,在进口粮食中80%是大豆,进口口粮仅作为品种调剂,比重不高。从粮食流通上看,在粮食供给充裕的情况下,有效的粮食需求不光是消费者有意愿购买的问题,还有是否能够买得到的问题。因为我国粮食的主产区和主销区相分离,要实现粮食的有效需求就离不开流通体系。自20世纪90年代以来,我国政府下大力气加强粮食流通体系建设,取得了显著成效。现在粮食物流骨干通道全部打通,公路、铁路、水路多式联运格局基本形成,原粮散粮运输、成品粮集装化运输比重大幅提高,粮食物流效率稳步提升。

5. 让农民种粮有利可图、让主产区抓粮食有积极性

保障粮食供给是政府的基本目标,但粮食安全却不是农民的目标。农民是粮食的微观供应主体,地方政府是基层粮食供应管理主体。如果不能充分调动他们的生产积极性,粮食安全将变成空中楼阁。[①] 在当前的复杂局势下,保障国家粮食安全根本在于抓好国内粮食生产,关键在于调动农民和主产区积极性。从种粮农民来看,要保持其种粮积极性,必须使其获得基本收益。在一定条件下,农民在家种田还是外出打工,是种粮还是种其他作物,主要取决于农业比较效益的高低。从主产区来看,要保持其抓粮积极性,必须使其获得足够的利益激励。对基层政府来说,保障粮食生产更多的是一种政治任务,缺乏经济上的热情。产粮大县一般都是工业弱县、财政穷县,在粮价较低和税收贡献优先的情况下,基层政府抓粮积极性受到严重影响。"十三五"时期,国家注意调动和保护两个积极性,让农民种粮有利可图、让主产区抓粮有积极性,探索形成农业补贴同粮食生产挂钩机制,让多生产粮食者多得补贴,把有限资金用在刀刃上。国家用好产粮大县财政奖励制度,提高粮食在确定财政转移支付规模中的权重,缓解其财力紧张局面;用好新增耕地指标调剂制度,优先安排产粮大县开展高标准农田建设新增耕地指标跨省域调剂使用;发挥好新增建设用地指标的激励效应,优先安排产粮大县农产品加工用地指标,促进县

---

① 参见陈锡文主编:《走中国特色社会主义乡村振兴道路》,中国社会科学出版社2019年版,第89页。

域经济发展。

二、在新的起点上更好保障国家粮食安全

虽然我国粮食连年丰收，但粮食安全基础仍不稳固，结构性矛盾仍然存在。随着人口增加、城镇化推进、食品消费升级，粮食需求在相当长时间内仍将保持刚性增长，粮食生产供给又面临耕地硬约束、国外进口不确定性增加等挑战，未来粮食供需还将长期处于紧平衡。要确保中国人的饭碗任何时候都牢牢端在自己手上，饭碗应该主要装中国粮。“十四五”时期，我们要深入实施“藏粮于地、藏粮于技”战略，落实粮食安全省长责任制，引导农业资源优先保障粮食生产，稳定粮食生产面积和产量，确保谷物基本自给、口粮绝对安全。

1. 着力稳定粮食播种面积

稳定粮食生产，基础在于稳定粮食播种面积。自本世纪以来，我国粮食连续十几年稳定增产，播种面积增加是主要支撑因素。从2003年到2016年，全国粮食播种面积从14.9亿亩增加到17.9亿亩，累计增加了3亿亩，增幅超过五分之一。从2017年开始，我国粮食播种面积又逐年下降，到2019年已累计减少近5000万亩，虽然每年的下降幅度都不大，但持续下降的势头十分明显。[①]如果不切实遏制住这种势头，粮食产量就很可能会出现持续下滑。“十四五”时期，要继续实现粮食播种面积只增不减的目标。具体办法：一是通过强化对地方政府抓粮的约束激励机制来稳定粮食播种面积。在约束机制上，按照中央每年明确的将粮食播种面积作为约束性考核指标的要求，对各地进行严格考核，进一步压实粮食安全省长责任制；在激励机制上，加大对产粮大县的奖励力度，优先安排农产品加工用地指标，支持产粮大县开展高标准农田建设新增耕地指标跨省域调剂使用，切实调动地方政府抓好粮食生产的积极性。二是

① 参见张顺喜：《着力抓好农业生产》，载《十三届全国人大三次会议〈政府工作报告〉辅导读本》，人民出版社2020年版，第264—265页。

通过稳定农民种粮基本收益来稳定粮食播种面积。加大提高稻谷最低收购价和完善小麦最低收购价政策落实力度，推进三大粮食作物完全成本保险和收入保险试点，保障农民种粮基本收益稳定，有效保护农民发展粮食生产的积极性。三是通过加强服务保障来稳定粮食播种面积。大力推广统防统治、代耕代种、土地托管等服务模式，全面做好化肥、种子、农药等农业生产资料的生产和调运，帮助农民及时破解各种生产难题，努力实现应播尽播。四是加强耕地保护建设。落实最严格耕地保护制度，像保护大熊猫一样保护耕地，严守耕地红线，坚决遏制耕地"非农化"乱象。实行永久基本农田特殊保护制度，确保永久基本农田数量不减少、质量不下降，保住中华民族的"铁饭碗"。持续推进高标准农田建设，深入开展耕地保护与质量提升行动，加大东北黑土地保护利用力度，扎实推进保护性耕作行动，不断提升耕地质量。

2. 强化科技装备支撑

要加快农业科技创新，着力攻克粮食生产"卡脖子"技术，培育推广一批高产稳产、多抗广适、品质优良的新品种，促进产学研用企深度融合，给粮食生产插上科技的翅膀。"十四五"时期，加快粮食作物生产全程机械化，推动农机农艺融合，提高粮食生产效益，是保障国家粮食安全的一个重要方面。农业农村部最新数据显示，目前我国主要农作物耕种收综合机械化率超过70%，三大主粮生产已基本实现机械化，但农业的不同产业间、不同区域间机械化发展还很不平衡。我国是设施农业第一大国，设施农业打破了靠天吃饭、露天种养的生产格局，但也存在一些短板。设施农业机械化水平只有30%，不到种植业机械化水平的一半，生产仍以人工为主。没有农业机械化，就没有农业农村现代化。目前，我国农业装备科技创新已经从改造仿制，进入到以自主创新为核心的协同创新阶段。创新是推动我国农机产业转型升级的关键所在。2014年以来，我国农机行业在经历了"黄金十年"后，进入深度调整期，既有部分企业在残酷的产业竞争中被淘汰，也有不少企业通过坚持不懈的创新从困境中突围。目前我国农机行业已进入融合协同创新的新阶段，要通过协同创新推动创新资源向农机产业集聚，共同探索农机行业科技成果转化服务新模式，开创农机行业创新新格局，推动我国从农机生产大国向农机生产强国转型。

3. 推动形成农业社会化服务新格局

完善的农业社会化服务体系是农业现代化的重要标志。国际经验表明，农业服务体系比较完善的国家，农业现代化程度通常也较高。近年来，我国农业社会化服务快速发展，各类新型服务组织蓬勃兴起，服务领域不断向纵深拓展，涌现出一批各具特色、形式多样的服务模式。“十四五”期间，要加快小农户与现代农业有效衔接，推动形成政府引导、市场主导，主体多元、形式多样，便捷高效、全链受益的多元共享型农业社会化服务新格局。多元化的主体是形成农业社会化服务新格局的重要前提。为此，要积极培育不同类型的服务主体，明确各类主体的功能定位，按照市场化、多元化、专业化、规模化的思路，充分发挥专业合作社及其联合组织、龙头企业、专业服务公司、集体经济组织等主体的重要作用，统筹推进公益性服务和经营性服务。特别是要强化对家庭农场和广大小农户的社会化服务，发挥农技推广、农机服务、动物疫病防治、智慧农业、职业农民教育培训等领域公益性服务组织的基础性作用。目前，我国农业社会化服务主要集中在粮食等大田作物的产中环节，一些产前和产后服务还较为薄弱。为此，要抓住关键薄弱环节，加强技术、信息、良种、资源回收、金融保险等领域社会化服务的有效供给，并整合政府资源和社会资源，构建统一的社会化服务平台，为农业生产者提供产前、产中、产后全过程综合配套服务。推动形成农业社会化服务新格局，需要不断创新服务模式，为农业生产者尤其是广大小农户提供灵活多样的社会化服务。

4. 扩大粮食生产有效投资

要坚持农业农村优先发展，坚持“藏粮于地、藏粮于技”，对标实施乡村振兴战略，对粮食生产重大工程项目，千方百计扩大有效投资规模，加快形成财政优先保障、金融重点倾斜、社会积极参与的多元投入格局。要加快高标准农田、农产品仓储保鲜冷链物流设施、现代农业园区、农村供水保障等农业农村重点领域补短板重大工程项目建设。一是扩大地方政府债券用于农业农村的规模，通过一般债券、专项债券等加大对农业农村基础设施重大项目的支持力度。二是保障财政支农投入，要求中央和地方财政加强“三农”投入保障，中央预算内投资继续向“三农”补短板重大工程项目倾斜，提高土地出让收入用于农业农村比例，扩大以工代赈规模。三是加大金融服务“三农”力度，要求抓紧出台普惠金融支持新型农业经营主体发展的政策举措，大力发展对新型农业经营主体信用贷、首贷业务，切实发挥好全国农业信贷担保体系作用，完善农业保险试点。四是积极引导鼓励社会资本投资农业农村，要求各地区制定出台社会资本投资农业农村的指导意见，细化落实用地、环评等政策措施，充分发挥政府投资基金作用，加快实施一批PPP项目，加大农业企业在公开市场股票发行支持力度。

5. 加快提升粮食品质

农业供给侧结构性改革的核心目标是解决优质农产品供给问题。要根据市场供需变化和区域比较优势，调整优化农业生产结构、区域布局和产品结构，调优品质、调高质量、调出效益。“十四五”时期，要不断优化粮食生产区域布局和产品结构，发挥粮食生产功能区骨干引领作用，增加高油高蛋白大豆、饲用玉米和优质水稻、强筋弱筋小麦等紧缺、优质、绿色品种供给。这是增加粮食有效供给、提高粮食安全保障水平的重要举措，也是落实高质量发展要求、推进农业供给侧结构性改革的必然选择。调整优化粮食种植结构，必须坚持大粮食安全观，把增加食物供给作为优先调整方向，努力实现农业质量效益和粮食安全保障水平的“双提升”。为此，要深入实施优质粮食工程，适当调减东北寒地低产区粳稻面积，增加优质稻、强筋弱筋小麦、优质食用大豆、薯类和杂粮杂豆等绿色优质产品供给，提高优质专用粮食比重。以“粮头食尾”和“农头工尾”为抓手，科学规划布局专用品种基地和加工产业集群，延伸粮食产业链，提升价值链。“十四五”时期，要通过结构调整，促进国际国内两个市场联动，减轻国内耕地、水等自然资源的压力，缓解经济发展和环境容量之间的矛盾。要促进农业生产由以数量为主转向数量和质量并重，更加注重效益，注重市场导向，更好地满足消费者需求。

第四节
为民营企业发展提供制度保障

近年来针对民营经济出现的一些困难和波动,习近平总书记多次讲话强调保护和激发民营企业活力。2020年7月21日,习近平总书记主持召开企业家座谈会并发表重要讲话,强调保护和激发市场主体活力,保护市场主体就是保护生产力。留得青山在,不怕没柴烧。在此前的2018年11月1日,习近平总书记主持召开民营企业座谈会并发表重要讲话,充分肯定我国民营经济的重要地位和作用,强调民营经济是我国经济制度的内在要素,民营企业和民营企业家是我们自己人,要大力支持民营企业发展壮大。这两个重要讲话是习近平新时代中国特色社会主义思想的重要组成部分,推动了新时代中国特色社会主义政治经济学的创新发展,对更好地发挥社会主义基本经济制度的优势,保护和激发民营企业活力,有重大的现实意义。

一、新时代为保护和激发民营企业活力提供了制度保障

马克思主义认为,无产阶级夺取政权以后,新的社会制度战胜旧制度的最根本的条件就是要发展生产力,要有更高的劳动生产率。社会主义制度的建立,为生产力的解放、发展开辟了道路。要发挥社会主义制度的优越性,经济上就是要创造出比资本主义更高的生产力。正因如此,解放、发展生产力就成为社会主义的本质特征。这就为社会主义基本经济制度形成提供了理论和实践支撑。

新时代以公有制为主体、多种所有制经济共同发展,以按劳分配为主体、多种分配方式并存和社会主义市场经济构成了社会主义的基本经济制度。它既体现了社会主义制度的优越性,又同我国社会主义初级阶段社会生产力发

展水平相适应，是党和人民的伟大创造。我们必须毫不动摇巩固和发展公有制经济，毫不动摇鼓励、支持、引导非公有制经济发展。公有制和非公有制经济各自发挥比较优势，相互补充、相互促进、相互融合，逐步形成混合所有制经济，有助于共同推动中国经济的成长，体现我们这个基本经济制度的优势和方向。发挥社会主义基本经济制度的优势，坚定混合所有制经济发展的方向，就是要坚持“两个毫不动摇”，保护和激发民营企业活力。这个道理要反复讲，要落到制度保障上，体现在制度创新上。

二、为保护和激发民营企业活力创造世界一流的营商环境

营商环境体现了一个国家或地区的经济软实力。党中央、国务院高度重视营商环境的改善，近年来下大功夫推进“放管服”改革，成效喜人，并得到了世界银行的高度评价。凡是经济活跃的省份，凡是民营经济发展好的地区，营商环境排名都在前面，比如广东、浙江、江苏等。好的营商环境一方面能够降低企业的成本并帮助企业抓住机遇，另一方面则是通过综合效应的影响提升企业的自身竞争力。

我国沿海发达省份营商环境的改善不是偶然的，而是政府、市场和社会共同发力、持续发力、相互配合的结果，这些经验值得欠发达地区参考。2019年中央出台了《优化营商环境条例》《关于营造更好发展环境支持民营企业改革发展的意见》，就是要打造良好的市场环境和法制环境。我们要把打造世界最优营商环境作为追求的目标，建设更高水平的开放型经济，推动商品和要素流动型开放向规则等制度型开放转变，加快国内制度规则与国际接轨，千方百计把市场主体保护好，保护和激发民营企业活力。

三、为保护和激发民营企业活力全面深化改革释放制度红利

改革开放以来为什么我们能够创造经济快速发展和社会长期稳定的两大

奇迹?很重要的原因就是我们不断地通过改革开放构建新规则来释放制度的红利,降低制度性的交易性成本,保护和激发民营企业活力,为生产力的解放、发展开辟了道路。现在全面改革已经到了深水区,要更加精准地推进供给侧结构性改革,更多运用市场化、法制化的手段,消除制度和体制机制的堵点和痛点,创新制度供给,保护和激发民营企业活力。我们建设高标准的社会主义市场经济体制,一个很重要的方面就是要更好地保护和激发民营企业活力,保护产权,保护私人财产权,让企业家有恒心、有耐心,有稳定市场的预期。按照中央《关于新时代加快完善社会主义市场经济体制的意见》要求,特别注重夯实市场经济基础性制度,保障市场公平竞争,全面完善产权制度,全面实施市场准入负面清单制度,全面落实公平竞争审查制度,构建亲清的新型政商关系。

要保护和激发民营企业活力,尤其要完善社会主义市场经济法律制度,强化法治保障。要完善经济领域的法律法规体系,完善物权法律制度,从立法上赋予私有财产和公有财产平等地位并平等保护。推动社会信用法律建设,维护公平竞争的市场环境。健全执法司法对市场经济运行的保障机制,最大限度减少不必要的行政执法事项,规范行政执法行为和操作流程,强化对市场主体之间产权纠纷的公平裁判,完善涉及查封扣押冻结和处置公民财产行为的法律制度,健全涉产权冤假错案有效防范和常态化纠正机制。这些规制落实得好,制度红利就更加丰硕,保护和激发民营企业活力就有了强大的制度支撑。

“十四五”时期要给市场主体更明确、更稳定的预期,加快打造法治化营商环境就是关键一招。法治化就是最好的营商环境。要着力推动制度的法律化、法律的明确化、程序的正当化、责任的妥当化和法律制度的体系化,用高质量制度推动高质量发展。结合现实情况,有两点具体建议:

一是依法严肃查处各类侵害民营企业合法权益的行为,要继续甄别纠正一批侵害企业产权的错案冤案。2018年11月1日,习近平总书记在民营企业座谈会上强调:“对一些民营企业历史上曾经有过的一些不规范行为,要以发展的眼光看问题,按照罪刑法定、疑罪从无的原则处理,让企业家卸下思想包袱，轻装前进。”讲这段话是有背景的，因为一段时间以来，社会上出现了一些否定、怀疑民营经济的言论，也出现了一些侵害民营企业产权的错案冤案。财富是“长脚”的，“有恒产者有恒心”。从立法上赋予私有财产和公有财产平等地位并平等保护，注重全面完善公平公正的产权制度，全面依法平等保护民营经济产权，健全涉及产权冤错案件有效防范和常态化纠正机制，依法严肃查处各类侵害民营企业合法权益的行为，已经成为治国理政的一件大事。

二是加强司法保护，严格区分企业和企业家的法律责任。一些企业反映，有的地方行政执法随意性强，干扰市场主体正常生产经营，法不溯及既往的原则没有得到很好贯彻。比如，近年来部分地区特别是经济落后地区执法机关跨省查办民营企业的情况时有发生，案件侦办过程中涉及查封、扣押、冻结涉案资产，罚没资金、资产，涉案企业在案件侦办过程中基本无法正常运营，一定程度上削弱了民营企业和企业家的安全感。要落实好党中央对企业、企业家财产权、知识产权等合法权益保护的战略部署，重点是要严格区分企业经济纠纷与刑事犯罪的界限，严格区分企业和企业家的法律责任。公安机关要避免使用刑侦力量干预经济纠纷，坚决防止将经济纠纷当作犯罪处理，将民事责任变成刑事责任。要完善涉及查封、扣押、冻结和处置企业、企业家财产行为的法律制度，完善行政执法程序和方式。不能因企业家个人涉法涉诉而冻结、查封企业的资产、资金，要力保企业能够正常经营。可考虑将执法机关跨省侦办民营企业违法案件中涉案款项的归属权、支配权收归中央。

四、加强民营经济统战工作的顶层设计

2020年9月16日，全国民营经济统战工作会议在北京召开。会上传达了习近平总书记关于做好新时代民营经济统战工作的重要指示。9月，中共中央办公厅印发《关于加强新时代民营经济统战工作的意见》，这是指导开创民营经济统战工作新局面的纲领性文件，是新时代加强民营经济统战工作的顶层设计，是新时代坚持“两个毫不动摇”的行动路线图。该意见在理论创新方面取得了特别重要的成果，引人注目地提出了五个“首次”，这是构建中国特色社

会主义政治经济学的理论升华。我们要从政治高度深刻认识理论创新推动实践的价值意蕴,努力开创新时代民营经济发展和统战工作的新局面。

一是首次作出"两个始终是"的新论断,即民营经济始终是坚持和发展中国特色社会主义的重要经济基础,民营经济人士始终是我们党长期执政必须团结和依靠的重要力量。"两个始终是"的新论断,彻底批驳了各种否定、怀疑民营经济的错误言论,表明了我们党的坚定立场和鲜明态度。有的人提出所谓"民营经济离场论",说民营经济已经完成使命,要退出历史舞台;有的人提出所谓"新公司合营论",把现在的混合所有制改革曲解为新一轮"公私合营";等等。这些说法都是完全错误的,不符合党的大政方针。"两个始终是"的新论断,充分肯定了民营经济"五六七八九"的特征和贡献,明确强调了民营经济和民营经济人士在我国社会主义事业中的重要地位和作用,完全符合党领导人民建设中国特色社会主义伟大实践的国情和发展实际。

二是首次提出要充分认识民营经济存在和发展的长期性、必然性,表明坚持"两个毫不动摇"不是权宜之计,而是要贯穿中国特色社会主义事业发展的全过程。改革开放以来,我们党在发展民营经济问题上的观点是明确的、一贯的,从来没有动摇过。党的十八大以来,党中央多次强调毫不动摇巩固和发展公有制经济,毫不动摇鼓励、支持、引导非公有制经济发展,两者之间是有机统一的,相辅相成、相得益彰,而不是相互排斥。党的十九大之所以把"两个毫不动摇"写入新时代坚持和发展中国特色社会主义的基本方略,作为党和国家一项大政方针进一步确定下来,这是与民营经济存在和发展具有长期的历史必然性分不开的,与民营经济作出的重大贡献和担负的历史责任分不开的。充分认识民营经济在建设中国特色社会主义伟大事业中存在和发展的长期性、必然性,对于帮助民营企业家坚定"四个自信",树立长远预期具有重要意义。

三是首次明确加强民营经济统战工作是实现党对民营经济领导的重要方式,发挥党领导的统一战线的优势,形成各方面既明确分工又高效协同的民营经济统战工作格局。民营经济是在党的领导下发展起来的,我国的民营经济是改革开放的产物,是改革开放以来在党的方针政策指引下发展起来的。民营经济蓬勃发展,从小到大、由弱变强,离不开民营企业家的成功奋斗,但更重要的是离不开党的好政策，离不开党的坚强领导。民营经济和民营企业家任何时候都要坚定不移地听党话、跟党走。民营经济在稳定增长、促进创新、增加就业、改善民生等方面作用突出，在服务党和国家中心工作中发挥了重要作用。我们党领导民营经济，必须着眼于实现最广大人民的根本利益，遵循民营经济发展规律，针对民营经济的特点和期盼开展工作，更加注重寓领导于沟通协商、服务支持之中，从制度上保护和激发民营经济的活力。

四是首次把加强民营经济统战工作作为坚持和完善中国特色社会主义制度的重要内容，有效激发民营经济人士在参与经济社会发展和国家事务治理中的积极性、主动性。公有制为主体、多种所有制经济共同发展的基本经济制度是中国特色社会主义制度的重要组成部分，是完善社会主义市场经济体制的必然要求，在推进国家治理现代化方面具有显著优势。加强民营经济统战工作，就是要求切实发挥统一战线的优势，推动协调所有制关系、收入分配关系、政府和市场关系，调动民营经济人士的积极性、主动性，参与经济社会发展和国家事务治理，为国家制度体系的完善和治理效能的提高添砖加瓦，为推动国家治理体系和治理能力现代化贡献力量，从而更好地展现中国特色社会主义制度的显著优势，把中国特色社会主义的伟大事业不断推向前进。

五是首次把“信任”纳入民营经济统战工作方针并摆在首位，形成了“信任、团结、服务、引导、教育”的十字方针。加强党对民营经济统战工作的领导，需要建设高素质的民营经济代表人士队伍，支持服务民营经济高质量发展，建立健全政企沟通协商制度，切实发挥工商联和商会作用。引导民营经济人士不断增进对中国共产党和中国特色社会主义的政治认同、思想认同、情感认同，倡导争做爱国敬业、守法经营、创业创新、回报社会的“四个典范”。贯彻这些方针，有利于更好地落实习近平总书记关于“民营经济是我国经济制度的内在要素，民营企业和民营企业家是我们自己人”的重要论断。正确处理一致性和多样性的关系，增进政企互动互信，推动形成鼓励支持民营经济人士干事创业和民营企业创新发展的良好氛围，把广大民营经济人士更紧密地团结在党的周围，更好地推动民营经济健康发展，更好地为国家和人民服务。

主要参考文献

［1］《十八大以来重要文献选编》（上），中央文献出版社2014年版。

［2］《十八大以来重要文献选编》（中），中央文献出版社2016年版。

［3］《十八大以来重要文献选编》（下），中央文献出版社2018年版。

［4］《十九大以来重要文献选编》（上），中央文献出版社2019年版。

［5］《毛泽东选集》（第4卷），人民出版社1991年版。

［6］《周恩来选集》（下卷），人民出版社1984年版。

［7］《邓小平文选》（第2卷），人民出版社1983年版。

［8］《邓小平文选》（第3卷），人民出版社1993年版。

［9］《江泽民文选》（第3卷），人民出版社2006年版。

［10］《胡锦涛文选》（第2卷），人民出版社2016年版。

［11］《习近平谈治国理政》，外文出版社2014年版。

［12］《习近平谈治国理政》（第2卷），外文出版社2017年版。

［13］《习近平谈治国理政》（第3卷），外文出版社2020年版。

［14］魏礼群：《改革开放耕耘录》，中国言实出版社2018年版。

［15］张卓元等：《新中国经济学史纲（1949—2011）》，中国社会科学出版社2012年版。

［16］张卓元：《经济转型与改革攻坚》，中国人民大学出版社2017年版。

［17］张卓元等：《中国经济理论创新四十年》，中国人民大学出版社2018年版。

［18］逄锦聚等：《奋斗与创新——新中国经济理论与实践70年》，经济科学出版社2019年版。

［19］简新华：《中国特色社会主义政治经济学重大疑难问题研究》，安徽大学出版社2018年版。

［20］何毅亭：《论中国特色社会主义制度》，人民出版社2020年版。

[21] 陈锡文主编:《走中国特色社会主义乡村振兴道路》,中国社会科学出版社2019年版。

[22] 林毅夫:《解读中国经济》,北京大学出版社2018年版。

[23] 杨伟民等:《新中国发展规划70年》,人民出版社2019年版。

[24] 谢伏瞻主编:《迈上新征程的中国经济社会发展》,中国社会科学出版社2020年版。

[25] 迟福林:《中国:历史转型的“十二五”》,中国经济出版社2011年版。

[26] 马建堂:《周期波动与结构变动》,商务印书馆2017年版。

[27] 刘世锦主编:《读懂“十四五”》,中信出版社2021年版。

[28] 刘鹤主编:《两次全球大危机的比较研究》,中国经济出版社2013年版。

[29] 常修泽等:《所有制改革与创新:中国所有制结构改革40年》,广东经济出版社2018年。

[30] 刘守英:《土地制度与中国发展》,中国人民大学出版社2018年版。

[31] 郁建兴:《“最多跑一次”改革》,中国人民大学出版社2019年版。

[32] 季晓南:《坚持和完善基本经济制度十问》,社会科学文献出版社2014年版。

[33] 王怀超等:《中国特色社会主义基本问题》,人民出版社2019年版。

[34] 黄奇帆:《结构性改革》,中信出版社2020年版。

[35] 高培勇等:《加快完善社会主义市场经济体制》,广东经济出版社2020年版。

[36] 王一鸣:《建设现代化经济体系论纲》,广东经济出版社2020年版。

[37] 迟福林等:《推动形成全面开放新格局》,广东经济出版社2020年版。

[38] 黄群慧等:《创新发展理念与创新型国家建设》,广东经济出版社2020年版。

[39] 郝寿义、倪鹏飞:《区域协调发展战略》,广东经济出版社2020年版。

[40] 厉以宁:《非均衡的中国经济》,广东经济出版社1998年版。

[41] 蒋一苇:《论社会主义的企业模式》,广东经济出版社1998年版。

[42] 蔡昉:《中国经济发展的世界意义》,中国社会科学出版社2019年版。

[43] 徐忠:《改革的改革》,中信出版社2018年版。

[44] 欧阳峣等:《大国经济发展理论》,中国人民大学出版社2014年版。

[45] 裴长洪等:《中国基本经济制度——基于量化分析的视角》,中国社会科学出版社2015年版。

[46] 贾康、苏京春:《新供给经济学》,山西经济出版社2015年版。

[47] 钱颖一:《现代经济学与中国经济改革》,中信出版社2018年版。

[48] 杨春学等:《对自由市场的两种理解》,社会科学文献出版社2013年版。

[49] 胡鞍钢等:《"十三五"大战略》,浙江人民出版社2015年版。

[50] 胡鞍钢等:《"十四五"大战略与2035远景》,东方出版社2020年版。

[51] 周天勇:《中国:理想经济增长》,格致出版社2020年版。

[52] 刘灿等:《中国特色社会主义收入分配制度研究》,经济科学出版社2017年版。

[53] 郑永年:《大趋势:中国下一步》,东方出版社2019年版。

[54] 魏礼群、林兆木、张占斌等著:《从经济大国迈向经济强国》,人民出版社2015年版。

[55] 严书翰、张占斌主编:《中国改革论》,学习出版社2019年版。

[56] 张占斌:《改革红利再释放》,生活·读书·新知三联书店2014年版。

[57] 张占斌:《大国经济的治理》,国家行政学院出版社2014年版。

[58] 张占斌主编:《中国经济强国梦:从经济大国迈向经济强国战略研究》,河北人民出版社2014年版。

[59] 张占斌:《中国经济新棋局》,人民出版社2017年版。

[60] 张占斌:《中国改革新起点》,人民出版社2017年版。

[61] 张占斌:《中国经济强国之路》,经济科学出版社2019年版。

[62] 张占斌:《探索中国道路密码》,社会科学文献出版社2019年版。

[63] 张占斌主编:《稳中求进的中国经济》,人民出版社2020年版。

[64] 张占斌主编:《国内大循环》,湖南人民出版社2020年版。

[65] 张占斌主编:《开新局》,国家行政管理出版社2021年版。

[66] 张占斌等:《新阶段新理念新格局》,中共中央党校出版社2021年版。

[67] 张占斌、杜庆昊等:《中国经济体制改革探索与实践》,人民出版社2019年版。

[68] 中国社会科学院经济研究所学术委员会编:《改革开放四十年:理论探索与研究》,中国社会科学出版社2018年版。

[69] 丛书编写组编:《世界百年未有之大变局初析》,中国市场出版社、中国计划出版社2020年版。

[70] 丛书编写组编:《强化思想引领　谋篇"十四五"发展》,中国市场出版社、中国计划出版社2020年版。

[71] 丛书编写组编:《推进以人为核心的新型城镇化》,中国市场出版社、中国计划出版社2020年版。

[72] 丛书编写组编:《实施区域发展战略》,中国市场出版社、中国计划出版社2020年版。

[73]《十二届全国人大四次会议〈政府工作报告〉辅导读本》,人民出版社2016年版。

[74]《十二届全国人大五次会议〈政府工作报告〉辅导读本》,人民出版社2017年版。

[75]《十三届全国人大一次会议〈政府工作报告〉辅导读本》,人民出版社2018年版。

[76]《十三届全国人大二次会议〈政府工作报告〉辅导读本》,人民出版社2019年版。

[77]《十三届全国人大三次会议〈政府工作报告〉辅导读本》,人民出版社2020年版。

[78] 国家发展改革委员会编:《〈中华人民共和国国民经济和社会发展第十三个五年规划纲要〉辅导读本》,人民出版社2016年版。

[79] 魏礼群:《由经济大国到经济强国的发展战略》,载《新华文摘》,2013年第8期。

［80］何毅亭:《谈谈我国新发展阶段》,载《学习时报》,2021年1月4日。

［81］迟福林:《以高水平开放开拓合作共赢新局面》,载《经济参考报 》,2020年11月6日。

［82］钟山:《我国开放型经济发展取得历史性成就》,载《人民日报》, 2020年9月29日。

［83］张宇燕、徐秀军:《在新发展格局中推动中国与世界经济良性互动》,载《经济日报》,2020年12月3日。

［84］杨瑞龙:《保市场主体是稳就业保民生的关键》,载《经济日报》,2020年9月3日。

［85］马建堂、马骏:《民营企业在构建新发展格局中肩负重大历史使命》,载《经济日报》,2020年11月27日。

［86］姚洋:《中国创新发展的优势和挑战》,北大国家发展研究院网,2020年12月22日。

［87］马名杰:《把科技自立自强作为国家发展的战略支撑》,载《人民日报》,2020年12月17日。

［88］王东京:《中国实施就业优先政策的理论分析》,载《经济日报》,2019年5月21日。

［89］李全喜、王美玲:《党对收入分配问题总体认识的历史演进及其特点——基于党的十二大至十九大报告的分析》,载《长白学刊》,2021年第1期。

［90］江小涓:《中国经济下一步会发生3个确定变化》,中国产经新闻网,2019年12月23日。

［91］刘志彪:《增强产业链供应链自主可控能力》,载《经济参考报》,2021年1月5日。

［92］顾学明:《推动服务业扩大开放　汇聚开放新动能》,载《光明日报》,2020年9月7日。

［93］何立峰:《促进形成强大国内市场　大力推动经济高质量发展》,载《求是》,2019年第2期。

［94］江小涓:《“十四五”时期数字经济发展趋势与治理重点》,载《光明日

报》,2020年9月21日。

［95］黄群慧:《以更深层次改革推动构建完整内需体系》,载《经济日报》,2020年10月27日。

［96］简新华:《推动社会主义市场经济体制迈向更高水平》,载《光明日报》,2020年6月9日。

［97］穆虹:《加快完善社会主义市场经济体制》,载《人民日报》,2017年12月12日。

［98］王昌林:《构建高水平社会主义市场经济体制》,载《经济日报》,2020年12月16日。

［99］范毅:《我国城镇化发展新趋势》,载《北京日报》,2020年7月27日。

［100］张惠远:《我国“绿水青山就是金山银山”实践模式与成效评估研究》,载《环境与可持续发展》,2020年第6期。

［101］郑功成:《中国社会保障70年发展》,载《社会科学文摘》,2019年第12期。

［102］徐小青:《两大战略接续发力擘画“十四五”“三农”发展新蓝图》,中国智库网,2020年12月23日。

［103］魏后凯等:《“十四五”时期促进乡村振兴的思路与政策》,载《农村经济》,2020年第8期。

后 记

按照浙江教育出版社的希望和要求，我在党的十九届五中全会结束后开始集中力量撰写这部书稿。工作进行了一段以后，感到压力很大。应当说，准确把握和正确阐释中央精神是非常严肃的政治任务，对我们的学术研究和理论思考提出了更高的要求。本书的内容主要围绕十九届五中全会精神展开。同时，书稿吸纳了习近平总书记在中央经济工作会议和省部级主要领导干部学习贯彻党的十九届五中全会精神专题研讨班上的讲话精神。

中国之崛起，是世界百年未有之大变局的重要主题。从本世纪初，我开始越来越多地关注中国式崛起的重大问题，并出版了四种研究"中国式崛起"方面的著作和论文集。最近这十几年来，我和我的团队围绕着从经济大国迈向经济强国的重大课题，进行了持续研究。我们的工作得到了中国国际经济交流中心曾培炎理事长、魏礼群常务副理事长，以及中国宏观经济研究院原常务副院长林兆木等领导、专家的关心支持。我们陆续出版了《从经济大国迈向经济强国》《新常态下的大国经济》《中国经济强国梦：从经济大国迈向经济强国战略研究》《中国经济强国之路》等相关论著，积累了初步的研究基础，为完成本书奠定了基础。

从党的十九大到二十大，是我国"两个一百年"奋斗目标的历史交汇期。"十四五"时期，世界政治经济格局将继续深刻调整，国际力量对比加速演变，世界发展的不确定性和不稳定性，将与中国持续稳定健康发展形成鲜明对比。中国制度的优势、治理效能将进一步显现。面对重大的历史机遇窗口，我们必须珍惜已有的经验和制度优势，发挥自身的比较优势和后发优势，乃至形成我们的大国国际竞争优势，并及时把这些优势转化成治理效能，更好地全面建设社会主义现代化国家。"十四五"规划体现的是中国共产党治国理政的重要方式和全局部署,作为中央党校(国家行政学院)的理论研究工作者,学习好、研究好、宣传好"十四五"规划是我们的责任。

书稿在写作过程中,参考了学术界的诸多研究成果,也适当收录了近年来我在全国政协经济委员会讨论时的发言和在中央党校(国家行政学院)的研究报告,以及我在《人民日报》《光明日报》《经济日报》《学习时报》等报刊发表的几篇理论文章。感谢著名经济学家张卓元、魏礼群、林毅夫、迟福林、王一鸣等的鼓励和支持!我的同事和朋友张国华、黄锟、王海燕、孙飞、周跃辉、杜庆昊、汪彬、王学凯、史毅、毕照卿、程建华等也提出了一些完善建议。书稿能够顺利出版,包含着浙江教育出版社总编辑周俊和编辑傅越、洪滔的努力付出,在此一并表示诚挚的谢意!由于时间紧,写作范围广,同时受水平限制,书中疏漏和错误在所难免,切盼读者批评指正!

作者

2021年1月一稿

2021年3月二稿